Fatima El-Tayeb
Undeutsch

X T E X T E

Fatima El-Tayeb

Undeutsch

Die Konstruktion des Anderen in der postmigrantischen Gesellschaft

[transcript]

Bibliografische Information der Deutschen Nationalbibliothek
Die Deutsche Nationalbibliothek verzeichnet diese Publikation in der Deutschen Nationalbibliografie; detaillierte bibliografische Daten sind im Internet über http://dnb.d-nb.de abrufbar.

Umschlaggestaltung: Kordula Röckenhaus, Bielefeld
Korrektorat: Friederike Unkenholz, Dortmund
Satz: Michael Rauscher, Bielefeld
Printed in Germany
Print-ISBN 978-3-8376-3074-9
PDF-ISBN 978-3-8394-3074-3

Gedruckt auf alterungsbeständigem Papier mit chlorfrei gebleichtem Zellstoff.
Besuchen Sie uns im Internet: *http://www.transcript-verlag.de*
Bitte fordern Sie unser Gesamtverzeichnis und andere Broschüren an unter: *info@transcript-verlag.de*

Inhalt

Einleitung

> *Dieses Buch verzichtet auf die »objektiven« Leser, die mit einem billigen und sauren Wohlwollen von den schwanken Türmen westlicher Zivilisation auf den nahen Osten hinabschielen und auf seine Bewohner; aus purer Humanität die mangelhafte Kanalisation bedauern und aus Furcht vor Ansteckung arme Emigranten in Baracken einsperren, wo die Lösung eines sozialen Problems dem Massentod überlassen bleibt. Dieses Buch will nicht von Jenen gelesen werden, die ihre eigenen, durch einen Zufall der Baracke entronnenen Väter oder Urväter verleugnen. Dieses Buch ist nicht für Leser geschrieben, die es dem Autor übelnehmen würden, daß er den Gegenstand seiner Darstellung mit Liebe behandelt, statt mit »wissenschaftlicher Sachlichkeit«, die man auch Langeweile nennt.*
>
> JOSEPH ROTH, JUDEN AUF WANDERSCHAFT, BERLIN 1927, S. 7

Der vorliegende Text fungiert in gewissem Sinne sowohl als Fortsetzung von als auch als Gegenstück zu meinem Buch, *Anders Europäisch*. Letzteres untersuchte spezifisch europäische Formen der Rassifizierung, die einerseits gekennzeichnet sind durch die feste Überzeugung, dass Europa frei von strukturellem Rassismus sei, dass es hier zwar andere Formen der Ungleichheit gebe (wenn auch weniger als anderswo), aufgrund von Klasse, Geschlecht, sogar Ethnie, aber eben keinen Rassismus, dass Europäer_innen vielmehr »farbenblind« seien, dass es für sie keine Rolle spiele, ob jemand weiß, Schwarz oder grün sei. Andererseits haben Europäer_innen ein sehr exaktes und inflexibles Verständnis davon, wer europäisch sein kann und wer nicht – und auch hier ist die Farbenlehre von zentraler Bedeutung, allerdings ist keine große Differenzierungsfähigkeit nötig, die Unterscheidung zwischen weiß und nichtweiß ist völlig ausreichend, um die kontinentale Zugehörigkeit zu bestimmen: Wer nicht weiß ist, ist auch nicht europäisch. Weit davon entfernt, »Rasse« keine Bedeutung beizumessen, macht es das europäische Selbstverständnis lediglich unmöglich, Rassismus als solchen zu benennen. Dass dieses rassifizierte Zugehörigkeitsmodell sich in einigen Punkten deutlich von anderen, als normativ betrachteten rassistischen Systemen unterscheidet, wie z. B. dem der USA, macht es nicht weniger repressiv und strukturell. Vielmehr kreiert die Festschreibung von europäisch als notwendigerweise weiß und christlich bzw. christlich säkularisiert eine merkwürdige Positionalität für rassifizierte Migrant_innen und mehr noch ihre Nachfahren – die werden nie europäisch oder, in der hiesigen Variante, deutsch, sondern bleiben meist ebenfalls als »Zuwanderer« kategorisiert oder politisch korrekter als »Bürger_innen mit migrantischem Hintergrund« oder noch hipper als NdHs (steht hier nicht für Neue Deutsche Härte, sondern nichtdeutsche Herkunftssprache). Der Effekt bleibt derselbe, vergleichbar mit dem Stipp-Stopp-Essen, das zumindest in meiner Kindheit gerne auf deutschen Geburtstagen gespielt wurde: Wenn der/die Rassifizierte das Land betritt, wird »Stipp-Stopp!« gerufen und er oder sie und alle Nachkommen bis zur x-ten Generation wiederholen – zumindest in der Wahrnehmung der Biodeutschen – nun immer wieder diesen Moment des Gerade-Ankommens, während diejenigen, die schon rechtmäßig da sind (auch wenn sie vielleicht erst Jahrzehnte nach Ankunft der »Fremden« geboren wurden), sich überlegen, wann sie denn wohl gefahrlos »weiter« rufen können, um so den NdHs Bewegungsfreiheit bzw. Deutschsein zuzugestehen (*spoiler*: es ist noch immer nicht so weit).

Einladung auf den postmigrantischen Kindergeburtstag

Anders als die kichernden Kindergeburtstagsgäste sind die so Klassifizierten aber nicht wirklich seit Jahrzehnten in einem Prozess der ewigen Wiederholung des Neuankommens verfangen, sondern schon lange dabei, ihr eigenes Deutschsein zu leben. Wie das aussieht, was es heißt, eine Position zu besetzen, die es laut dominanter Logik gar nicht geben kann, und wie Europäer_innen of Color kreativ und radikal mit diesem ihnen aufgezwungenen Paradox des eigenen Seins umgehen, hat mich in *An-*

ders Europäisch besonders interessiert. In *Undeutsch* schaue ich dagegen genauer auf diese »Stipp-Stopp«-Dynamik, die ja nicht nur Rassifizierte in einem ewigen Kreislauf ohne Ausweg gefangen hält, sondern mehr noch die Mehrheitsgesellschaft einem pathologischen Wiederholungszwang unterwirft: Immer wieder wird die erste Begegnung mit dem unvermittelt aufgetauchten Fremden ausagiert, immer wieder ein Kreislauf von Panik, Optimismus, Aggression und Ablehnung durchlaufen, in dem zunächst die Bereitschaft sich mit dem Fremden auseinanderzusetzen postuliert wird, wenn die Fremden sich denn einigen Mindestanforderungen (nämlich der Anpassung an deutsche Werte) unterwerfen. Kurze Zeit später folgt immer wieder die Enttäuschung darüber, dass diese bescheidenen Anforderungen nicht erfüllt werden, wobei es unklar bleibt, ob die Fremden nicht können oder nicht wollen. Klar ist jedoch, dass sie das von deutscher Seite offene Verhältnis durch ihre Verweigerungshaltung in ein antagonistisches verwandelt haben.

Dieser Wiederholungszwang verlangt entweder einen endlosen Zustrom an fremden Massen oder einige geistige Verrenkungen (die Zahlen – fünf Prozent der deutschen Bevölkerung ist muslimisch; was die Aufnahme von Geflüchteten relativ zur Einwohner_innenzahl betrifft, liegt Deutschland weltweit auf Platz 50 – sprechen für Letzteres). Kaum dass sich etwa die Panik um die türkische Minderheit gelegt hatte und eine zögerliche Debatte darum begann, ob diese Gruppe nun tatsächlich eine *deutsche* Minderheit sei, setzte die Panik um die Muslime ein – eine Gruppe, deren Fremdheit nun noch einmal völlig neu entdeckt werden konnte, auch wenn man sie als »Gastarbeiter« und dann als »Türken« eigentlich schon mehrmals voller Panik entdeckt hatte. Integrationsförderlich ist es nicht, wenn man gerade glaubte, sich entspannen zu können, das »Weiter« schon deutlich in der Luft lag und sogar das ewige »Wo kommst Du her?« eher neugierig als anklagend schien – nur um dann wieder zurück auf Los geschickt zu werden, um die Deutschlandkompatibilität einer anderen Facette des eigenen Andersseins beweisen zu müssen. Der Verdacht drängt sich auf, dass es weniger um ein Versagen der immer wieder Fremd-Gemachten geht als um die Weigerung der Mehrheitsgesellschaft, sich von dem weiß/christlichen Deutschenbild zu trennen, in das Menschen wie ich sich niemals werden assimilieren können, egal wie deutsch wir sind und egal wie »postmigrantisch« sich die Gesellschaft nun geriert – oder es zumindest tat, bis man allerseits von der neuesten Fremdenpanik ergriffen wurde, diesmal ausgelöst durch die sogenannte Flüchtlingswelle.

Das Thema Migration wurde in den letzten Monaten zweifellos überschattet von der »Flüchtlingskrise« (die ja nun unsere, deutsche Krise ist – für andere hat sie schon vor einiger Zeit begonnen, aber das interessierte nicht so sehr, solange sie sich hauptsächlich außerhalb europäischer Grenzen abspielte oder zumindest nicht nördlich von Lampedusa). Diese deutsche Flüchtlingskrise also scheint wiederum eine deutsche Identitätskrise auszulösen – pendelnd zwischen Gutmenschen-Willkommenskultur und offenen Grenzen auf der einen Seite, brennenden Flüchtlingsheimen und verschärften Asylgesetzen auf der anderen. Vielleicht am bemerkenswertesten an dieser Entwicklung war für mich allerdings nicht die Zerrissenheit der deutschen Seele, sondern die scheinbare Amnesie, mit der diese Krise und die Identitätsfragen, die sie hervorrief, so behandelt wurden, als wären sie ein völlig unerwartetes Phänomen, so als würden nicht schon seit einem Jahrzehnt jährlich tausende Menschen im Mittelmeer ertrinken, so als hätte es Solingen, Mölln oder Rostock nie gegeben, noch herzerwärmende Lichterketten und *Mach' meinen Kumpel nicht an!*-Kampagnen. Ganz zu schweigen von den kritischen Interventionen rassifizierter und migrantisierter Gruppen und Individuen, die seit langem auf das Vorhandensein struktureller Probleme hinweisen, die durch steigende Zahlen von Flüchtenden vielleicht aktiviert, jedoch keineswegs ausgelöst wurden, da sie eben nicht von außen, sondern aus der Mitte der Gesellschaft kommen. Probleme, die mehr als deutlich wurden in der ein Jahrzehnt währenden rassistischen Mordserie der NSU und ebenso im öffentlichen und offiziellen Umgang mit ihr, von »Dönermord«-Schlagzeilen zu staatlicher Aktenvernichtung.

Rassistische Gewalt wird dennoch noch immer nicht als strukturelles deutsches – und europäisches – Problem ernst genommen, nicht als Terror(ismus) begriffen, sondern als Exzess randständiger Extremisten und gestörter Einzelgänger (siehe etwa die Reaktionen auf den Anschlag auf die Kölner Oberbürgermeisterin Henriette Reker 2015) – im Gegensatz etwa zu der Attacke auf das französische Satiremagazin *Charlie Hebdo*, die nahtlos in den diskursiven Rahmen des »islamistischen Terrorismus« passte.[1]

---

1 | Der Sozialwissenschaftler Robin Schroeder fasst die »Kernelemente wissenschaftlicher Terrorismusdefinitionen« folgendermaßen zusammen: »Erstens, wird die Tat planmäßig, also mit Vorsatz, verübt und verfolgt dabei ein politisches Ziel bzw. will einen politischen Wandel bewirken. Der Begriff ›politisch‹ schließt hier ideologisch und religiös mit ein [...] Zweitens, basiert die Auswahl der Zielperso-

Dieser Terrorismus wird sowohl als fundamentale Bedrohung Europas als auch als repräsentativ für den Islam an sich verstanden. Die »Je suis Charlie«-Kampagne nach dem Attentat war als Zeichen der Solidarität gemeint, aber auch als Symbol der kollektiven Gefährdung des weißen Europas durch muslimischen Terror. Umgekehrt fehlt jeder Ausdruck einer kollektiven europäischen Verantwortung für den rassistischen Terror gegen Migrant_innen und Europäer_innen of color – was eben nicht das Gleiche ist wie die kollektive Abgrenzung vom »fremdenfeindlichen« Pöbel, der mit Vorliebe im Osten und in der Unterschicht ausgemacht wird, also weit weg von den aufgeklärten Räumen des Feuilletons oder der Universität. Rassismus als strukturelles Problem, das sich nicht als individuelle Abweichung vom gemeinschaftlichen Konsens lokalisieren lässt, sondern die gesamte Gesellschaft durchzieht, so die Überzeugung, existiert vielleicht in den USA, aber sicher nicht in Deutschland.

Postmigrantisch und postrassistisch?

Genau in dieser Überzeugung liegt das Problem und tatsächlich einer der fundamentalsten Unterschiede zum Umgang mit Migration und Rassismus in den Vereinigten Staaten, einem Umgang, der in Europa oft als übertriebene Political Correctness wahrgenommen wird. Was sich tatsächlich

nen darauf, dass sie - oft auch im sehr weiten Sinne - zu einer Gruppe gehören, die etwas repräsentiert, was die Täter aus politischen Gründen ablehnen. Im Rahmen dieser Gruppe erfolgt die Auswahl der Opfer zumeist willkürlich [...] Weiterhin hat sich nach langer Diskussion heute die Meinung durchgesetzt, dass die Opfer eines terroristischen Anschlages Zivilisten bzw. ›Nicht-Kombattanten‹ sein müssen. Drittens, ist Terrorismus vor allem ein Akt der Kommunikation. Die Willkür der Opferauswahl weist hierauf bereits hin, denn die direkten Opfer sind nicht das Primärziel eines terroristischen Anschlages. Vielmehr dient ihr Leid nur als Mittel zum Zweck, um eine größere Zielgruppe mit einer impliziten oder expliziten Nachricht zu erreichen. Die so erzielte politische Kommunikation ist gleichsam eine gewaltsame Einschüchterung der sozialen Gruppe, zu denen die Opfer des Anschlages zählen; eine mit einer Drohung verbundene Aufforderung an den Staat (oder mehrere Staaten) ein bestimmtes Verhalten zu ändern; sowie auch ein an Sympathisanten der eigenen Sache gerichteter Aufruf zur politischen Mobilisierung.« (Schroeder 2015, online)

hinter diesem anderen Umgang verbirgt, ist ein schwieriger und unabgeschlossener Prozess, der alle Bereiche der US-Gesellschaft berührt. Auch wenn sich die Postulierung der USA als »postracial« seit Barack Obamas Wahlsieg 2008 ungebrochener Popularität erfreut, befindet sich das Land tatsächlich noch immer und notwendigerweise im Stadium des »racial« – womit ich hier nicht in erster Linie die offensichtlich noch existierenden rassistischen Strukturen meine, sondern ihre Benennbarkeit, das heißt die anhaltenden öffentlichen Auseinandersetzungen darum, was »racial« am US-System ist. Wie unter anderem die *Black Lives Matter*-Bewegung betont, ist dieser Prozess noch lange nicht abgeschlossen.[2] Vielleicht ist er sogar noch immer bei den ersten Schritten, aber diese Schritte haben seit den 1960ern fundamentale gesellschaftliche Veränderungen produziert, Veränderungen, von denen Deutschland noch weit entfernt ist (und das nicht nur, weil die Bevölkerungsmehrheit keine Notwendigkeit hierzu sieht – das war und ist in den USA auch nicht anders).

Wenn wir »postmigrantisch« analog zu »postracial« als eine Zustandsbeschreibung betrachten, als die Postulierung einer Überwindung, des Fortschritts zur nächsten Stufe in einem beständigen Prozess der gesellschaftlichen Entwicklung und Optimierung, dann lässt sich feststellen, dass Deutschland tatsächlich bestenfalls den ersten Schritt zur Auseinandersetzung mit dem Migrantischen getan hat, von »postmigrantisch« kann gar keine Rede sein. Sicher, seit fast 60 Jahren, also zwei Generationen, ist Migration ein fester Bestandteil der bundesdeutschen Gesellschaft, aber gerade die Begeisterung, mit der die sogenannte Flüchtlingskrise und der angeblich beispiellose Zustrom »Fremder« als neues Phänomen dargestellt wird, zeigt etwas anderes: Die Krise wird benutzt, um die zögerlichen Schritte zur Migrantisierung der Gesellschaft bzw. der gesellschaftlichen Debatten seit den 1980ern wieder ungetan zu machen. Auf einmal ist alles wieder ganz einfach: Hier die weißen deutschen Helfer_innen, die sich ihre Privilegien wohl verdient haben und nicht daran denken, sie aufzugeben, die aber voller Sympathie für die weniger Glücklichen sind – und dort eben jene braunen (aber nicht schwarzen) legitimen Opfer von legitimer Gewalt –

---

2 | *Black Lives Matter* ist eine antirassistische US-amerikanische Graswurzelbewegung, initiiert von drei schwarzen, queeren Aktivistinnen, um gegen die wiederholte Erschießung unbewaffneter schwarzer Jugendlicher durch die Polizei zu mobilisieren (vgl. http://blacklivesmatter.com).

das heißt vor allem von US-amerikanischer militärischer Aggression, nicht europäischer ökonomischer Ausbeutung (wie die mit weit weniger Sympathie als gemeinsamer Feind betrachteten »Wirtschaftsflüchtlinge«).

Ebenfalls präsent, aber momentan in den Hintergrund gedrängt (zumindest in der populären Imagination) ist der Gegenpart der guten Lichtgestalten, die bezeichnenderweise sogenannten »Dunkeldeutschen« – deren erwiesenes Gewaltpotenzial dennoch nicht als fundamentale Bedrohung wahrgenommen wird, zumindest nicht als eine, die nicht durch Willkommensgeschenke an Flüchtlinge neutralisiert werden kann. Und das funktioniert so gut, weil die anderen dunklen Deutschen inzwischen wieder ganz aus der Imagination gefallen sind: Rassifizierte und migrantisierte Deutsche sind in den Debatten fast gänzlich unsichtbar.[3] Wenn sie eine Fluchtgeschichte im direkten Familienhintergrund haben, dürfen sie manchmal erzählen, wie das für sie war mit der Integration, aber ansonsten wird deutsch wieder weiß und christlich (sozialisiert) gedacht. Was immer sich da verschoben und verkompliziert hatte über die letzten Jahre, ist im Zuge dieser Krise wieder in die altgewohnten Kategorien eingeordnet worden.

3 | So ist es symptomatisch, dass sich Daniel Bax, weißer deutscher Migrationsexperte der *taz* und zweifellos auf der Seite der Marginalisierten, in einem Artikel zu »Migranten und Mauerfall« beim Gründungsjahr der *Initiative Schwarze in Deutschland (ISD)* um gut zehn Jahre verschätzt, es ging eh nur um eine kurze Referenz auf »die zornigen Nachkommen der Migranten«, nicht um einen Dialog mit ihnen. Problematisch ist dieser Missgriff, weil er einmal mehr die unter weißen Linken vorherrschende Überzeugung bestätigt, dass die Auseinandersetzung mit deutschem Rassismus ein neues Phänomen sei, das zudem hauptsächlich über universitäre Auseinandersetzungen mit US-amerikanischen Diskursen in die politische Debatte überschwappte. Die Gründungsgeschichte von *ISD* und der *Schwarzen Frauenorganisation ADEFRA* in den 1980ern zeigt eine gänzlich andere Genealogie des Antirassismus in Deutschland, die kaum Beachtung findet, eben weil sie außerhalb des weißen universitären Kontexts entstand (vgl. Bax 2014 und Jacobs 2012).

»Fremdenfeindlichkeit« und Rassismusamnesie

Die Not der Geflüchteten hat etwas erschreckend Stabilisierendes für die deutsche Identität. Die Welle rassistischer Gewalt um die sogenannte »Asylkrise« in den 1990ern, der politische Ruck nach rechts, um den »Sorgen der Bürger« entgegenzukommen, die Verschärfung eines vormals relativ großzügigen Asylrechts, das zum ersten Mal auf die Probe gestellt worden war – all das scheint ebenso vergessen wie die Diskussionen um die Notwendigkeit, Rassismus als solchen zu benennen. Stattdessen geht es wieder wie gehabt um »Fremdenfeindlichkeit« – und um den zunehmenden Konflikt zwischen guten Deutschen, die Flüchtlinge unterstützen und dafür von fremdenfeindlichen Dunkeldeutschen bedroht werden. Gleichzeitig herrscht ein merkwürdiges Desinteresse daran, wie sich dieser Konflikt auf Nicht-Mehrheitsdeutsche auswirkt. Der Grund scheint ziemlich klar: Es wurde mal wieder vergessen, dass diese Gruppe existiert, dass ein Alltagsrassismus existiert, der nicht erst mit der Ankunft der Geflüchteten aktiviert wurde (und der weiter existieren würde, könnte kein einziger Flüchtender Deutschland erreichen). Rassismus trifft und traf auch rassifizierte Deutsche – eben weil er mitten in der deutschen Gesellschaft zuhause ist und nicht von »Fremden« in sie hineingetragen wurde – Rassismus braucht keine Fremden, um zu existieren, er produziert sie.

Die zunehmend breiten Rassismusdiskussionen seit den 1980ern beinhalteten Kritik auch an mehrheitsdeutschen Linken, Feministinnen und Queers. Diese progressiven Gruppen reagierten verunsichert bis aggressiv auf den Verlust der absoluten Diskurshoheit – die Debatte um Rassismus in Kinderbüchern 2013 zeigte deutlich, wie schwer vorstellbar es noch immer für weiße Deutsche ist, dass ihre Positionalität nicht neutral und objektiv ist, sondern subjektiv und limitiert, dass rassifizierte Deutsche aufgrund ihrer Positionierung andere Erfahrungen machen, die weder ignoriert noch unter die dominante weiße Sichtweise subsumiert werden können. Die Sympathiekundgebungen für Flüchtende haben dagegen einen einfacheren, aufbauenderen Kontext: Flüchtende sind bedürftig, brauchen Hilfe, die großzügig von Mehrheitsdeutschen geleistet wird (und die als Gegenleistung verständlicherweise Dankbarkeit erwarten) – es ist klar, wer zuhause, wer »Gast« ist, es gibt notwendigerweise keine Gleichwertigkeit. Die gefährdete diskursive und territoriale Hoheit wird in der Flüchtlingsdebatte wiederhergestellt (zunächst durch die

Trennung zwischen »echten« Kriegs- und »falschen« Wirtschaftsflüchtlingen). Die dankbaren und vor allem rechtlosen, unbestreitbar fremden, nichtdeutschen Flüchtlinge sind ein angenehmeres Gegenüber als schwierige, aggressive, anspruchsvolle, ewig beleidigte Migrantisierte. So ist schon abzusehen, dass die Willkommenskultur sich für diese neueste Iteration des Fremden bald erledigt haben wird – wie gehabt wird ihr eine Assimilation abverlangt werden, die unmöglich bleibt, weil gleichzeitig von ihr erwartet wird, dass sie den Part des Fremden weiterspielt – nichts ist für die Mehrheit irritierender an Migrantisierten als das Deutschsein, das sie verkörpern – daran ändert auch die Willkommenskultur nichts, ganz im Gegenteil: Was sich hinter ihr verbirgt, die zwanghafte ewige Wiederholung der ersten Begegnung mit dem Fremden, ist ein Prozess, den ich als »Rassismusamnesie« bezeichnet habe, die anhaltende Dialektik von rassistischer moralischer Panik und der Verdrängung der historischen Präsenz rassifizierter Bevölkerungen (vgl. El-Tayeb 2015).

In diesem aktiven Prozess des Vergessens werden Ereignisse und Bewegungen bedeutungslos gemacht, indem sie als vereinzelte Phänomene klassifiziert werden – ohne Kontext, ohne Ursache und Wirkung, kurz: ohne Bezug und damit ohne Ort im kollektiven Gedächtnis. So können sich regelmäßig wiederholende Zyklen von verbalen und physischen rassistischen Gewaltausbrüchen ebenso ignoriert werden wie die Widerstandsbewegungen derjenigen, gegen die sich diese Ausbrüche richten (von *ISD* und *ADEFRA* zur seit 20 Jahren aktiven Geflüchteten-intiative *The Voice*), indem sie nie zusammen gedacht werden. Die Erklärung von Rassismus als Reaktion auf das plötzliche Auftauchen des Fremden verlangt, dass jede Anerkennung einer nichtweißen Präsenz immer scheinbar zum allerersten Mal geschieht. Das kennzeichnet sie als Ausnahmezustand, entleert sie aber zugleich jeder bleibenden Konsequenz: Aufstände in den französischen Vorstädten entzündeten Debatten über das Ende Europas, aber keine Strategieänderungen, stattdessen wird dem nächsten »Ausnahmezustand« erneut mit äußerster Überraschung begegnet – wie gegenwärtig dem angeblichen »Flüchtlingsstrom« und vorher der multikulturellen Gesellschaft. Die lange zurückreichende, aber unterdrückte Geschichte von Rasse und Rassismus in Europa lässt den gegenwärtigen kontinentalen »Multikulturalismus«, festgemacht an Markern des Nicht-Europäischseins, wie Kopftuch oder dunkle Haut, wieder einmal als etwas nie Dagewesenes erscheinen; eine überraschende und dramatische Entwicklung, die im besten Fall gesellschaftliche Anpassung, im schlimmsten Ablehnung hervorruft und die vor allem bei Bedarf als »gescheitert« erklärt werden kann (Multikulturalismus ist also nicht die Beschreibung eines Zustands, der durch die Erklärung seines Scheiterns nicht einfach ungeschehen gemacht werden kann, sondern eine diskursive Strategie, die diesen Zustand verwaltet und kontrolliert). Die Ursachen dieses Scheiterns liegen natürlich bei den permanent fremden Vertreter_innen der Minderheiten im Multikulti-Mix, da die Kultur der Mehrheit weitgehend unhinterfragt bleibt.

Neoliberaler Multikulturalismus und koloniale Altlasten

Das bringt mich wieder zurück zum »postracial« und zu den Aspekten, die eben nicht analog zu »postmigrantisch« sind. Vielmehr ist das Postmigrantische eine spezifische Wirkung des Postracial. Im US-Gebrauch impliziert postracial, dass Rassismus zwar nicht gänzlich überwunden, aber nicht mehr systemisch ist, dass die institutionelle Diskriminierung rassifizierter Gruppen in der Vergangenheit liegt und ein »farbenblinder« Ansatz den Weg in eine gleichberechtigte Zukunft weist. Das bedeutet nicht nur eine Abgrenzung gegenüber dem explizit rassistischen System, das bis zu den Civil Rights Acts Gesetz war, sondern auch gegenüber der konzertierten Infragestellung der weißen Vorherrschaft durch die US-amerikanische Bürgerrechtsbewegung, und in der Folge Black und Brown Power Movements, inspiriert sowohl von ihr als auch von antikolonialen Befreiungsbewegungen gegen die rassistische Herrschaft Europas über kolonialisierte Völker. Eine Herrschaft, die formal in ein globales Ausbeutungssystem eingebunden war, das einseitig den Völkern des Westens zugutekam. Diese Phase des – nötigen – Widerstands gilt nun als erfolgreich abgeschlossen, ein Festhalten an ihr als kontraproduktiv oder gar als »umgekehrter Rassismus«, da wir uns inzwischen im Stadium des farbenblinden liberalen Multikulturalismus befinden. So zumindest das amerikanische postracial-Narrativ.

In Europa dagegen wird zumeist angenommen, dass hier eine derartige Nachkriegstransformation nicht stattfand, da keine entsprechende Notwendigkeit bestand – weil es kein rassistisches innereuropäisches Herrschaftssystem gab, das ersetzt werden musste. Diese Annahme schließt wiederum notwendigerweise die Überzeugung ein, dass der Kolonialismus langfristige und fundamentale Auswirkungen nur auf die Kolonisierten hatte, nicht auf die Kolonisierer (zumindest keine Auswirkungen, die es zu problematisieren gilt), und dass der nationalsozialistische Rassenstaat eine atypische Ausnahme, kein Ausdruck europäischer Tiefenstrukturen war (reflektiert in der wieder zunehmenden Popularität der vor der Wiedervereinigung aus der Mode gekommenen Totalitarismustheorien). So wurde die umfassende Analyse des globalen Systems, das von Cedric Robinson und anderen als »racial capitalism« benannt wurde, vornehmlich von Postcolonial und Critical Race Studies geleistet, einschließlich Women of Color Feminismus – was Sinn macht, da Frauen of color sowohl in den USA als auch global überproportional mit prekären Arbeits- und Lebensbedingungen konfrontiert sind.

Women of Color Feminismus liest den Aufstieg der USA zur Weltmacht unter dem Vorzeichen des neoliberalen Multikulturalismus daher als Teil, nicht als Überwindung, dieser Herrschaftsform des rassifizierten Kapitalismus. Neoliberaler Multikulturalismus verspricht den bedingten Einschluss vormals ausgeschlossener Gruppen – sofern sie sich als einschlussfähig erweisen. So wird nicht nur die Disziplinierung marginalisierter Communitys auf diese selbst abgewälzt – die Beweislast, dass sie nicht pathologisch oder bedrohlich sind, liegt bei ihnen –, sie werden auch effektiv gegeneinander ausgespielt, während die Mehrheitsgesellschaft die Rolle des Vermittlers und Wahrers von Grundrechten einnimmt, aber gleichzeitig weiter normbestimmend bleibt. Der Erfolg dieser Strategie zeigte sich ebenso in der Mobilisierung feministischer Argumente für den Einmarsch in Afghanistan wie in der Pathologisierung muslimischer Communitys in Deutschland als kollektiv homophob, frauenverachtend und antisemitisch. Diese Eigenschaften als repräsentativ zu setzen, bedeutet wiederum, dass trotz Aufforderungen an »moderate Muslime«, sich von den Extremisten zu distanzieren, Ausnahmen immer die Regel bestätigen. Tatsächlich überschneiden sich seit den frühen 1990ern die zwei Aspekte westlicher Herrschaft, US-amerikanische Militärgewalt und europäisches Menschenrechtsmanagement, zunehmend. Zugrunde liegt der feste Glaube an die Überlegenheit »westlicher Werte«, die angeblich denen des Fremden/Feindes diametral entgegengesetzt sind. Dieser Feind der freiheitlichen Ordnung, für die nun der Neoliberalismus steht, wird nicht mehr im sozialistischen Osten verortet, sondern wieder im Globalen Süden und Letzterer wird traditionell als demokratiefern, wenn nicht gar demokratiefeindlich rezipiert. Gleiches gilt für die Wahrnehmung derjenigen Bürger_innen, deren »migrantischer Hintergrund« im Süden, insbesondere in der islamischen Welt, liegt. Für die Krise des (neo-)liberalen Multikulturalismus werden so global wie national Bevölkerungsgruppen verantwortlich gemacht, deren Position schon durch ökonomische und politische Marginalisierung geschwächt ist. Eine Auseinandersetzung mit den anhaltenden Auswirkungen (neo-)kolonialer europäischer Herrschaft findet dagegen nicht statt.

Grenzen hegemonialer Selbstkritik

Zur Analyse des Systems des rassifizierten Kapitalismus, in das Europa zentral eingebunden ist, trugen kontinentaleuropäische Intellektuelle nicht nur wenig bei, sie sperrten sich überwiegend aktiv gegen eine Öffnung europäischer Theorie für die extrem wichtigen Einflüsse von postkolonialer und Critical-Race-Theorie. Auch die kontinentale Linke hat es versäumt, diese Strukturen effektiv in Frage zu stellen – oder sie auch nur systematisch zu analysieren. Sie bleibt verhaftet in ihnen, von einem universalistischen Aufklärungshumanismus, der den weißen europäischen Mann als den paradigmatischen Menschen setzte, bis hin zu einer kontinentalen marxistischen Theorie, die »Rasse« als fundamentale Herrschaftskategorie noch immer ignoriert, sie stattdessen als partikularistische Ablenkung von der universal relevanten Kategorie der Klasse einschätzt – ironischerweise, da Klasse in Europa eine extrem rassifizierte Kategorie ist. Aber bei Rassismus geht es eben angeblich immer um etwas anderes: Angst vor der Zukunft, wirtschaftliche Unsicherheit, sozialistische Altlast; sodass eine tatsächliche Rassismusanalyse ewig auf später verschoben werden kann. Als Konsequenz ist die mehrheitseuropäische Debatte zunehmend isolationistisch, im eigenen Saft kochend, immer weniger fähig an einem transnationalen Dialog teilzunehmen, in dem Europa nicht mehr automatisch Dominanz zugestanden wird.

Die US-amerikanischen Bürgerrechtsbewegungen erzwangen eine Auseinandersetzung mit gesellschaftlichem Rassismus, die unter anderem zu der Etablierung von Black und Ethnic Studies führte, noch immer umstrittenen akademischen Disziplinen, die dennoch, ebenso wie Women's und Queer Studies, den unumkehrbaren Einzug derjenigen manifestierten, die zuvor in Theorie und Praxis aus der Universität und anderen Entscheidungs- und Meinungszentren ausgeschlossen worden waren.

In Europa, Deutschland eingeschlossen, hat eine derartige Öffnung nach Holocaust und Kolonialismus nicht stattgefunden, stattdessen übte man sich in hegemonialer Selbstkritik – ausgehend von der Annahme, dass die europäische intellektuelle Tradition genug Handhabe biete, das System von innen heraus zu korrigieren, wenn nötig. Problematisch hierbei ist unter anderem, dass bestehende Definitionen von Europas »Außen« und »Innen« weitgehend unhinterfragt übernommen wurden, sodass etwa Kritik von rassifizierten Europäer_innen als von außen kommend wahrgenommen wird, eben weil ihnen kein Platz innerhalb dieser Tradition zugestanden wird.

Anstatt zu einem pluralistischen Modell zu gelangen, reproduzierten Deutschland und Europa so erneut, was Stuart Hall 1991, am Vorabend des Vertrags von Maastricht (und der 500-Jahr-Feier zur »Entdeckung« Amerikas), das »internalistische Narrativ« des Kontinents nannte: eine narzisstische Geschichtsauffassung, in der komplexe historische Interaktionen einem insularen Modell untergeordnet werden, in dem ein essenzialistisch definiertes, weißes, christliches Europa immer und zwangsläufig die Norm bleibt – und Kritik üben dürfen wiederum nur die, die zumindest annähernd der Norm entsprechen – was bequemerweise noch immer die überwältigende Mehrheit postkolonialer, dekolonialer und intersektionaler Ansätze ausschließt. Deren Analyse des *racial capitalism* hat schon längst Rassismus als globales – und damit auch deutsches – Herrschaftsprinzip dekonstruiert. Das Resultat dieses Isolationismus ist die Weißwaschung von Theorie – zum Teil getragen von der Behauptung, dass die Gemengelage von Rassifizierung und Migrantisierung hierzulande zu komplex sei, um sie mit aus den USA importierten Konzepten zu analysieren – als ob die Lage dort weniger kompliziert ist. Women of Color Feminismus arbeitet schon seit Jahrzehnten mit statt gegen Differenz als eine Kategorie, mit der diese Komplexitäten und Widersprüche gefasst, aber nicht aufgelöst werden können.[4] Dies ist ein Ansatz, der etwa in der Debatte um die Kölner Silvesternacht bitter nötig gewesen wäre.

---

4 | Bezeichnenderweise wird der intersektionale Ansatz in Deutschland weitgehend mit Critical Whiteness Studies (CWS) assoziiert, obwohl seine wichtigsten US-amerikanischen Vertreter_innen ausnahmslos in Women of Color Feminismus und Critical Race Theory verortet sind, während CWS von weißen Wissenschaftler_innen dominiert wird. Zu dieser Debatte in der antirassistischen Linken vgl. etwa den von einigen Mitgliedern des Netzwerks kritische Migrations- und Grenz-

Weisse Wissenschaft und gesellschaftlicher Rassismus

Der Ausschluss derjenigen Theorien, die keine hegemoniale, sondern eine subalterne und subversive Herrschaftskritik vermitteln, führt logischerweise zum Ausschluss rassifizierter Wissenschaftler_innen, auch wenn das nicht explizit intendiert ist. Zur Illustration hier kurz ein Beispiel von sehr vielen: Letztes Jahr erhielt ich eine Einladung als Referentin für eine Konferenz zur Geschichte des Rassebegriffs in Deutschland. Die Veranstaltung schien außerordentlich zeitgemäß, hat die Forschung zu diesem Thema doch in den letzten Jahrzehnten deutlich zugenommen, auch wenn sie akademisch noch immer marginal bleibt. Zudem hatten die Mordserie des Nationalsozialistischen Untergrunds und die zu diesem Zeitpunkt ihren Zenit erreichende Popularität der Patriotischen Europäer gegen die Islamisierung des Abendlandes mehr als deutlich gemacht, dass das erklärte Ziel der Veranstaltung – eine interdisziplinäre Expert_innendebatte zur zeitgenössischen Wirkung von Rassismus in Deutschland – von zentraler gesellschaftspolitischer Bedeutung war. Mein Enthusiasmus ließ allerdings schlagartig nach, als ich die Liste der eingeladenen Wissenschaftler_innen sah – die so aussah wie fast jede Redner_innenliste deutscher akademischer Veranstaltungen. Dass es sich bei den Eingeladenen fast ausschließlich um weiße Männer handelte, schien in diesem Fall jedoch besonders kontraproduktiv zum Ziel der Konferenz, was mich zu folgender Reaktion veranlasste:

regimeforschung veröffentlichten Text »Decolorise it!« (https://www.akweb.de/ak_s/ak575/23.htm), der die Auseinandersetzung mit rassifizierter Differenz als spalterische Identitätspolitik ablehnt. Siehe auch die Kritik an diesem Text vor allem von PoC-Aktivist_innen, die in der Benennung unterschiedlicher Positionen die Voraussetzung für erfolgreiche Bündnispolitik sehen (www.akweb.de/ak_s/ak584/51_web.htm; https://stoptalk.wordpress.com/2012/10/11/decolorize-the-color-line/). Diese intensive Debatte um die Implikationen von Markern wie »schwarz«, aber vor allem »weiß«, scheint mir die verschiedenen Positionen gut zusammenzufassen (und macht, zumindest aus meiner Perspektive, deutlich, warum der »farbenblinde« Ansatz verlässlich bestehende Herrschaftsstrukturen reproduziert).

»Liebe/r xxx,

nochmals vielen Dank für die Einladung zur xxx Konferenz in xxx. [...] Die Konzeption der Tagung, wie sie in [der] Einladung formuliert wurde, fand ich sehr spannend und überzeugend [...] Ich muss zugeben, dass ich daher geschockt war, als ich das Programm erhielt. Lassen Sie mich zunächst klar sagen, dass ich die Kompetenz der Tagungsteilnehmer_innen nicht im geringsten in Frage stelle, noch maße ich mir an, Ihnen vorzuschreiben, wie Sie Ihre Veranstaltung zu planen haben. Ich muss aber ebenso klar anmerken, dass eine produktive Veranstaltung zu Rasse und Rassismus nicht mit einer nahezu ausschließlich weißen Besetzung stattfinden kann. Es geht mir also weniger darum, wer vertreten ist, als wer nicht vertreten ist, nämlich die zahlreichen Forscher_innen und Aktivist_innen aus rassifizierten Gruppen, die wichtige Arbeiten zu diesem Thema leisten, innerhalb und außerhalb der Universitäten. Um hier nur kurz einige zu nennen: Peggy Piesche, Kien Nghi Ha, Maisha Eggers, Encarnación Gutiérrez Rodríguez, Nicola Lauré al-Samarai, Petra Rosenberg, Yara-Colette Lemke Muniz de Faria, Patrice Poutrus, Noa Ha, Nadja Ofuatey-Alazard ... die Liste ließe sich beliebig fortsetzen. Methodisch, pädagogisch und politisch ist ein ›farbenblinder‹ Ansatz, der die durch rassistische Strukturen produzierten Ausschlüsse und Hierarchien ignoriert, dazu verdammt, sie zu reproduzieren. Unter anderem dadurch, dass Rassifizierte Objekte der Debatte bleiben, statt teilhabende Subjekte zu sein – während weiße Wissenschaftler_innen unmarkiert und ›neutral‹ bleiben können. Dies geschieht auch und gerade dann, wenn es nicht weiße, sondern überwiegend markierte, rassifizierte Akademiker_innen und Aktivist_innen waren, die durch ihre langjährige Arbeit die Mehrheitsgesellschaft zur Auseinandersetzung mit diesem Thema gezwungen haben. Intersektionalität, ein theoretisches Konzept, das nicht zufällig von schwarzen feministischen Autorinnen entwickelt wurde, untersucht genau die weißen Flecken, die entstehen, wenn Theorie entpositionalisiert wird und eine Universalisierung der dominanten Position stattfindet, das heißt meist die Verallgemeinerung weißer, männlicher Erfahrung. In Rassismusdiskussionen sollte dieser Prozess kritisch hinterfragt, nicht repliziert werden. Eine produktive Debatte muss mehr als die dominante Position und Gruppe repräsentieren, was eine kritische Masse an ›Anderen‹ voraussetzt. Dies umso mehr, da der Ausschluss von rassifizierten Wissenschaftler_innen aus der Debatte um Rasse, Rassismus, Kolonialismus etc. alles andere als ein Einzelfall ist und deswegen meiner Meinung nach als systemisch und systematisch begriffen und adressiert werden muss (was ja auch, von Seiten der Ausgeschlossenen, schon seit einiger Zeit passiert, leider bisher mit wenig Breitenwirkung. Siehe etwa https://blackstudiesgermany.files.

wordpress.com/2015/02/communitystatement_blackstudiesbremen_dt_unterz815.pdf).
Mein Interesse ist es hier nicht, zu belehren oder zu kritisieren, ich bin eben gerade nicht daran interessiert, eine solche Rolle auf der Konferenz einzunehmen, vielmehr hatte ich mir eine produktive Diskussion erhofft. Aufgrund meiner Erfahrung mit Veranstaltungen zu diesem Thema, in dieser Besetzung, scheint mir dies aber leider nicht möglich (aus meiner Perspektive als rassifizierte Wissenschaftlerin, eine Perspektive, die in diesem Kontext zentral sein sollte). Ich finde das außerordentlich schade, zumal ich, wie gesagt, die geplante Ausstellung potenziell sehr wichtig finde. Wenn aber schon im Vorbereitungsprozess rassifizierte Gruppen marginalisiert werden, kann ich mir kaum vorstellen, wie es möglich gemacht werden kann, die Positionalität dieser Gruppen in der Ausstellung selbst zu repräsentieren und sie so auch für ein nicht weißes/christliches Publikum relevant zu machen. Aus diesem Grunde muss ich meine Teilnahme leider absagen.«

Ich erhielt eine durchaus verständnisvolle Antwort, in der mir erklärt wurde, es gehe bei der Konferenz um die wissenschaftliche, nicht die politische Aufarbeitung des Rasse-Begriffs, sonst hätte man natürlich auch Interessenvertreter_innen betroffener Gruppen eingeladen.[5] Die implizite Annahme, dass rassifizierte Menschen nie Analyse, sondern nur »Betroffenheit« produzieren können, ist hier sogar noch weniger problematisch als die dazugehörige Überzeugung, dass weiße, heteronormative Wissenschaft nicht politisch und subjektiv sei. Nochmals, diese Konferenz wurde nicht von besonders ignoranten weißen Menschen organisiert, Ansatz und Begründung des Ausschlusses rassifizierter Wissenschaftler_innen – denn es handelt sich hier um einen aktiven Prozess des Ausschlusses, nicht um ein passives Ignorieren – sind vielmehr symptomatisch für den wissenschaftlichen Umgang mit (der Geschichte von) Rasse und Rassismus in Deutschland: Was vor allem fehlt, ist eine Wissenschaftskritik, die Forschung nicht als ausschließlich neutral beschreibend, sondern auch diskursbestimmend begreift – wenn es um die Positionalität weiß rassifizierter Wissenschafter_innen geht, fehlt diese Fähigkeit zur Selbstkritik gänzlich, sogar wenn »Rasse« das explizite Thema ist.

5 | Die Liste der Eingeladenen wurde nicht ergänzt, noch eine angekündigte öffentliche Debatte um die von mir vorgebrachte Kritik in die Tat umgesetzt.

Deutschland postmigrantisch?

So setzt sich das unproduktive Selbstgespräch fort, in das gelegentlich Menschen of color eingeladen werden, ohne dass sich jemals ein wirklicher Dialog entwickeln kann, da die gemeinsame Wissensbasis fehlt.[6] Die grundlegenden Texte der zeitgenössischen Rassismusforschung, von Sylvia Winter, Grace Hong, Lisa Lowe, Rod Ferguson und unzähligen anderen bis zurück zu W. E. B. DuBois, Eric Williams, Cedric Robinson und Aimé Cesaire, sind zum allergrößten Teil nicht ins Deutsche übersetzt. Sie müssen Teil politischer und akademischer Debatten werden, soll »postmigrantisch« nicht ebenso herrschaftsstabilisierend funktionieren, wie *postracial* es schon tut. Stattdessen wird aber die Arbeit rassifizierter Wissenschaftler_innen und Aktivist_innen, innerhalb und außerhalb Deutschlands, oft noch als Rohmaterial behandelt, das von Mehrheitsdeutschen dann in eine akzeptable Form gebracht wird. Die zögerliche, verspätete und unfreiwillige Auseinandersetzung mit Rassismus(-forschung), die sich gegenwärtig zeigt, erscheint so als selbstgewählt und originell, während ihre eigentlichen Initiator_innen ausgeschlossen bleiben: Die Hegemonie der internalistischen Geschichte verlangt notwendigerweise die Unterdrückung alternativer Weltsichten, stellen Letztere doch die mühsam normalisierten Grenzziehungen zwischen Innen und Außen wieder in Frage. Dies wiederum bedeutet, dass rassifizierte Gruppen permanent eben dieses Außen repräsentieren müssen. Allen scheinbaren – und realen – Fortschritten zum Trotz: Die fortwährende Unfähigkeit oder vielmehr Unwilligkeit, dem eklatanten Weißsein ins Auge zu sehen, das Deutschlands Selbstbild zugrunde liegt, hat drastische Konsequenzen für Migrant_innen und migrantisierte Gemeinschaften, die routinemäßig ignoriert, marginalisiert und als Bedrohung für eben die Nation definiert werden, deren Teil sie sind. Ein nicht nur rhetorisch postmigrantischer Zustand wäre für mich einer, der diesen Kreislauf durchbricht, eben indem er sich von der Abhängigkeit vom Migrantischen als

6 | Vergleichbar dem, was die US-amerikanische Autorin Katha Pollit vor einigen Jahrzehnten als das »Schlumpfine-Prinzip« identifizierte: die (noch immer weitgehend beachtete) Regel, dass in Filmen und Fernsehserien einer Gruppe von männlichen Protagonisten genau eine Frau zur Seite gestellt wird (die somit nur mit Männern, nicht mit anderen Frauen, interagiert) (vgl. Pollit 1991, online. Vgl. auch Feminist Frequency 2011, online).

Repräsentation des Anderen befreit. Ein solch drastischer Wandel, so nötig er ist, wird aber nur möglich, wenn die bestehende deutsche Identität konsequent hinterfragt wird.

Im Folgenden versuche ich eine derartige Hinterfragung der Identität, die sich im vereinigten Deutschland herausbildete, beginnend mit den Jahren unmittelbar vor dem Fall der Mauer und endend im gegenwärtigen Moment der – potenziell – postmigrantischen Gesellschaft. Die in vier Jahrzehnten hergestellte deutsche Nachkriegsnormalität geriet mit dem Fall der Sowjetunion und der deutschen Wiedervereinigung momentan ins Wanken und musste unter veränderten globalen Vorzeichen wiederhergestellt werden. In dieser Übergangsphase wurde das Gerüst, auf dem dieses Konstrukt ruht, vorübergehend sichtbar, bevor es von einem neuen raumzeitlichen Modell europäischer Überlegenheit überlagert wurde. Hier setze ich an, indem ich nachzeichne, wie das vormals gespaltene Europa vom antagonistischen Ost-West-Gegensatz zu einem Modell einheitlicher kontinentaler Identität und kollektiver Erinnerung gelangte. Mein Fokus ist hierbei Deutschlands Rolle, sowohl intern im Prozess der nationalen Wiedervereinigung als auch im europäischen Vereinigungsprozess. Dabei gehe ich davon aus, dass es nötig ist, sich zunächst mit einigen anderen »post«-Zuständen der deutschen Nation auseinanderzusetzen – insbesondere mit Deutschland als postfaschistischer, postsozialistischer und postkolonialer Gesellschaft. Dabei ist die Frage nicht nur, ob die im »post« implizierte Überwindung eines vormaligen Zustands tatsächlich gegeben ist, sondern auch als wie zentral diese verschiedenen Zustände für die nationale Identität begriffen werden. Grob lässt sich behaupten, dass Faschismus als gesamtdeutsches Thema betrachtet wird, wobei sich der Westen als stabil postfaschistisch begreift, während der Osten des Landes (vor allem in den Augen des Westens) die intensive Auseinandersetzung mit dem faschistischen Erbe und damit seine Überwindung noch nicht vollständig geleistet hat – unter anderem, weil er simultan damit beschäftigt ist, das Erbe des Sozialismus aufzuarbeiten (auch hier nur mit begrenztem Erfolg). Obwohl die Vor-1989-Bundesrepublik nur in Beziehung zur Existenz der staatssozialistischen DDR verstanden werden kann, ist dieser Zustand des Postsozialismus einer, der selten zur Beschreibung des Westteils der vereinten Nation herangezogen wird. Kolonialismus und seine Nachwirkungen auch auf Deutschland schließlich spielen im kollektiven Bewusstsein kaum eine Rolle. Obschon sie Jahrhunderte währte und bis in die jüngste Geschichte anhielt, bleibt Europas koloniale Vergangenheit extrem marginal im kontinentalen Erinnerungsdiskurs (und damit auch im globalen) und kann so nicht in der Suche nach Lösungen gegenwärtiger Probleme mobilisiert werden.[7]

In drei Abschnitten zeichne ich nach, wie diese drei »post«-Stränge die Auseinandersetzung um Erinnerung und Zukunft im öffentlichen Raum bestimmen. In der Reproduktion und Adaption von Herrschaftsgeschichte bleibt der öffentliche Raum eines der wichtigsten Felder der Auseinandersetzung um Erinnerung. Hier wird das dominante Narrativ in popularisierter Form verbreitet, oft scheinbar undifferenzierter und weniger seriös als im sogenannten Expert_innendiskurs, aber von ihm nicht grundsätzlich verschieden. Der öffentliche Raum, sowohl in seiner materiellen als auch virtuellen Form, bietet andererseits aufgrund seiner zumindest punktuellen Offenheit die Möglichkeit zur Intervention marginalisierter Gruppen. Dies zeigt sich sowohl im diskursiven Umgang mit Erinnerung als auch in den physischen Manifestationen dieser Diskurse in Form von Museen, Mahnmalen oder Gedenkstätten. Institutionalisierte Erinnerung im öffentlichen Raum macht sichtbar, welche Geschichte Teil des Mehrheitsdiskurses geworden ist und welche Perspektiven noch immer ausgeschlossen bleiben. Alternative Erinnerungsräume sind dagegen oft temporär und flüchtig statt institutionalisiert und manifestieren sich in der temporalen Störung dominanter Diskurse, deren Reproduktionen einer bestimmten Version der Vergangenheit zumeist im Interesse einer Mobilisierung bestimmter Diskurse in der Gegenwart stehen. Ich illustriere das anhand einer Reihe konkreter Beispiele: vom letztlich erfolglosen Versuch von Rom_nja-Aktiv_istinnen, 1989 durch die Besetzung des ehemaligen Konzentrationslagers Neuengamme das deutsche postfaschistische Gewissen zu mobilisieren und so ihre Abschiebung ins kurz vor dem Bürgerkrieg stehende Jugoslawien zu verhindern, bis zur Umgestaltung der Mitte Berlins von einem postsozialistischen zu einem postkolonialen und zugleich zukunftsorientierten Raum durch Humboldt-Forum und Museumsinsel. Dies sind Eckpunkte des im vereinten Deutschland schnell an Zentralität gewinnenden Diskurses um

7 | Wie Andreas Huyssen gezeigt hat, ist seit den 1980ern eine Explosion (globaler) Erinnerungsdiskurse zu beobachten. Paradoxerweise führte diese jedoch nicht zu einer größeren Pluralität des und der Erinnerten, sondern zu einer Globalisierung bestimmter Themen, die sich unweigerlich aus westlichen Vergangenheitsnarrativen speisten (vgl. Huyssen 2000).

eine deutsche Normalisierung, die auch das Ende des »Schuldgefühls« für nationalsozialistische Gewaltherrschaft und Völkermord beinhaltete. Die Hinwendung zu einer von der Vergangenheit unbelasteten Zukunft resultierte in einer Projektion dieser Vergangenheit auf marginalisierte Gruppen, von der rassistischen Ausgrenzung geflüchteter Rom_nja zu Debatten um Islamofaschismus und Deutschenfeindlichkeit, in der Mehrheitsdeutsche zu Opfern eines neuen Faschismus stilisiert werden und in dem Islamfeindschaft zur antifaschistischen Haltung wird.

Wie sehr Begriffsfragen – wer darf was und wen mit dem nationalsozialistischen Regime vergleichen? Wer entscheidet, wie marginalisierte Gruppen benannt werden? Bereichert oder zensiert sogenannte Political Correctness den gesellschaftlichen Dialog? – Herrschaftsfragen sind, zeigt sich auch in anderen Versuchen, vernachlässigte Themen und Gruppen in die deutsche Geschichte einzubeziehen; etwa in den sehr verschiedenen und aus verschiedenen Gründen kontroversen Ausstellungen »Kennzeichen Neger« und »Dritte Welt im Zweiten Weltkrieg«. Hier überschnitten sich nicht nur Diskurse, sondern auch Gruppen, die die Entscheidungshoheit über die eigene Geschichte beanspruchten, wobei wiederholt deutlich wurde, dass die eigene Geschichte immer auch die der Anderen (oder Anders Gemachten) ist. Eine »Integration« in bestehende Hegemonialstrukturen, die nicht gleichzeitig die Unterwerfung unter bestehende Dominanzstrukturen verlangt (Strukturen wiederum, die notwendigerweise auf Ausschluss bauen), ist also unmöglich, es sind die Strukturen selbst, die hinterfragt werden müssen.

Es besteht ein kausaler Zusammenhang zwischen dem erklärten Scheitern von Europas multikultureller Gegenwart und der kontinentalen Rassismusamnesie, der hartnäckigen Externalisierung von Rassismus und rassifizierten Gruppen aus Europas Geschichte. Diese Externalisierung implementiert eine unhinterfragte normative weiß-christlich sozialisierte Identität, die wiederum migrantisierte Gruppen zur ultimativen Bedrohung eines Europas macht, dessen Teil sie in Wirklichkeit schon lange sind. Ihre Anwesenheit wird jedoch primär im Zusammenhang von Krisen wahrgenommen und schnell vergessen, wenn es um die Konstruktion einer europäischen Identität geht, die in internalistischen Motiven verfangen bleibt – der Idealzustand bleibt so ein Europa, in dem Migrantisierte entweder unsichtbar, da »assimiliert«, oder abwesend sind. Eine grundsätzliche Neubewertung des Konzepts Europa, in der weder »weiß« noch »christlich« als privilegierte Zugehörigkeitskriterien fungieren, scheint dagegen nach wie vor undenkbar (außer in den Albtraumszenarien von Pegida oder Bat Ye'ors *Eurabia*).[8]

Statt permanenter Nabelschau, unterbrochen von akutem und planlosem Krisenmanagement, muss Deutschlands (und Europas) Involviertheit in globale Entwicklungen und seine Teilverantwortung für diese Krisen nicht nur in der Gegenwart, sondern auch historisch anerkannt werden. Vor allem, aber nicht nur im Interesse derjenigen, deren Leben in der eurozentrischen Hierarchie schon immer wenig zählte und deren täglicher, hundertfacher Tod an Europas Grenzen immer noch erschreckend einfach ignoriert werden kann, doch »Kolonialgeschichte lehrt uns, dass Gewalt immer ›nach Hause kommt‹« (Kundnan 2015, online). Dieses Buch zeigt, wie hegemoniale Erinnerung reproduziert wird, aber es folgen auch Strategien, die sich diesem Prozess widersetzen, indem sie grenzüberschreitenden Aktivismus praktizieren – grenzüberschreitend im weitesten Sinne: zwischen Nationen, Identitäten, Geschlechtern, Communitys, Politik und Kunst, dem Heute und Gestern – und so zu einem alternativen Modell deutscher Identität gelangen, das nicht über Ausschluss und Abgrenzung funktioniert, sondern aus der Perspektive der Ausgeschlossenen und Ausgegrenzten ein kritisches Erinnern praktiziert, das neue Zukunftsmöglichkeiten öffnet.

Eine kurze Anmerkung zur verwandten Begrifflichkeit: Ich benutze in diesem Text einige Ausdrücke, die nicht unbedingt allen Leser_innen vertraut sein werden, z. B. »Rassifizierte« oder »Migrantisierte«. Diese Begriffe werden im Text selbst erklärt.

---

8 | Die von Gisèle Littman unter dem Namen Bat Ye'Or veröffentlichten populärhistorischen Werke, insbesondere das 2005 erschienene *Eurabia: The Euro-Arab Axis*, postulieren eine Verschwörung von Europäischer Union und arabischen Staaten mit dem Ziel der Zerstörung Israels und der USA über den Umweg der Islamisierung Europas. Zugrundeliegend ist die Annahme, dass sich ein aufgeklärtes, tolerantes judeo-christliches Europa und ein fanatischer, antisemitischer Islam von Beginn an und unvermeidbar als Antagonisten gegenüber stehen (weswegen die Allianz zwischen Islam und europäischem Faschismus eine natürliche ist). Ironischerweise sind ihre Arbeiten, akademisch diskreditiert, immens populär unter europäischen Faschisten (der norwegische Massenmörder Anders Breivik nannte sie als Inspiration) – aber auch im Mainstream und zunehmend der islamophoben Linken.

Wenn ich Gruppenbezeichnungen verwende, vor allem Bezeichnungen für Gruppen, deren Recht auf Selbstbenennung noch immer von der Mehrheit in Frage gestellt wird, bemühe ich mich, die Bezeichnungen zu benutzen, die von diesen Gruppen selbst beziehungsweise von Aktivist_innen aus diesen Gruppen vorzugsweise verwendet werden. Dabei ist mir klar, dass die Begriffe zum Teil auch innerhalb dieser Communitys umstritten sind, das ist eine logische und unvermeidbare Folge der Rolle von Sprache in gesellschaftlichen Hierarchisierungsprozessen und für mich kein Grund, sie nicht zu verwenden (genauso wenig sollten sie aber als der Weißheit letzter Schluss betrachtet weden, pun intended).

Für den Plural verwende ich den Unterstrich.

Ich benutze den Begriff Holocaust für die nationalsozialistischen Völkermorde an Jüd_innen und Rom_nja und Sint_ezze, und Shoah und Parjmos, wenn ich explizit zwischen beiden differenziere.

Schließlich mein aufrichtiger Dank an all diejenigen, ohne deren Wissen, Hilfsbereitschaft, Zeit, Geduld und Inspiration ich dieses Buch nie hätte schreiben können. Insbesondere Angelina Maccarone und Peggy Piesche fürs Lesen, Eunsong Kim für die unschätzbare Einführung in Museumspolitik, Leslie Adelson und das German Studies Colloquium in Cornell und Anna Younes und das Berlin Colloquium of Color für ihr großzügiges und wichtiges Feedback, Sara Johnson für die Schreibpartnerschaft und Tara Javidi für alles.

Teil 1: Postkolonialer Kapitalismus

I. Einige Grundlagen: Internalistische Geschichte und evolutionäre Zeit

Neudeutsche Realität: Krise als Dauerzustand?

> *Identität ist immer ein offenes, komplexes und unfertiges Spiel – immer im Bau befindlich, »under construction« (in Europa genauso wie im Nahen Osten, in Afrika oder der Karibik). Auf dem Weg in die Zukunft macht sie immer einen symbolischen Umweg über die Vergangenheit.*
>
> Stuart Hall, 1991, S. 805

Dieses Buch nähert sich gegenwärtigen Konflikten um deutsche Identität durch ihre historische Kontextualisierung, genauer, durch die Frage nach den Lücken in dieser Kontextualisierung. Denn wie wir als Individuen und Kollektive uns erinnern, hängt davon ab, wo wir uns heute sehen und welches Morgen wir anstreben. Erinnerungsdiskurse machen die Vergangenheit les- und nutzbar für unser Heute, sie definieren, was Geschichte ist und bleibt, was die Gegenwart ausmacht und welche Zukunft denkbar ist. Das bedeutet, dass Geschichtskonzepte immer umstritten, immer wandelbar sind, bestimmt vom Jetzt ebenso wie sie unser Verständnis dieses Jetzts formen. Zumeist erscheint dieser Prozess aber als vollständig automatisch und zwangsläufig: Die Gegenwart folgt notwendigerweise einer Vergangenheit, die logisch zu diesem Hier und Jetzt führen musste. Bruchstellen in diesem Prozess, seine Konstruiertheit, werden offensichtlich, wenn sich unser Verständnis vom Jetzt dramatisch ändert, wenn die dominante Logik historischer Entwicklung in sich zusammenfällt und nicht klar ist, durch welche Version sie ersetzt werden wird.

Der Kollaps der UdSSR und die deutsche Wiedervereinigung stellten solche extremen Brüche im scheinbaren Kontinuum geschichtlicher Entwicklung dar: Um den veränderten Konstellationen Rechnung zu tragen, war nicht nur eine Neuformulierung deutscher und europäischer Zukunftsvisionen nötig, auch Erinnerung musste neu gestaltet werden. Das nun dominante Geschichtsbild von Deutschland (und Europa) als Einheit, deren Spaltung unnatürlich und daher zwangsläufig temporär war, stellte individuelle und kollektive Gedächtnisstrukturen vor fundamentale Herausforderungen. Besondere Spannungspunkte waren hierbei die Rekonstruktion einer neoliberalen europäischen Einheit aus dem jahrzehntelangen Ost-West-Antagonismus und der rasante Einflussgewinn eines wiedervereinigten Deutschlands, dessen historischer Machthunger lange in weiten Teilen Europas als zentrale Ursache von zwei Weltkriegen verstanden worden war. Für die nächsten 25 Jahre schienen diese Spannungen allerdings weitgehend unter Kontrolle zu sein. Trotz anhaltendem ökonomischem West-Ost-Gefälle und der Weltwirtschaftskrise von 2008, die insbesondere den Süden der EU hart traf, und den folgenden, gerade auch von Deutschland verlangten Austeritätsmaßnahmen, die Unstimmigkeiten innerhalb der Union verschärften: Die kontinentale Vereinigung unter kapitalistischen Vorzeichen erscheint weitgehend alternativlos. Und auch wenn alte Ressentiments nicht ganz verschwunden sind: Die Stellung der Bundesrepublik im Zentrum Europas ist ebenso wenig umstritten wie ihre Rolle als kontinentaler wirtschaftlicher Motor und politisches Sprachrohr einer Europäischen Union, die sich als Garant globaler Stabilität sieht, als besonnenerer, menschenrechtsorientierterer Koalitionspartner der nun einzigen Supermacht USA. Im Folgenden argumentiere ich, dass dieser Prozess dennoch weit weniger reibungslos verlief und verläuft, als es erscheinen mag, dass vielmehr im Übergang von der dominanten Logik des Kalten Kriegs zur gegenwärtigen Weltordnung die Chance zu einer realen Neuordnung auf allen Ebenen verpasst wurde, mit Konsequenzen, die jetzt schon spürbar sind, es aber in der Zukunft noch viel mehr sein werden.[1]

Deutschlands (und Europas) Identität formt sich zweifellos gegenwärtig neu und dass diese Neuordnung primär als Aneinanderreihung von

1 | Das schrieb ich vor Beginn der sogenannten Flüchtlingskrise im Sommer 2015, die Konsequenzen beginnen sich also schon zu zeigen.

Krisen wahrgenommen wird, scheint anzudeuten, dass der Kontinent auf einen weiteren Bruch zusteuert. Die Frage, wie Ereignisse von globaler Bedeutung – der griechische Finanzkollaps, eskalierende Fluchtbewegungen, die IS-Terroranschläge in europäischen Metropolen – sich auf die Zukunft der Nation auswirken werden, ist ständiges Medienthema und Fokus von endlosen Expertenrunden (warum jetzt und warum gerade diese Ereignisse und nicht andere, bleibt dagegen meist unhinterfragt). Bei aller Uneinigkeit ergibt sich ein gemeinsamer Nenner: Diese Ereignisse erscheinen als krisenhaft, als Schock, der ein System, das ansonsten – mehr oder weniger – funktioniert, in plötzliche Bedrängnis bringt. Und: Alle Entwicklungen werden als von außen kommend und dort verursacht begriffen. Deutschland erscheint als in sich geschlossen, als vielleicht letzte Insel der Stabilität in einer chaotischen Welt. Ein hart erkämpfter Status, der dadurch gefährdet wird, dass die Nation ständig Lösungen für von anderen verursachte Probleme finden muss. Es herrscht ein Tenor der Überforderung – durch die EU-Finanzkrise, die muslimische Minderheit, die Masse von Flüchtenden, die alle am liebsten nach Deutschland kommen wollen …

Dieser scheinbare Krisenmoment ist jedoch mindestens seit der Wiedervereinigung Normalzustand. Selbst die Themen bleiben fast gleich, von der Asylkrise zur Flüchtlingskrise, von der doppelten Staatsbürgerschaft zum Multikulturalismus, vom Türkenproblem zum Problem mit den Muslimen, von kriminellen Roma-Gangs zu kriminellen nordafrikanischen Banden und so weiter und so fort. Wenn jede Momentaufnahme des wiedervereinigten Deutschlands dieses Bild einer Krise vermittelt, fragt sich zum einen, wie diese Momente Teil einer als stabil und krisenfrei imaginierten Vergangenheit werden, sobald sie selbst vergangen sind. Zum anderen erscheint unklar, was bleibt von Deutschlands Identität ohne diese angeblich von außen kommenden Krisen. Ist Krisenproduktion vielleicht notwendiger Teil dieser Identität? Und welche Formen von Vergessen verlangt die stetige Reproduktion angeblich immer neuer krisenhafter Zustände?

Undeutsch als Kategorie der Normalisierung

> *Nun, da Europa sich konsolidiert und annähert, finden ähnliche Anstrengungen im Hinblick der Grenzverstärkung gegenüber seinen »Anderen« in der Dritten Welt statt. Momentan sind die beiden beliebtesten diskursiven Marker in diesem Diskurs »Flüchtlinge« und »Fundamentalismus«.*
> Hall 1991, 804

Dieser Text versucht Antworten auf die Frage nach deutscher Identität, indem er eine marginalisierte Perspektive einnimmt, nämlich die derjenigen, die in Vergangenheit und Gegenwart als »undeutsch« kategorisiert wurden – als nicht nur nicht zur nationalen Gemeinschaft gehörend, sondern diese durch ihre Anwesenheit gefährdend, destabilisierend. Ich untersuche diese Dynamik, indem ich die großen historischen Brüche, Wiedervereinigung und Ende des Kalten Kriegs, mit diversen »kleinen« Brüchen verbinde, wobei ich davon ausgehe, dass Letztere Vorboten eines weiteren großen Bruches sind, der das heute dominante Geschichts- und Gegenwartsverständnis in Frage stellt: das stetige und unumkehrbare Anwachsen einer europäischen Bevölkerung, die weder weiß noch christlich sozialisiert ist – die Nachfahren derjenigen, die traditionell das Andere des weißen, christlichen Europas ausmachten. Ihre Anerkennung als Teil der kontinentalen Gemeinschaft verlangt, dass Europa als Ganzes sich neu definiert und zu einem inklusiven statt internalistischen Verständnis der eigenen Gegenwart, Zukunft, aber auch Vergangenheit kommt. Die Alternative, der anhaltende Ausschluss derjenigen, die einem restriktiven und letztendlich rassistischen Bild Europas nicht entsprechen, kann, wie zunehmend deutlich wird, nur verheerende Folgen haben.

Der Prozess der Rassifizierung deutscher und europäischer Identität ist also zentral, daher zunächst eine Begriffsdefinition: »Rassifiziert« meint die Zuschreibung kollektiver quasi-biologischer und/oder kultureller Eigenschaften, die die Wahrnehmung bestimmter Gruppen als nicht-zugehörig erlaubt, auch wenn sie bereits Teil der Gesellschaft sind. Da diese Eigenschaften sowohl als der dominanten Identität entgegengesetzt und mit ihr nicht kompatibel definiert werden als auch als den rassifizierten Subjekten notwendigerweise anhaftend, ist die oft verlangte Assimilierung oder Integration faktisch unmöglich bzw. kann nur stattfinden, wenn die dominante Gruppe, die die alleinige Definitionsmacht besitzt, die Kompatibilitätskriterien ändert.[2] Dieser oberflächlich paradoxe Prozess ist tatsächlich notwendiger Teil des Funktionierens westlicher Gesellschaften (vgl. Balibar/Wallerstein 1991, Chow 2002). Ich behaupte, dass Rassifizierung und die Produktion des Undeutschen in einem Abhängigkeitsverhältnis zueinander stehen, dass also das Verhältnis von Rassismus und nationaler Identität ein intimeres ist, als oft zugegeben wird, dass Rassismus Aktion, nicht Reaktion, ist, dass er nicht einfach ausgeklammert oder an den gesellschaftlichen Rand projiziert werden kann, nicht nur eine Variante der »gruppenspezifischen Menschenfeindlichkeit« darstellt, sondern fundamentaler Bestandteil des globalen kapitalistischen Systems ist, auch in seiner spezifisch deutschen lokalen Ausprägung.

Die zentrale Frage in diesem Prozess ist nicht wie und warum die »Integration« bestimmter Gruppen scheitert, sondern wie und warum bestimmte Gruppen innerhalb der Nation zu Außenseitern gemacht werden. Es geht mir um das normalisierte, sogar naturalisierte nicht zur nationalen Gemeinschaft Gehören, das sich seit der Staatsgründung im späten 19. Jahrhundert durch die deutsche Geschichte zieht. Der Fokus meiner Untersuchung liegt auf den letzten vier Jahrzehnten, von den Jahren unmittelbar vor dem Fall der Mauer bis zur Gegenwart, und auf dem Prozess, durch den die neue Normalität durch Abgrenzung vom alten, nun als Abweichung definierten Normalen produziert wird. Hierbei, so behaupte ich, bildet Rassifizierung eine der Konstanten, durch die sich deutsche Identität in der Abgrenzung von verschiedenen Variationen des Undeutschen stabilisiert. Die Frage, welche Rolle die Erinnerung an Nationalsozialismus und Staatssozialismus in diesem Prozess spielt, ist hier selbstverständlich zentral. Es ist aber ebenso notwendig zu unter-

2 | Es geht also nicht um bestimmte Qualitäten, die eine ausgegrenzte Gruppe besitzt und die sie objektiv von der dominanten Gruppe unterscheiden, sondern um ein flexibles System, in dem Eigenschaften Bedeutung gewinnen oder verlieren können. Das Kopftuch etwa galt in Deutschland schon in den 1970ern als Marker der Andersartigkeit, hier des »Gastarbeiter_innen«-Status, hatte aber in der Hauptsache Konnotationen von Klasse und ländlichem Status und wurde erst im Laufe der 1980er zum Symbol für eine hierarchische, westlichen Werten entgegengesetzte Geschlechterordnung, die angeblich den Islam charakterisiert. Beide Lesarten machten es möglich, kategorische Urteile über die Kopftuchträgerin zu fällen, ohne individuelle Motivationen berücksichtigen zu müssen.

suchen, wie sich koloniale Vergangenheit und Gegenwart, sichtbar wie unsichtbar, in der postkolonialen Metropole manifestieren und wie sie die Wahrnehmung rassifizierter Europäer_innen als ewige Neuankömmlinge beeinflussen, als exzessiv mobil, ohne Wurzeln im (europäischen) Nationalstaat. Diese Fragen werden jedoch kaum gestellt, insbesondere in Deutschland, das sich als weitgehend unberührt von Europas kolonialer Vergangenheit begreift. Mit seiner temporalen und geographischen Distanzierung vom Kolonialismus befindet sich Deutschland natürlich durchaus im Mainstream europäischer kolonialer Vergangenheitsbewältigung (oder besser der Vermeidung derselben). Die Frage nach den Ursachen und Konsequenzen dieses Prozesses, den Monumenten und Lücken der deutschen kolonialen Erinnerung, kann also kontinental relevante Einsichten mit sich bringen – und sie öffnet die größere Frage, wie rassifizierte Bevölkerungsgruppen sich in die dominante Gesellschaft »integrieren« können, wenn sie permanent aus deren Vergangenheit ausgeschlossen werden.[3]

Ohne eine ehrliche Auseinandersetzung mit den europäischen Wurzeln von Rassismus kann seine anhaltende gesellschaftliche Funktion nicht adäquat analysiert werden und Forderungen nach der »Integration«

3 | Die Annahme, dass Kolonialismus in der fernen Vergangenheit liegt, ohne nachhaltigen Einfluss auf die vormaligen Kolonien und weniger noch auf die vormaligen Kolonisatoren, ist aus zahlreichen Gründen unhaltbar. Hier sei nur kurz darauf hingewiesen, dass der in den 1950ern begonnene Prozess der europäischen Vereinigung ein postnationales, jedoch nicht ein postkoloniales Europa vorsah. Dieses Modell, in dem europäische Besitzungen wie Algerien als Teil des kontinentalen Wirtschaftsraums betrachtet wurden (ohne ihren nicht-europäischen Einwohner_innen die gleichen Rechte einzuräumen), musste aufgrund der Erfolge antikolonialer Unabhängigkeitsbewegungen nach dem Vertrag von Rom revidiert werden, bleibt aber teilweise, so in Bezug auf die karibischen Besitzungen Frankreichs und der Niederlande, bis heute bestehen. Im Einklang mit Europas Selbstbild als globalen Hort von Menschenrechten und Fortschritt präsentiert die Europäische Union den Beginn des Vereinigungsprozesses 1957 heute allerdings als *Voraussetzung* für die nachfolgende Unabhängigkeit Afrikas. So wird nicht nur der lange und verlustreiche Kampf gegen europäischen Kolonialismus in ein Verdienst Europas umgewandelt, dieses selbstgefällige Narrativ verleugnet auch anhaltende neokoloniale Strukturen im Verhältnis von EU und Afrika (vgl. Hansen und Jonsson 2015).

derjenigen, von deren Ausschluss das deutsche Selbstbild nach wie vor abhängt, erscheinen naiv bis zynisch. Insbesondere, wenn den so Ausgeschlossenen gleichzeitig eine unfreiwillige Rolle in der Verarbeitung dieser Vergangenheit zugewiesen wird: Die Integration des vereinigten Deutschlands ins Zentrum eines sich ebenfalls im Prozess der Vereinigung befindenden Europas verlangte auch eine Neuschreibung der jüngeren europäischen Geschichte, die Konstruktion einer Version der gemeinsamen Vergangenheit, in der sich die ehemals antagonistischen Ost- und Westhälften des Kontinents wiederfinden konnten. Deutschland fungierte zum einen als Mikrokosmos dieser – extrem ungleichgewichtigen – Neubewertung der Nachkriegsgeschichte. Zum anderen stellte die Integration der nun gesamtdeutschen Nation Europa jedoch vor ein besonderes Problem, da die kontinentale Geschichte des 20. Jahrhunderts lange vor allem als Konflikt zwischen dem demokratischen Europa und dem deutschen Aggressor geschrieben worden war. Dieses Problem wurde zum Teil dadurch gelöst, dass der Part des undemokratischen Aggressors, gegen den sich das demokratische Europa geschlossen wehrt, auf europäische Muslim_innen übertragen wurde.

Deutschland post/faschistisch, post/sozialistisch und post/kolonial

> *Das Problem ist [...], dass die »Barbaren« schon durchs Tor gekommen sind; und von Angesicht zu Angesicht mit ihnen schneidet der westeuropäische Kosmopolitismus bei dem Test nicht gerade gut ab.*
> Hall 1991, 804

Deutschlands neu gewonnene Stellung als vereinte Nation im Zentrum Europas – geographisch wie politisch und ökonomisch – verlangte die Bestätigung, dass die nationalsozialistische und antisemitische Vergangenheit völlig hinter diesem neuen Deutschland lag. Diese Sicherheit wurde unter anderem durch den öffentlichen und politischen Fokus auf den angeblich endemischen Antisemitismus der sogenannten Dritten Generation geschaffen – Letztere, weitgehend mit muslimischen Jugendlichen gleichgesetzt, war schon in Diskursen um Schulkrise, städtische Gewalt und Ehrenmorde als extrem gewalttätig, intolerant und »unintegriert«

klassifiziert worden. In der Antisemitismus-Debatte werden jüdische und muslimische Deutsche als Antagonist_innen platziert, mit Mehrheitsdeutschen als Vermittler_innen in der Erziehungs- und Aufklärungsrolle. Durch die diskursive Gegenüberstellung von (jüdischen und Mehrheits-) »Deutschen« auf der einen und »Muslimen« auf der anderen Seite werden sowohl Islam als auch Antisemitismus als nicht zu Deutschland gehörig (und als miteinander verbunden) definiert.

Dies negiert die Verbindungen zwischen »historischem« europäischen Antisemitismus und gegenwärtiger Islamophobie durch eine Rassifizierung von Religion, die sich durch die europäische Geschichte zieht und keinesfalls 1945 endete. Die überwältigende Mehrheit antisemitischer Straftaten wird, ebenso wie »ausländerfeindliche«, das heißt rassistische und islamophobe Delikte, nach wie vor von Mehrheitsdeutschen verübt.[4] Es würde daher naheliegen, die Verbindung von Antisemitismus, Rassismus und Islamophobie zu untersuchen, die allesamt europaweit ansteigen, statt die Krise des (neo-)liberalen Multikulturalismus innerhalb jener Bevölkerungsgruppe zu lokalisieren, die schon ökonomisch marginalisiert und politisch entmündigt ist.[5] Dass dies oft nicht geschieht, dass die Kategorisierung von muslimischen Deutschen als kollektiv rückständig, gewalttätig, intolerant, ergo (noch) nicht wirklich deutsch so reibungslos funktioniert, dass in gegenwärtigen Diskursen Islam und Antisemitismus als quasi natürliche Verbindung erscheint, hat ebenso mit verdrängter Kolonialgeschichte wie mit der ungenügenden Aufarbeitung europäischen Antisemitismus zu tun – und mit dem Ende des Staatssozialismus, der auch das Ende der sozialen Marktwirtschaft und die sukzessive Ausgrenzung der muslimischen Bevölkerung mit sich brachte und zweifelsfrei auch die – anhaltende – Marginalisierung ostdeutscher Geschichte und Erinnerungskultur.

Letztere stellte jedoch nie den Status der Ostdeutschen als Deutsche in Frage, im Gegensatz zum Umgang mit den Nachfahren der sogenannten »Gastarbeiter«, denen dieser Status noch immer verweigert wird und die seit Jahrzehnten das Hauptziel ostdeutscher Aggression ausmachen.

4 | Vgl. die in jedem Quartal durch die Fraktion Die Linke im Bundestag erfragten polizeilich erfassten antisemitischen Straftaten, differenziert nach »rechtsextremen, linksextremen und migrationsbezogenem Tätermilieu«.

5 | Für eine Einführung in die existierende vergleichende Forschung vgl. Shooman 2015.

Im öffentlichen Diskurs wird diese endemische »Ausländerfeindlichkeit« (ein Begriff, der ebenso wie »Migranten der zweiten und dritten Generation« den Ausschluss der so Bezeichneten aus der nationalen Gemeinschaft reproduziert) als weiteres Zeichen der Rückständigkeit nach 40 Jahren sozialistischer Herrschaft interpretiert. So wird, im Einklang mit dem internalistischen Narrativ, die westdeutsche Gesellschaft zur Norm, (relativ) frei von den Übeln – seien es Rassismus, Armut oder Homophobie –, die den Rest der Welt plagen; außer sie werden in die Gesellschaft hineingetragen von denjenigen, die entweder noch mit den Nachwirkungen eines rückständigen, intoleranten Systems zu kämpfen haben, das heißt Ostdeutsche und Osteuropäer_innen, oder durch ihre Kultur diese Rückständigkeit selbst verkörpern, das heißt außereuropäische Migrant_innen und ihre Nachfahren. Fortschritt, ebenso wie Wohlstand als westlicher Naturzustand begriffen, wird also verlangsamt durch die Präsenz derjenigen, die hinterherhinken, die noch nicht im westdeutschen Hier und Jetzt angekommen sind. Sie leben in anachronistischen Enklaven, sei es im »dunkeldeutschen« Osten oder in der muslimischen »Parallelgesellschaft«, und zwingen die Mehrheitsgesellschaft dazu, ihren eigenen Fortschrittsprozess zu verlangsamen, um ihnen Zeit zum und Hilfe beim Aufholen zu geben.

Der Kontext dieser Studie ist also Deutschland als nicht nur post/faschistischer, sondern auch post/kolonialer und post/sozialistischer Raum. Dieser Rahmen erlaubt die Infragestellung der nahezu automatischen Setzung Nordwesteuropas als neutrale Norm, gegen die diverse abweichende Andere definiert werden – der sozialistische Osten und das koloniale Subjekt eingeschlossen. Ich untersuche diese Konstellation und ihren Effekt auf zeitgenössische deutsche Erinnerungsdiskurse aus einem Blickwinkel, der nicht nur annimmt, dass die post/faschistische, post/sozialistische und post/koloniale Vergangenheit und Gegenwart zum Verständnis dieser Diskurse notwendig sind, sondern sie als untrennbar von ihnen begreift. Anhand von lokalen, aber miteinander verbundenen Fallstudien zeige ich die Interaktion von normativen Raum-Zeit-Modellen in diesem Prozess auf, wobei ich, anstatt offensichtlichen Mustern zu folgen, unsichtbare oder unsichtbar gemachte historische Verbindungen aufzeige. Ich stelle folgende Fragen: Wie manifestieren sich Post/Faschismus, Post/Sozialismus und Post/Kolonialismus räumlich in deutschen Metropolen und wie werden raumzeitliche Repräsentationen der faschistischen/sozialistischen/kolonialen Vergangenheit auf rassifizierte Körper projiziert (eine Praxis, die wiederum ihren Ausschluss aus der deutschen Gegenwart erlaubt)?

Denn die wirksamsten Ideologien sind unsichtbar, wir suchen nicht nach den Tiefenstrukturen, die ihre interne und externe Logik konstruieren, wir nehmen an, dass es diese Tiefenstrukturen nicht gibt: Die Bedeutung liegt an der Oberfläche, ist offensichtlich (natürlich sind Weiße deutscher als Schwarze, westliche und islamische Werte sind natürlich diametral entgegengesetzt). Wenn es das Kennzeichen jeder effektiven Dominanzstruktur ist, dass sie so integriert in unser Weltverständnis ist, dass wir sie schlicht als gegeben hinnehmen, ist zunächst ein Prozess der Entfremdung von diesem pseudo-natürlichen Verhältnis nötig. Dieser Text versucht, Tiefenstrukturen sichtbar zu machen, indem er ihre Offensichtlichkeit dekonstruiert. Ich frage, warum bestimmte Konstellationen, Prozesse und Behauptungen als natürlich und selbstverständlich hingenommen werden, auch wenn ihre Widersprüchlichkeit eigentlich auf den ersten Blick erkennbar ist (etwa in einem Begriff wie »Migrantin der dritten Generation«). Diese individuellen Konstruktionen von Selbstverständlichkeiten sind nicht zufällig und isoliert, sondern fügen sich zusammen zu einem Logiksystem, dessen Elemente notwendigerweise aufeinander Bezug nehmen, eine punktuelle Intervention allein kann daher keine langfristigen Veränderungen produzieren.

Eine europäische Rassismusanalyse

> *[L]eben mit »Differenz«, statt sie einfach zu vergessen. Dies ist dem endlosen Vergessen vorzuziehen – dieser historischen Amnesie – und dieser schalen postmodernen Nostalgie, die zum Inventar der Globalisierung gehört.*
> Hall 1991, 805

Solange die übergeordnete Ideologie intakt bleibt, werden punktuelle Interventionen (Lichterketten, »Wir schaffen das!«-Rhetorik) keine strukturellen Änderungen hervorbringen. Stattdessen ist eine Rassismusanalyse gefragt, die spezifisch europäischen Konstellationen Rechnung trägt – von Neokolonialismus zur Rassifizierung von Religion und Rom_nja als kontinentaler staatenloser Minderheit. Wie eine solche Analyse aussehen und wie sie auf der schon existierenden Praxis des antirassistischen Aktivismus und den Theoretisierungen von Menschen of Color aufbauen kann, ist Thema dieses Buchs. Dies schließt auch die Frage ein, warum diese bestehenden Theoretisierungen immer noch keinen Einzug in akademische und gesellschaftliche Debatten gefunden haben (außer sie werden als Thesen mehrheitsdeutscher Autor_innen präsentiert). Eine vergleichende Perspektive, die sich mit global verlinkten Rassismuskonzepten auseinandersetzt, erlaubt es zudem, die angebliche Sonderstellung Europas als globalen Nullpunkt zu hinterfragen, als neutralen Maßstab, sowohl einzigartig als auch universell, an dem jede andere Region gemessen wird. Diese Sonderstellung gilt besonders für Rassismusdebatten, ist Europa doch die Heimat weißer Menschen (weswegen sie dort nicht als solche qualifiziert werden müssen, es versteht sich von selbst, dass europäisch gleich Mensch gleich weiß ist). Hier sind sie keine kolonialen Siedler_innen, was zu dem verbreiteten Trugschluss führt, dass die kolonialen und rassistischen Regimes, die Europäer_innen beziehungsweise ihre Nachfahren andernorts errichteten, keine Rückwirkungen auf den Kontinent selbst hatten. Eine kritische Theoretisierung europäischer Rassifizierungsprozesse kann diesen europäischen Exzeptionalismus in Frage stellen, etwa indem analytische Ansätze, die in der Siedlerkolonialismusforschung entwickelt wurden, für die dringend nötige Theoretisierung von Anti-Ziganismus genutzt werden. Herrschaftsstrukturen lassen sich schließlich wenig von den Grenzen nationaler Geschichtsschreibung stören.

Während die Einleitung eine, zugegebenermaßen polemische, Zusammenfassung meines Blicks auf deutsche Zustände bot, widme ich mich in diesem Kapitel einigen theoretischen Konzepten, die für meine Analyse unerlässlich sind. Zentral hierbei sind Stuart Halls Definition einer »internalistischen« europäischen Geschichte und Johannes Fabians Konzept der »evolutionären Zeit«. Im Folgenden werde ich zunächst etwas weiter ausholend auf europäische Eigen- und Fremddefinitionen eingehen, um dann wieder zu Deutschland und seiner spezifischen Rolle in dieser Konstellation zurückzukehren. Die Stränge, die in den einzelnen Abschnitten aufgegriffen wurden, verbinden sich zu einer Analyse des raumzeitlichen Modells einer Wissensproduktion, die rassifizierte Bevölkerungen notwendigerweise als räumlich wie temporal deplatziert auffasst, als fehl am Platz in einem normsetzenden Diskurs um Nation, Geschlecht, Sexualität und Religion, der diesen Gruppen eine Position sowohl außerhalb Deutschlands als auch außerhalb der Moderne zuweist.

Dieses Wissensregime ist gegenwärtig besonders deutlich in Debatten um deutsche Muslim_innen und die archaische, antimoderne Parallelgesellschaft, in der sie angeblich leben. Wie ich in den folgenden Kapiteln zeige, ist es aber schon weit länger und mit weitergreifenden Konsequenzen Teil deutschen Denkens.

Die überlappenden Geschichten von Migration, Kolonialismus und Rassismus schaffen in Europa Verbindungen und Überschneidungen zwischen rassifizierten Gruppen, insbesondere Schwarze, Rom_nja und muslimische Communitys, die in geteilten Räumen, Kulturen und Positionierungen resultieren. Diese Verbindungen sind weitgehend abwesend in dominanten Diskursen, die jeder Gruppe eine klare repräsentative Funktion zuweisen: Muslim_innen erscheinen als die interne Gefahr, das Andere, das schon unter uns ist, aber dennoch ewig fremd bleibt, während »Afrikaner« (Schwarze Europäer_innen eingeschlossen) die Massen repräsentieren, die noch nicht hier sind, aber drohend gegen die Grenzen pressen, ein demographischer und rassischer Goliath, der den europäischen David zu überrennen droht (es sind Metaphern dieser Art, die den tausendfachen Tod afrikanischer Flüchtender an Europas Außengrenzen seit Jahrzehnten normalisieren). Rom_nja schließlich, die rassifizierte europäische Minderheit par excellence, sind immer noch von extremer Gewalt, Armut und Ausgrenzung betroffen, aber nahezu abwesend als legitime Präsenz im Europa der Gegenwart. Gleichzeitig sind sie als »Zigeuner« zentraler Teil einer romantisierten europäischen Folklore, die wenig mit einer 500-jährigen Geschichte zu tun hat, die Völkermord und Versklavung einschließt, dafür umso mehr mit der Weißwaschung europäischer Geschichte, in der sich eine imaginierte judeo-christliche Harmonie zur Zigeunerromantik gesellt. Die diskursive Trennung dieser rassifizierten Gruppen ist symptomatisch für die Negierung der Gemeinsamkeiten von Communitys of color – miteinander und mit dem weißen Europa – in einem internalistischen Diskurs, der keine durchlässigen Grenzen akzeptieren kann und stattdessen klar abgrenzbare und in sich homogene Gruppen produzieren muss.

Europas internalistische Krise

> *Die Geschichte der europäischen Identität wird oft erzählt als hätte Europa kein Außen. Aber dies sagt uns mehr darüber, wie kulturelle Identitäten konstruiert sind – als »imaginäre Gemeinschaften«, durch die Markierung der Differenz zu Anderen – als über die realen Beziehungen des ungleichen Austausches und der ungleichen Entwicklung, durch die eine gemeinsame europäische Identität geformt wurde.*
> Hall 1991, 803

Nach Jahrzehnten scheinbarer Stabilität scheint Europa in jüngster Zeit von Krise zu Krise zu stolpern. Die Europäische Union, die lange als Garant wirtschaftlicher Stabilität und als postnationales Zukunftsmodell galt, steht nun wiederholt kurz vor dem Zerfall, kaum ist der Grexit abgewendet, steht der Brexit vor der Tür und sogar aus Osteuropa, auf dessen Zugehörigkeitsinteresse die EU sich lange verlassen konnte, kommen nun Austrittsdrohungen. Die griechische Austeritätskrise, die den Bestand des Euro in Frage stellte, schuf erstmals einen *failed state* mitten in der (west-)europäischen Gemeinschaft.[6] Der griechische ökonomische Kollaps war so ein erstes Anzeichen, dass die EU, einschließlich ihres nordwestlichen Kerngebietes, nicht so sicher vom zunehmend destabilisierten Rest der Welt abgeschottet ist, wie man hoffte, dass die Insel des Wohlstands an den Rändern zu zerbröckeln beginnt. In Europas Peripherie ist das schon länger deutlich. Seit Jahren eskaliert das Elend an den Ost- und Südgrenzen des Kontinents, setzt diese instabilen Grenzzonen zunehmend unter Druck. Aus dem Osten Europas kamen Tausende, oft

6 | Wie Achille Mbembe gezeigt hat, ist der *failed state* – überschuldet und weitgehend abhängig von (zunehmend privaten oder *vulture fund*) Kreditgebern, aber formal mit der Autorität ausgestattet, von IWF und Weltbank implementierte »Austeritätsmaßnahmen« durchzusetzen – zunehmend Normalität in der neoliberalen Weltordnung, allerdings bisher außerhalb des Westens, hauptsächlich in Afrika. Der Schuldenkollaps von Griechenland ebenso wie Puerto Rico, semiunabhängiges Mandatsgebiet der USA, zeigen, dass diese Normalität inzwischen auch den Westen erreicht, festgeschrieben durch multilaterale Abkommen wie TPP und TTIP, die multinationale Konzerne zunehmend außerhalb staatlicher Autorität platzieren (vgl. Mbembe 2003).

Rom_nja, die systematischer Diskriminierung, Gewalt und Armut entflohen und kategorisch in ihre »sicheren« Herkunftsländer abgeschoben wurden und werden.

Die Lage an Europas Südgrenze ist nicht besser. Schon vor rund zehn Jahren gingen Bilder durch die deutsche Presse, die verzweifelte Menschen auf überfüllten Booten im Mittelmeer treibend zeigten, oder beim Versuch, den Stacheldrahtzaun zwischen Marokko und der spanischen Enklave Ceuta zu überwinden. Der Zaun selbst war ein Bollwerk gegen die zehntausenden Westafrikaner_innen, die Europa über diesen Landweg, aber häufiger über das Mittelmeer, zu erreichen versuchten. Das führte zu einer intensiven Debatte über eine »Migrationskrise«, deren Protagonisten schnell als »Wirtschaftsflüchtlinge« klassifiziert wurden, ohne Anspruch auf einen Platz in Europa. Ebenso plötzlich, wie das Interesse an dieser Krise entstanden war, verschwand es wieder, wie es typisch ist für den Kreislauf von rassifizierter Panik und Vergessen. Dass im Jahrzehnt seitdem mindestens 20.000 Menschen beim Versuch Europa zu erreichen, im Meer ertranken, erregte kaum Aufmerksamkeit[7] – schließlich waren diese Menschen größtenteils Afrikaner_innen und die Naturalisierung von Tod und Katastrophen in Afrika als kontinentaler »Normalzustand« hat eine lange Tradition in Europa (vgl. Nederveen Pieterse 1992). Diejenigen, die überlebten, landeten in zunehmend überforderten und fast gänzlich alleingelassenen Grenzzonen wie Malta und Lampedusa. All dies wurde im stabilen Zentrum der Union, dem reichen Nordwesten des Kontinents, weitgehend ignoriert. Bis das nicht mehr ging, weil es Zehntausende, dann Hunderttausende der Flüchtenden bis hierher schafften. Und nun haben wir – wieder »plötzlich« – eine europäische Krise: Der Kontinent wird unvermutet ins Elend der Welt mit hineingerissen, so der Tenor, und muss schnell reagieren, wie so oft Probleme lösen, die außerhalb seiner Grenzen verursacht wurden – von den zunehmend fanatisierten muslimischen Staaten im Südosten, dem permanent unterentwickelten und kriegszerstörten Afrika im Süden und einem aggressiven, undemokratischen Russland im Osten. Mehr als impliziert ist hier die Idee, dass es Europa ohne diesen Druck von außen gut gehen würde, wäre es nur nicht von diesen chaotischen Regionen umgeben. Unberücksichtigt bleibt dagegen nicht nur Europas Beitrag zu dem Chaos, das es

---

7 | Vgl. das *Missing Migrants Project* der 1951 gegründeten *International Organisation for Migration* (IOM): http://missingmigrants.iom.int/

angeblich umgibt, sondern auch der grundlegend illusorische Charakter dieser internalistischen Konzeption Europas als klar von seinen Nachbarn trennbar. In diesem Modell ist es Europa immer wieder

»möglich, innerhalb seiner eigenen Grenzen und Ressourcen, sowohl geistig als auch materiell, die Bedingungen für die nächste Phase der sozialen Entwicklung zu produzieren. Das ist schon seit einiger Zeit die dominante Erzählung der Moderne – eine ›internalistische‹ Geschichte, in der der Kapitalismus aus der Gebärmutter des Feudalismus erwächst, und wo Europas selbst generierende Fähigkeit, die Bedingungen seiner Evolution aus dem eigenen Körper zu produzieren, deutlich gemacht wird.« (Hall 1991, 804)

So Stuart Hall vor 25 Jahren im Vorfeld des Vertrags von Maastricht, der die Abschlussphase der europäischen Vereinigung einleitete. Seine Analyse der Chance einer europäischen Neuorientierung – nach außen statt innen, in Anerkennung der Verbundenheit des Kontinents mit dem Rest der Welt und der geteilten komplexen Geschichte – und der Gefahren eines Festhaltens am Internalismus bezüglich der Integration Osteuropas und der westeuropäischen Minderheiten ist erschreckend aktuell und heute noch so wichtig wie 1991. Die nach innen gewandte Fortschrittserzählung ist ein zentraler Bestandteil europäischer Identität, sie loszulassen fällt schwer, da eine alternative, nach außen gewandte Sicht nicht nur ein Hinterfragen europäischer Zukunftsmodelle verlangt, sondern auch eine Neubewertung seiner Vergangenheit. Dennoch ist dieser Schritt unvermeidbar, da die internalistische Weltsicht offensichtlich ungeeignet ist, zum Verständnis gegenwärtiger globaler und kontinentaler Entwicklungen beizutragen. Laut Hall ist das internalistische Modell ebenso wenig hilfreich in der Beschreibung europäischer Geschichte, da es als gegeben und treibend voraussetzt, was tatsächlich ständig neu geschaffen und gegen ein ebenso wandelbares Außen abgegrenzt werden muss, nämlich die kontinentale Identität. Die Hegemonie der internalistischen Geschichte verlangt daher notwendigerweise die Unterdrückung pluraler Positionen – sei es in Bezug auf Europas Grenzen, welche Kulturen es beinhaltet oder was »echte« Europäer_innen ausmacht.

Europas Geschichte spielte sich aber ebenso wenig in Isolation ab wie seine Gegenwart es tut. Die oben erwähnte, vor kurzem noch nahezu unbekannte, aber nun zum europäischen Grundvokabular gehörende Austeritätspolitik liefert ein schlagendes Beispiel für das Funktionieren der internalistischen Geschichtsschreibung: Europäischer Wohlstand wurde mit den Ressourcen des Globalen Südens erkauft, westliches Wachstum war nie unabhängig von der erzwungenen Austerität des Rests der Welt. Weit über die koloniale Periode hinaus erlaubte dieses ausbeuterische Verhältnis die Fortsetzung einer ökonomisch und ökologisch untragbaren Politik. Hierfür ließen sich unzählige Beispiele anführen. Um nur eines, ein relativ unspektakuläres, aber strukturell erhellendes zu nennen: In den letzten Jahrzehnten gingen europäische Fischbestände dank stetiger kommerzieller Überfischung drastisch zurück. Entsprechend führte die Europäische Union Fangquoten ein, um den heimischen Bestand zu schützen. Europäische Fischereinationen, unter ihnen Deutschland, folgten nun aber nicht etwa einem nachhaltigen Modell, sondern überfischten schlicht anderswo. Es erfolgte also kein grundsätzliches Umdenken, stattdessen wurden die Konsequenzen der unhaltbaren europäischen Praxis auf afrikanische Länder abgewälzt. West- und ostafrikanische fischreiche Küstengebiete, unter nationaler Souveränität und durch internationale Verträge geschützt, sind im letzten Jahrzehnt Ziel eines massiven und illegalen Einfalls europäischer und asiatischer Fischereiflotten geworden. Zu den Resultaten gehören die absehbare oder schon eingetretene Zerstörung der afrikanischen Fischbestände, der Kollaps lokaler, auf Fischerei basierender Ökonomien und das Unerschwinglichwerden eines traditionellen Grundnahrungsmittels, das für einen großen Teil der Bevölkerung Hauptquelle tierischen Eiweißes ist (vgl. Vidal 2012 und Fioretti 2014).

Trotz der Bemühungen betroffener afrikanischer Nationen, die internationale Gemeinschaft zum Eingreifen zu bewegen, setzt sich diese Praxis bis in die Gegenwart nahezu ungehindert fort. Ebenso wenig fallen europäische Fischereiflotten, die seit dem Kollaps des somalischen Staates in den frühen 1990ern illegal in dessen Wassern fischen, unter den Sammelbegriff der »Piraterie«, unter dem verschiedene somalische Gruppen, einschließlich Fischern, die sich gegen die illegale europäische Praxis zur Wehr setzen, zusammengefasst und international gerichtlich verfolgt werden (vgl. Samatar/Lindberg/Mahayni 2010). Es ließen sich zahlreiche weitere Beispiele für diese Ressourcenplünderung anführen, sei es Coltan-Abbau im Kongo oder Lithiumgewinnung in Chile. Achille Mbembe, einer der bedeutendsten zeitgenössischen postkolonialen Theoretiker, schreibt zur Rolle »gescheiterter«, oft afrikanischer, Staaten in der globalen, neoliberalen Ökonomie:

»Verbunden mit der neuen Geographie der Ressourcengewinnung ist eine brandneue Herrschaftsform, die auf der *Verwaltung der Vielheiten* beruht. Die Entfernung und Plünderung natürlicher Ressourcen durch Kriegsmaschinen geht einher mit dem brutalen Versuch, ganze Menschengruppen bewegungsunfähig zu machen und räumlich zu fixieren oder, paradoxerweise, sie zu entfesseln, sie gewaltsam zu zerstreuen über weite Gebiete, die nicht mehr durch die Grenzen eines territorialen Staates zusammengehalten werden.« (Mbembe 2003, 35)[8]

Europäische Überfischung in afrikanischen Gewässern ist eines der Elemente, die zu dieser gewaltsamen Zerstreuung beitragen. Diese und andere Formen ökonomischer und ökologischer Gewalt werden diesen Prozess in Zukunft immer mehr eskalieren, werden mehr »Wirtschaftsflüchtlinge« produzieren, aber auch mehr gewaltsame Konflikte, sei es um Öl wie im Irak und Iran oder um Wasser wie im Jemen (vgl. Endres 2014). In Europa wahrgenommen werden jedoch nur die letzten Konsequenzen dieser vom eigenen Kontinent ausgehenden Entwicklung, wie die Migrationsbewegung von Afrika nach Norden, die Jahr für Jahr für Tausende tödlich endet und deren Ursache in einer diffusen Armut und Unterentwicklung gesehen wird, die das internalistische Narrativ Afrika als Normalzustand zuschreibt. Gleichzeitig wird den afrikanischen Staaten von IWF und Weltbank schon seit Jahrzehnten eine harsche Austeritätspolitik oktroyiert, die als »strukturelle Anpassungsmaßnahmen« unter anderem den Abbau staatlicher Gesundheitssysteme und den Ausverkauf von Ressourcen, einschließlich Fischereirechten, beinhalten (vgl. Ziegler 2008).

Dieses Ungleichverhältnis und seine Wurzeln in kolonialen Strukturen wird im zeitgenössischen europäischen Diskurs verdrängt, wird im Allgemeinbewusstsein überschattet von einer großzügigen »Entwicklungshilfe«, die Jahrhunderte kolonialer Ausbeutung und ihre Rolle in europäischer Entwicklung ebenso ignoriert wie zeitgenössische Ausbeutungspraktiken (siehe etwa das Transatlantic Trade and Investment Partnership-Abkommen [TTIP], das afrikanische Nationen auf Dauer auf die Rolle der Rohstofflieferanten festzuschreiben droht [vgl. Fischer

8 | Diese Beschreibung trifft offensichtlich in höchstem Maße auf Staaten wie den Irak, Afghanistan oder Syrien zu. Soweit nicht anders vermerkt, stammen alle Übersetzungen von mir.

2015].[9] Der verdrängte Widerspruch verschwindet aber nicht dauerhaft. Das Wiederauftauchen ungelöster Konflikte, die in der dominanten Logik unbenennbar bleiben, erzeugt Spannungen, die sich unberechenbar und krisenhaft Ausdruck verschaffen. Dies gefährdet wiederum die Kohärenz des Dominanzdiskurses, was dann neue Repressionsmechanismen zur Folge hat, die dazu dienen, die Hegemonie der herrschenden Ideologie zu sichern. Der haitianische Anthropologe Michel-Rolph Trouillot nennt das, was so unterdrückt wurde, »undenkbare Geschichte«: »Wenn die Realität nicht mit ihren Grundüberzeugungen vereinbar ist, neigen menschliche Wesen dazu, Interpretationen zu schaffen, die die Realität in die Grenzen dieser Überzeugungen zwingen. Sie formulieren Regeln, die das Undenkbare unterdrücken und zurückführen in den Rahmen akzeptablen Diskurses.« (Trouillot 1995, 72)[10] Um das überzeugend tun zu können, um Ereignisse verarbeiten zu können, die in der bestehenden Logik keinen Sinn zu machen scheinen, reicht es aber nicht, schlicht die Gegenwart umzuinterpretieren. Wir müssen diese Interpretation in die übergreifende Geschichte einfügen können, die wir uns, individuell und kollektiv, über uns selbst und die Welt erzählen. Wenn wir also etwa den

---

9 | Hier geht es nicht um einseitige Schuldzuschreibungen, um die Frage, ob Europa die »Verantwortung für alle Ungerechtigkeit in der Welt« trägt oder ob Afrika »endlich Verantwortung für sein Schicksal übernehmen« muss etc. Selbstverständlich sind Entwicklungsprozesse komplex. Diese Debatten tragen jedoch wenig zu der fehlenden Analyse kausaler Zusammenhänge zwischen europäischem Reichtum und »Entwicklung« und afrikanischer Armut und »Unterentwicklung« bei.

10 | In seiner wichtigen Studie zeigt Trouillot diesen Prozess am Beispiel der Revolution in Haiti, zweifellos eine der radikalsten Revolutionen und Unabhängigkeitskriege der Geschichte (und der einzige historisch belegte erfolgreiche Sklav_innenaufstand). Zeitlich fiel sie mitten ins sogenannte Zeitalter der Revolutionen, beginnend mit der amerikanischen und der französischen Revolution, warum also wird Haiti, ebenso wie diese Nationen in der westlichen Hemisphäre gelegen, weitgehend ignoriert? Trouillot sieht die Antwort darin, dass Haitis Revolution unvorstellbar war und bleibt. Genauer, unvorstellbar war es, dass Menschen, die zweifach als weniger denn menschlich markiert waren, als Afrikaner_innen und Sklav_innen, nicht nur eine Revolution planen und durchführen konnten, sondern eine Republik errichteten – die weltweit dritte – die demokratischer war als alle im Westen bestehenden Herrschaftsformen. Und schließlich, dass dies alles geschah, während die Republik Haiti sich erfolgreich militärisch gegen die zwei mächtigsten Nationen der Welt, Frankreich und England, zur Wehr setzte.

Kolonialismus als weitgehend aus und vorbei interpretieren, dann muss die anhaltende Instabilität in den vormals kolonialisierten Teilen der Welt anders erklärt werden – etwa durch ein Entwicklungsdefizit (eine Position, die zum Beispiel hinter der erstaunlich paternalistischen Aufforderung an den Globalen Süden steht, endlich die Verantwortung für die eigene Situation zu übernehmen, anstatt ewig Hilfe vom Westen zu erwarten. Diese Forderung macht nur dann Sinn, wenn der Westen damit aufhört, seine Probleme im Globalen Süden abzuladen).

Evolutionäre Zeit

> *Sobald Zeit als Teil, nicht nur als Maßeinheit menschlicher Aktivität erkannt wird, kann jeder Versuch, sie aus dem interpretativen Rahmen zu entfernen, nur zu verzerrten und mehr oder weniger bedeutungslosen Darstellungen führen.*
> Fabian 1983, 24[11]

Wir Menschen sind generell nicht besonders gut darin, die Folgen unseres Handelns einzuschätzen und ernst zu nehmen, ganz besonders dann, wenn sich die negativen Konsequenzen bestimmter Handlungen erst in einer unspezifischen Zukunft zeigen werden. Selbst wenn wir ziemlich sicher sind, dass es wahrscheinlich keine gute Idee ist, noch ein Glas Wein zu trinken, noch ein Stück Schokolade zu essen, selbst wenn wir wirklich fest vor hatten, ins Fitnessstudio zu gehen, trinken wir wahrscheinlich das Glas, essen die Schokolade und lassen das mit der Fitness wieder sein, weil es sich im Augenblick besser anfühlt und wir uns mit den Folgen immer noch beschäftigen können, wenn sie dann eintreten (das ist dann der Punkt, an dem wir unser kurzsichtiges Selbst verfluchen). Das hat unter anderem damit zu tun, wie wir Zeit erleben: Das zukünftige Ich, das die Folgen unseres heutigen Handelns zu tragen hat, ist in gewissem Sinne eine andere Person, mit der wir nur bedingt empathisch sind. Diese bedingte Fähigkeit, die langfristigen Konsequenzen unseres Handelns zu begreifen, spielt nicht nur auf der individuellen, sondern auch der kollektiven Ebene eine wichtige Rolle – vielleicht eine noch wichtigere, eben weil hier die Folgen wirklich von anderen getragen werden. Wir wissen,

11 | Soweit nicht anders vermerkt, stammen alle Übersetzungen von mir.

dass die Klimaveränderung real ist und drastische Gegenmaßnahmen erfordert, aber wir ergreifen sie nicht. Weil es gerade für uns, die Hauptverursacher_innen im »entwickelten« Westen, einfach ist, die Auswirkungen zu ignorieren, weil wir uns überzeugen, dass individuelle Kleinstschritte – der Hybrid, das Grauwasser-Recycling – ein drastisches kollektives Umschwenken ersetzen können. Dass dies nicht der Fall ist, lässt sich in anderen Teilen der Welt bereits beobachten, aber die räumliche Trennung zwischen den Verursacher_innen des Problems und denjenigen, die die Folgen ausbaden, funktioniert hier ebenso effektiv wie die zeitliche Trennung zwischen Jetzt und allem, was später kommt. Die Ironie besteht hier darin, dass es laut dem Raum-Zeit-Modell, durch das sich westliche Überlegenheit definiert, genau umgekehrt ist: Angeblich sind es gerade Menschen und Gesellschaften im Westen, insbesondere in Europa, die sich dadurch auszeichnen, dass sie die sofortige Wunscherfüllung zukunftsorientierten Erfolgsmodellen unterordnen. So produzierte der Westen angeblich Fortschritt, während der Rest der Welt weitgehend stagnierte oder doch zumindest konstant entwicklungstechnisch hinterherhinkt.

Diese Darstellung einer linearen Menschheitsentwicklung, deren Zentrum und Motor zwangsläufig immer im Herzen Europas liegt, hat, wie Hall zeigt, eine jahrhundertelange Tradition. Tatsächlich kann sich der Westen nur als progressiv begreifen, wenn er sein reaktionäres Spiegelbild außerhalb seiner Grenzen projizieren kann, wobei diese Grenzen, je nach Fokus, fließend sind (wie in den nächsten Abschnitten deutlich werden wird). Der Anthropologe Johannes Fabian hat in den frühen 1980ern den Prozess untersucht, der zur Normalisierung, wenn nicht gar Naturalisierung dieser hierarchischen Weltsicht führte. Er identifizierte unsere Wahrnehmung von Zeit und insbesondere die Zusammenwirkung von Raum und Zeit – die Temporalisierung von Raum und die Verräumlichung von Zeit – als entscheidende Faktoren: Evolutionäre Zeit, »ein System, innerhalb dessen nicht nur vergangene Zivilisationen, sondern alle lebenden Gesellschaften unwiderruflich auf einem temporären Gefälle angeordnet werden, einem Strom von Zeit, manche stromauf, andere stromab«, ist an eine räumliche Weltordnung gebunden, in der Europa als Zentrum des »universellen Zeit-Raums« erscheint (Fabian 1983, 17). Der Rest der Welt wird in Relation zu diesem Zentrum wahrgenommen, beurteilt und dann im ihm zugewiesenen Ort und Zeitpunkt fixiert:

»Sobald Kultur nicht mehr primär als Regelkatalog verstanden wird, den die individuellen Mitglieder bestimmter Gruppen ausagieren, sondern als die spezifische Form, in der Agierende Glaubenssätze, Werte und andere Bestandteile sozialen Lebens kreieren und produzieren, muss anerkannt werden, dass Zeit eine konstitutive Dimension sozialer Realität ist.« (Ebd., 24)

Es ist für uns schwer vorstellbar, dass unser Verständnis von Zeit nicht schlicht die Realität widerspiegelt, sondern kulturell ist. Fabian zeigt jedoch, dass »Zeit eine grundlegende Dimension sozialer Realität ist« (Fabian 1983, 24). Das scheinbar neutrale Modell objektiver oder universeller Zeit, das der Kapitalismus globalisierte, ist ein historisch und geographisch spezifisches Konstrukt. Universelle Zeit war direkt mit der Säkularisierung judeo-christlicher Zeitvorstellungen verbunden. Das heißt, ein Konzept, in dem lineare Zeit gemessen wurde an der Erlösungsgeschichte einer bestimmten monotheistischen religiösen Gemeinschaft, wurde ersetzt durch ein Modell, das den Menschen, in seiner spezifischen europäischen Variante, zentrierte: Zeit gemessen an klaren, aufeinander folgenden Phasen, von Geburt über Kindheit und Adoleszenz zu Reife und schließlich Tod. Fabian zeichnet den graduellen Aufstieg dieses Modells mit der Aufklärung und dem Übergang von zirkulärer, »heidnischer« Zeit zu linearer, judeo-christlicher und dann säkularer Zeit nach. Seine globale Einschreibung konsolidierte sich im ausgehenden 19. Jahrhundert, zeitgleich mit dem Beginn eines europäischen Imperialismus, der, manifestiert in der Berliner Konferenz von 1884, nun begann, die kolonisierten Gebiete aggressiv zu erschließen und ökonomisch auszubeuten. Neue wissenschaftliche Disziplinen, wie Ethnologie und Anthropologie, spielten eine nicht zu unterschätzende Rolle in der Legitimierung und Implementierung dieses Prozesses (ebenso wie das neue Medium Film, vgl. Shohat/Stam 1994). Anne McClintock stellt in ihrer Studie von Geschlecht, Rasse und Nationalismus fest:

»Im neunzehnten Jahrhundert säkularisierten die Sozialevolutionäre Zeit und ordneten sie dem nationalen, imperialen Projekt unter […] Im Bild des Stammbaums wurde evolutionärer Fortschritt als Folge anatomisch verschiedener Familientypen dargestellt, in einer linearen Abfolge angeordnet, von der ›Kindheit‹ ›primitiver‹ Rassen zur aufgeklärten ›Reife‹ des europäischen imperialen Nationalismus.« (McClintock 1997, 92)[12]

Das Bild der Menschenfamilie, in der der zivilisierte europäische Vater, streng aber gerecht, über die kindlichen/pubertären »Naturvölker« wachte, war fester Bestandteil der kolonialen Imagination (und hat sich noch immer nicht ganz aus der westlichen Psyche verabschiedet). Mit dem Ende europäischer Kolonialherrschaft und dem Beginn organisierter Arbeitsmigration wurden Bewegungen zwischen (Zeit-)Räumen unregulierter und häufiger, das Modell der evolutionären Zeit blieb jedoch bestehen. Die Einordnung der »Entwicklungsländer« in ein westliches Raum-Zeit-Modell funktioniert durch die temporale (De-)Platzierung des Globalen Südens in Europas Vergangenheit (siehe routinierte Referenzen auf »mittelalterlichen Islam« und »Steinzeitverhältnisse« in Afrika). Für Europa heißt das, dass Migrant_innen aus dem Globalen Süden nicht nur als von anderswo, sondern auch als aus einer anderen Zeit kommend wahrgenommen wurden – und in diesem Zustand blieben sie in der dominanten Wahrnehmung stecken, permanent zur falschen Zeit am falschen Ort.

So konstruiert sich eine Logik, in der konstanter westlicher Fortschritt gegen ein ewig hinterherhinkendes rassifiziertes Außen gemessen wird, ein Außen, das per definitionem nie Motor weltgeschichtlicher Entwicklung sein kann und so historisch und gegenwärtig marginal bleibt.[13]

12 | Ein praktischer Nebeneffekt dieses Stammbaumes war es, dass die späte deutsche Staatsgründung, oft als Manko empfunden, so als Zeichen des Fortschritts gelesen werden konnte.

13 | Anders ausgedrückt, dieses Außen existiert weder zeit- und entwicklungsgleich mit Europa noch in einem alternativen Entwicklungsprozess, sondern auf der exakt gleichen, einzig vorstellbaren Entwicklungsschiene, die ausschließlich an europäischer Geschichte gemessen wird. Zum Einfluss dieses Modells siehe etwa Thilo Sarazzins *Deutschland schafft sich ab* (2010), das genau diese Argumentationslinie benutzt. Die einzige globale Bewegung, die der Süden initiieren kann, ist eine rückwärtsgewandte. So wird etwa die Einschätzung des islamischen Fundamentalismus als größte Gefahr für den Weltfrieden primär mit der Behauptung begründet, er führe zurück zu (europäischem) Mittelalter und Faschismus. Nichtsdestotrotz existieren natürlich andere Entwicklungsmodelle, sowohl theoretisch wie praktisch (vgl. etwa Chakrabarty [2000] oder Mignolo [2011] zum Konzept »anderer Modernen«, Halberstam [2005] und Muñoz [2007] zu »queeren

Während Fabian sich auf die Disziplin der Anthropologie und ihrer »Anderen« konzentriert, erinnert er uns daran, dass »unsere Theorien über ihre Gesellschaften unsere Praxis sind – die Art wie wir Wissen über das Andere für unsere Gesellschaften produzieren und reproduzieren« (ebd., 165). Kein Dialog also, sondern ein Monolog, indem »wir« uns die Anderen erklären. Es fragt sich, was das für den Diskurs über interne Andere innerhalb einer Gesellschaft bedeutet. Geht etwa die Vorstellung von »Parallelgesellschaften« mit der von »Parallelzeiten« einher? Wie wirkt sich diese Konstruktion auf die Analyse gesellschaftlicher Prozesse aus? Die Kombination von internalistischer Geschichte und evolutionärer Zeit bildet das Fundament der Mär von der europäischen zivilisatorischen Überlegenheit. Sie kreiert Europa als sowohl räumlich wie zeitlich klar abgrenzbare Einheit, aber diese scheinbare Klarheit entsteht auf Kosten einer brutalen Hierarchie der Wertigkeit, die direkt von der postulierten Nähe zu eben diesem Europa bestimmt wird, aber auch durch Europa selbst verläuft.

Ganz abgesehen davon, dass andere, zirkuläre Auffassungen von Zeit eine stärkere Motivation zu nachhaltigem Umgang mit Ressourcen produzieren können als das evolutionäre Modell, halten sich westliche Gesellschaften aber ohnehin bemerkenswert selten an zukunftsorientierte Modelle. Sie praktizieren stattdessen eine Strategie des »aus den Augen, aus dem Sinn«, welche die unmittelbaren negativen Folgen ihres Handelns räumlich deplatziert, zumeist in den Globalen Süden (der ja oft als im Vergleich zu Europa noch »in der Vergangenheit lebend« dargestellt wird, was eine weitere Dimension der Zeit-Raum-Verwirrung produziert). Der im Westen verursachte Klimawandel könnte durch radikale Gegenmaßnahmen gestoppt werden – und was könnte mehr im globalen Interesse sein? Diese Gegenmaßnahmen verletzen jedoch kurzfristige westliche Wirtschaftsinteressen und so bleiben sie aus (siehe etwa den Einfluss der Ölindustrie auf EU-Umweltschutzbestimmungen, vgl. Nelson 2016). Die Fähigkeit, den bequemen Status quo aufzugeben, weil man versteht, dass er nicht nur langfristig unhaltbar ist, sondern zu einer katastrophalen, wenn auch noch nicht wirklich fühlbaren Zukunft führt, fehlt hier

Zeitlichkeiten« oder Battiste [2000] zu indigenen Zeitverständnissen). Das Problem ist, dass dieses Zeit-Raum-Verständnis Grundlage unserer Weltsicht ist, das heißt, auch wenn wir seinen offensichtlichsten Problemen (zum Beispiel dem Entwicklungsmodell) kritisch gegenüberstehen, ist es nahezu unmöglich, außerhalb der Logik evolutionärer Zeit zu denken.

also gänzlich – und zwar im Westen mehr als irgendwo sonst. Dennoch wird an der Überlegenheit des westlichen Zivilisationsmodells festgehalten – und zwar gerade, wenn sich die Folgen nicht mehr ignorieren lassen: Die von Weltbank und Währungsfonds im Globalen Süden gepushten »strukturellen Anpassungsmaßnahmen« fokussieren auf Marktöffnung und Sozialleistungsabbau, obwohl sich schon lange zeigt, dass dies zu wachsender Massenarmut führt; eskalierende ökonomische Ungleichheit, immer wieder als Ursache politischer und sozialer Instabilität identifiziert, wird dennoch in neuen globalen Verträgen wie TTIP und TPP festgeschrieben; militärische Interventionen im Zuge des »Kriegs gegen den Terror« führen zu mehr Terrorismus und eskalierenden Zahlen von Flüchtenden. Trotz dieses eigentlich offensichtlichen Teufelskreises werden dennoch die immer gleichen, immer scheiternden Lösungsstrategien stur wiederholt, mit immer fataleren Folgen. Folgen wiederum, die Europa trotz ihrer Absehbarkeit immer wieder unvorbereitet treffen (wie die Amerikaner_innen, unter denen ich jetzt lebe, gerne sagen: »The definition of insanity is doing the same thing over and over again and expecting different results«). Diese scheinbar bizarre Unfähigkeit, aus der Geschichte zu lernen, erscheint weit weniger unlogisch, wenn man sich deutlich macht, was aufgegeben werden müsste, um einen wirklichen Kurswechsel zu ermöglichen: Europas Verständnis von sich selbst, seiner Zukunft und Vergangenheit, die komplette Abwendung von der internalistischen Geschichte und die ehrliche Auseinandersetzung mit allem, was sie über Jahrhunderte aus Europas Blickfeld hielt (auch und vor allem beim Blick in den Spiegel).

Nicht hier und nicht jetzt: Auslöschbare Leben

> *Gleichzeitigkeit ist ein Ausdruck temporaler Beziehungen. Sie kann nicht als ein Ding oder Zustand mit bestimmten Eigenschaften definiert werden. Sie ist nicht »da« und sie kann nicht einfach erklärt werden; sie muss – zumindest annähernd – geschaffen werden.*
> Fabian 1983, 30

Die oft referierte »größte Flüchtlingskrise seit Ende des Zweiten Weltkriegs« ist deutliches Anzeichen der Untragbarkeit des gegenwärtigen Modells. Gleichzeitig kann sie aus ihm nicht ausreichend erklärt werden:

Europa als Ursprung und Hort der Idee der universellen Menschenrechte, als Teil der Welt, der diese Ideale zwar nicht perfekt, aber doch mehr als irgendeine andere Region, in die Tat umgesetzt hat – wie kann dieses Bild koexistieren mit Europas südlicher Grenze als der global tödlichsten? Nirgendwo sterben mehr Menschen einen vermeidbaren Tod als bei dem Versuch, diesen Kontinent zu erreichen. Dennoch wurde das tausendfache Ertrinken meist afrikanischer Flüchtender im Mittelmeer gut ein Jahrzehnt lang nahezu ignoriert; insbesondere vom reichen Nordwesten des Kontinents, der stattdessen den sogenannten europäischen »Frontstaaten« Italien, Spanien und Griechenland die Verantwortung für die »Kontrolle des Flüchtlingsstroms« und für die Rettung schiffbrüchiger Flüchtender zuwies. Die EU wurde von der Eskalation der Flüchtlingskrise im Sommer 2015 also keineswegs überrascht, hatte sie vielmehr zumindest mitproduziert.[14] Das Ignorieren dieses Massensterbens wird nur möglich durch zwei Annahmen: Die Leben, die verloren wurden, sind weniger wert als die europäischer Menschen, und diejenigen, die starben, gehören nicht nach Europa, sie fernzuhalten hat höchste Priorität, sogar wenn das tausendfachen Tod bedeutet.

Das erscheint vielleicht als übertriebene Behauptung, aber nochmals die Fakten: Seit mehr als zehn Jahren sterben jährlich mindestens 2.000 Menschen einen vermeidbaren Tod, ohne dass etwas dagegen unternommen wird – im Gegenteil, die Rettungsaktion der italienischen Regierung wurde von der EU unterbunden. Wenn die europäische Gemeinschaft ak-

14 | Siehe etwa die italienische *Mare Nostrum*-Initiative, die zwischen Oktober 2013 und Oktober 2014 rund 150.000 Menschen aus Seenot rettete. Trotz mehrfacher Appelle der italienischen Regierung verweigerte die EU jegliche Unterstützung der Aktion, kritisierte sie stattdessen als verantwortlich für ansteigende Flüchtlingszahlen. Der deutsche Innenminister de Maizière etwa erklärte im Oktober 2014: »*Mare Nostrum* war als Nothilfe gedacht und hat sich als Brücke nach Europa erwiesen«. Die EU ersetzte *Mare Nostrum* schließlich durch die *Triton*-Initiative ihrer Frontex »Grenzagentur«. Letztere, mehr auf Abschreckung als auf Rettung ausgerichtet, überwachte ein weitaus kleineres Gebiet als es die italienische Marine getan hatte, was wiederholt zu ignorierten Warnungen vor einem unvermeidlichen Anstieg der Todesopfer im Mittelmeer führte (afp 2015). Der im Frühsommer 2016 zu verzeichnende drastische Anstieg der Zahl der Todesopfer im Mittelmeer (bis zu 1.000 an einem einzigen Tag) war also lange absehbar – und vermeidbar.

tiv wurde, war es durch repressive Maßnahmen, durch Grenzaufrüstung, die sofortige Abschiebung von Geflüchteten aus Ceuta und Meilla, bevor sie Asylanträge stellen konnten – eine illegale Taktik, die dennoch von der EU geduldet, wenn nicht gefördert wurde, »Auffanglager« für Flüchtende in Transitländern wie Marokko und Libyen, militärische Unterstützung für Herkunftsländer wie den Senegal, um die Fluchtbewegung schon in ihren Anfängen stoppen zu können (vgl. Jakob 2014). Mit anderen Worten, der Fokus lag auf Kontrolle und Eindämmung von Bewegungsfreiheit, wobei internationales Recht zweitrangig war. Drittrangig, wenn überhaupt Teil der Rangordnung, war die Rettung von Menschenleben. Wie lässt sich das anders erklären als durch eine Abstumpfung und Gleichgültigkeit, die damit gerechtfertigt wird, dass der Tod dieser Menschen »nicht so schlimm« ist? Und »diese Menschen« zählen nicht nur in Afrika und nicht nur außerhalb von Europas Grenzen weniger.

Abwesend in der konzertierten Reformulierung europäischer Geschichte und Gegenwart, die postfaschistische und postsozialistische Narrative als westliche, kapitalistische Erfolgsgeschichte miteinander verband, war ein dritter Faktor, der ebenfalls dringend einer Neubewertung bedurft hätte: Europas koloniale Vergangenheit, manifest sowohl in einer stetig wachsenden, postkolonialen, kontinentalen Bevölkerung, die doch »uneuropäisch« bleibt, als auch in den vergeblichen Versuchen, ein für alle Mal Europas geographische, politische und identitäre Grenzen zu definieren. Hier spielen Religion und Rasse eine zentrale Rolle: Ohne dass dies so benannt wird, ist es offensichtlich, dass diejenigen Gruppen, die als fundamental fremd und integrationsunfähig klassifiziert werden, auch diejenigen sind, die qua Rassifizierung und Religionszugehörigkeit das Andere des weißen christlichen Europas verkörpern, namentlich Afro-Europäer_innen, Rom_nja und Muslim_innen. Die permanente Anwesenheit dieses markierten Anderen im kontemporären Europa repräsentiert die Krise der dominanten Raum-Zeit-Ordnung und aktiviert alte und neue Kontrollmechanismen. Dieser Ausnahmezustand, die Markierung als permanent zur falschen Zeit am falschen Ort, ist charakteristisch nicht nur für Flüchtlinge, sondern die postkoloniale Bevölkerung im Allgemeinen. So wird Immobilisierung, in Gefängnissen, Flüchtlingslagern, Gettos, zur mehr und mehr normalisierten Reaktion auf die Präsenz »mobiler« Bevölkerungsgruppen, seien es Geflüchtete, Migrant_innen oder diasporische Minderheiten. Innerhalb Europas werden rassifizierte Bevölkerungen zunehmend so identifiziert, ihr angeblich wurzelloser Status gilt als Rechtfertigung für die Immobilisierung in segregierten Stadtvierteln und Gefängnissen.[15]

In der Flüchtlingspolitik zeigt sich ein weiteres Beispiel der endlosen Wiederholung eines gescheiterten Modells: Die »Lösungen« für den Umgang mit Geflüchteten aus dem Nahen Osten, die gerade heftig debattiert werden, wurden zumeist bereits erfolglos in den »Flüchtlingskrisen« vor zehn und zwanzig Jahren angewandt. Dennoch wird kaum auf diese (anhaltenden) Krisen Bezug genommen. Stattdessen erfolgte in den deutschen Debatten schon früh eine klare Trennung zwischen »echten« Flüchtlingen, durch Krieg und Verfolgung vertrieben, vor allem aus Syrien, und »falschen Wirtschaftsflüchtlingen«, in der Hauptsache Rom_nja und (West- und Nord-)Afrikaner_innen. Letztere werden verantwortlich gemacht für die missbräuchliche Überlastung des Asylsystems, die es unmöglich macht, den wirklich Bedürftigen zu helfen. Während die Differenzierung von echten und Wirtschaftsflüchtlingen auf den ersten Blick Sinn macht, gar unvermeidbar erscheint, zeigen sich auf den zweiten Blick einige Probleme: Lebensbedrohliche Armut erscheint als bedauerlicher, aber nicht zu ändernder Teil der Lebensrealität in bestimmten (rückständigen) Regionen und für bestimmte (rückständige) Gruppen. Rassifizierte Massenarmut als Abfallprodukt eines globalen ökonomischen Systems, von dem der Westen disproportional profitiert, bleibt unberücksichtigt. Ebenso wenig wird ökonomische Gewalt überhaupt als eine Form von Gewalt anerkannt, sie kann also keinen legitimen Fluchtgrund ausmachen. Die Nationen des Globalen Südens argumentieren zwar schon seit Jahrzehnten für die Anerkennung von Ernährungssicherheit und Unterkunft als ebenso wichtigen Menschenrechten wie Meinungs- oder Versammlungsfreiheit, aber die westlichen Staaten zeigen keinerlei Interesse an einer derartigen Ausweitung der Liste von globalen Grundrechten (die zu schützen sie sich verpflichten müssten). Schließlich nützt es wenig, wenn Europa sich außerstande erklärt, Millionen von Flüchtenden aufzunehmen, wenn die Fluchtgründe, einschließlich ökonomischer, bestehen bleiben. Ob es um die Konsequenzen des

15 | Neokoloniale Studien Afrikas und Neoslavery Studies in den USA weisen auf die unklarer werdenden Grenzen zwischen inhaftierten und noch nicht inhaftierten Mitgliedern markierter Gruppen hin, die pauschal als kriminell, unnütz und bedrohlich definiert werden, unabhängig davon, ob sie sich innerhalb oder außerhalb formaler Gefängnisse befinden (vgl. Mbembe 2003, Childs 2015).

europäischen Überfischens für westafrikanische Kommunen geht oder die Facebookreaktionen auf Terroranschläge in Paris und Beirut, die zugrundeliegende Hierarchie menschlichen Lebens bliebt die Gleiche.

Der Anthropologe Ghassan Hage visualisierte dies kürzlich folgendermaßen:

> »Das ist der Morast, der durch den Unterschied in der Auslöschbarkeit und Betrauerbarkeit von Muslim_innen und Nicht-Muslim_innen verursacht wird.
> NEWYORKbaghdadLONDON
> TELAVIVgazaMADRID
> BOSTONkabulOSLO
> PARISaleppoBRUSSELS
> In diesen und vergleichbaren Gefällen in den affektiven Kontinentalplatten, in die wir alle eingeschlossen sind, wachsen einige der emotionalen Antriebe des islamistischen Terrorismus.« (Hage 2016, online)

Hage behauptet nicht, dass in diesen Gefällen der Auslöschbarkeit und Betrauerbarkeit die einzige Ursache für Terrorismus liegt, aber er macht deutlich, wie unsinnig und verlogen es ist, anzunehmen, dass diejenigen, die als kollektiv entbehrlicher als andere behandelt werden, davon emotional unberührt bleiben. Er fährt fort:

> »Wer diesen affektiven Morast nicht sieht und was darin ungehindert schwärt, wer nicht sieht, wie es *uns alle* in einer destruktiven Kultur der Auslöschbarkeit ertränkt, einer Kultur der selektiven Gleichgültigkeit gegenüber dem Töten und dem Tod von manchen, der sieht nicht viel. Denn es ist eine kollektive Verantwortung, besonders für diejenigen unter uns, die im Westen leben, diesen Morast und seine Konsequenzen zu sehen und zu diskutieren und zu verstehen. Wenn auch nur, weil es nicht Muslim_innen waren, die ihn geschaffen haben, sondern der Westen. In den Jahren kolonialer Straflosigkeit [...]« (Ebd.)

Internalistische Erklärungsmodelle nehmen dagegen entweder an, dass Unterentwicklung, Überbevölkerung und Despotismus im Globalen Süden zwangsläufig dauerhaft Krisen produzieren, es für Europa also primär darauf ankomme, sich effektiv abzuschotten (konservative Variante), oder die Fluchtursachen werden mit westlicher Interventionspolitik verbunden, insbesondere wenn der Fokus auf dem Nahen Osten liegt. In diesem Modell wird der US-amerikanische Militarismus zum Hauptverantwortlichen, verbunden mit der Forderung, dass Europa vom Mitläufer zum Ausbremser des amerikanischen Imperialismus werden müsse (progressive Variante). Beide Ansätze ignorieren die zentrale Rolle, die europäischer Kolonialismus in der Entstehung der gegenwärtigen Krise spielt. Das internalistische Narrativ erlaubt, ja verlangt das Festhalten am Bild europäischer zivilisatorischer Überlegenheit, eine Überlegenheit, die angeblich nicht auf Unterwerfung und Ausbeutung beruht (Europas Fortschritt kommt immer aus dem Inneren), sondern auf einem überlegenen Wertesystem, beruhend auf Gleichheit, Fairness und Demokratie, das es Individuen, Gruppen und Nationen erlaubt, ihr volles Potenzial zu entfalten.

Für die Legitimierung dieser Weltordnung, in der Europa als Modell globaler Entwicklung fungiert, ist es unabdingbar, dass westliche Überlegenheit nicht nur als Tatsache (und als positiv) bewertet wird, sondern auch als ohne strukturelle Verantwortung für eben jene Zustände, die es außerhalb seiner Grenzen zum Eingreifen zwingen, sei es politisch, ökonomisch oder militärisch, um ein System herzustellen, das seinem Entwicklungsmodell entspricht. Bezüglich der Modellfunktion Westeuropas für den postsozialistischen Osten stellte der ungarische Soziologe Josef Böröcz fest:

> »Um eine zeitgenössische Sozialform als das erstrebenswerte ›Schon‹ der strebenden Reformer des ›Noch nicht‹ denken zu können, ist es nötig – wie das liberale Denken es unvermeidlich tut – jeden kausalen Zusammenhang zwischen der ›Rückständigkeit‹ derer, die sich ›noch nicht‹ entwickelt haben und dem vorausgegangenen Aufstieg des ›entwickelten‹ Vorbilds zu leugnen. Wenn zugegeben wird, dass die Errungenschaften der ›entwickelten‹ Sozialformen auf Vorteilen beruhen, die mit dem Elend anderer erkauft wurden oder wenn das Leiden der Elenden als durch den ›Aufstieg‹ der Entwickelten verursacht begriffen wird, dann wird das teleologische Modell moralisch verwerflich und sogar unsinnig.« (Böröcz 2006, 117)

Um den Kollaps des teleologischen Modells zu vermeiden, werden offensichtliche Widersprüche, wie die realen Gefälle der Auslöschbarkeit und Betrauerbarkeit, nicht hinterfragt, sondern externalisiert. Das heißt, das Problem wird nach außen projiziert, der Widerspruch liegt nicht in einem Europa, das sich als Erfinder und Bewahrer der Menschenrechte feiert (unter anderem 2012 mit der Verleihung des Friedensnobelpreises an die Europäische Union für eben diese Verdienste), sondern bei jenen, denen immer noch volle Menschenrechte abgesprochen werden, die sich immer wieder selbst den Einschluss in die zivilisierte Weltgemeinschaft verbauen, durch ihren Fanatismus, ihre Barbarei, ihre Armut, ihr stures Beharren darauf dazuzugehören, mehr zu sein als im besten Fall Statist_innen in der Erfolgsstory des Westens, Kollateralschäden im schlimmsten.

Während sich in der »Flüchtlingskrise« die Lage fast täglich zu verändern schien, wurde schnell klar, dass diese angeblich überraschenden, nie da gewesenen, unvorhersehbaren etc. Entwicklungen tatsächlich wieder in das bekannte Muster fielen. Ein Muster, das in der hartnäckigen Weigerung besteht, sich den Konsequenzen eines europäischen Identitäts- und Entwicklungsmodells zu stellen, das auf ganzer Linie versagt hat. Die Krisen häufen sich, folgen schneller aufeinander und lassen sich immer weniger kontrollieren, da die Ursachen nie wirklich angegangen werden. Die gegenwärtigen Krisen sind Ausdruck der eskalierenden globalen Ungleichheit und des anhaltenden Abbaus politischer Rechte. Sie werden nicht die letzten bleiben. Es ist zunehmend naiv, anzunehmen, dass Europa (und die USA) von diesem System profitieren können, ohne jemals von den Negativfolgen getroffen zu werden. Ein erster notwendiger Schritt ist die Abkehr von der Vorstellung, dass ein demokratisches Europa seinen südlichen Nachbarn aus humanitären Erwägungen Hilfe leistet – und eine Hinwendung zur Auseinandersetzung mit einem weit komplizierteren Verhältnis von Europas Wohlstand und seinen kolonialen und neokolonialen Aktionen. Auch wenn es sich als weitgehend außerhalb des kolonialen Kontexts stehend sieht, ist Deutschland beispielhaft in diesem Prozess. Während die koloniale Vergangenheit hier einerseits fast völlig aus dem öffentlichen Bewusstsein verschwunden ist, hat sie andererseits unübersehbare Spuren im öffentlichen Raum hinterlassen.

II. Internalismus und Universalismus: Wo sind Europas Grenzen?

»Europa sowie die Mittelmeerregion«

Europäische wirtschaftliche Stabilität war kausal mit (neo-)kolonialen Herrschaftsstrukturen verbunden. Das heißt, Instabilität konnte konstant nach außen verschoben werden, wie soeben am Fischereibeispiel illustriert, während das europäische Erfolgsmodell scheinbar wieder und wieder seine Überlegenheit bewies. Diese Instabilität, die trotz aller strukturellen Bemühungen nie ganz externalisiert werden konnte, beginnt nun vermehrt das Zentrum zu erreichen. Teil der griechischen Krise war die nationale Erniedrigung durch von der EU aufgezwungene Austeritätsmaßnahmen, die sonst nur dem Globalen Süden abverlangt werden. Die harschen materiellen Konsequenzen des Finanzplans wurden verstärkt durch die unerschütterliche Wahrnehmung Europas als Zentrum von Zivilisation und Fortschritt und daher als selbstverständlich mit dem höchsten Lebensstandard ausgestattet – Armut als quasinatürlicher Zustand der Dritten Welt geht einher mit Wohlstand als westlichem »Naturzustand«. Westen ist jedoch nicht gleich Westen und die Wirtschaftskrise zeigte die Brüche innerhalb Europas, die traditionelle Hierarchie zwischen dem Nordwesten auf der einen und dem Süden und Osten auf der anderen Seite. Letztere können ihren Status als europäisch nie mit völliger Sicherheit beanspruchen – wegen ihrer peripheren geographischen Lage, aber mehr noch wegen der damit verbundenen kulturellen Zuschreibungen – siehe etwa die Diskussion um »faule, chaotische, korrupte« Griechen im Zuge der Austeritätsdebatten: Die gleichen diskursiven Strategien und Tropen wurden schon in den 1970ern auf »Gastarbeiter« aus diesen Regionen angewandt.[1] Diese innereuropäische Hierarchie beruht aber auf einer weit längeren Auseinandersetzung um die Essenz europäischer Identität und Zugehörigkeit. Eine Auseinandersetzung, die nie zu einem Konsens geführt hat oder jemals führen kann, die aber dennoch bestimmte Stereotypen, unter anderem den faulen Südländer, als empirische Wahrheiten immer wieder reproduziert. Der Nordwesten des Kontinents, die Gründungsnationen der Europäischen Union, etablieren sich demgegenüber als »Kerneuropa«, als am stärksten mit den kontinentalen Werten Freiheit, Gleichheit, Demokratie, Säkularismus und vor allem wirtschaftliche Stabilität verbunden. Im Gegensatz zu suspekten Grenznationen im Balkan und am Mittelmeer ist der europäische Status von Deutschland, Frankreich oder den Niederlanden kaum in Frage zu stellen.

Entsprechend wird Deutschlands moralische Autorität und Dominanz innerhalb der EU am effektivsten mit Hinweisen auf die Nachwirkungen der nationalsozialistischen Herrschaft, der »uneuropäischsten« Phase deutscher Geschichte, in Frage gestellt. Dies wurde unter anderem deutlich in der griechischen Reparationendiskussion, die wiederum eine direkte Konsequenz der Debatte um selbstverschuldete, das heißt »kulturelle« Elemente der griechischen Wirtschaftskrise war.[2] Die griechische Forderung nach deutscher Rückzahlung eines massiven Zwangskredits aus dem Zweiten Weltkrieg zielte unmittelbar darauf ab, das moralische Gleichgewicht der Grexit-Debatte zu verschieben, indem das scheinbar

1 | Auch wenn diese Rassifizierung von »Südländern« seit den 1990ern zunehmend aus dem allgemeinen Gedächtnis verdrängt wurde, ersetzt mit dem Fokus auf europäische Muslim_innen und der Idee, dass deren mangelnde Integration auf religiös-kulturellen Eigenschaften beruht, die sie scharf von christlich/säkularen Europäer_innen, einschließlich denen im Süden, abgrenzt (vgl. Terkessidis 2010).

2 | Die griechischen Forderungen beziehen sich nicht nur auf Entschädigung für Massaker und Zerstörung während der deutschen Besatzung, sondern auch auf eine 1942 durch Griechenland geleistete Zwangsanleihe von 476 Millionen Reichsmark, die nie zurückgezahlt wurde. Umstritten ist, ob die Zurückzahlung dieser Anleihe – rund elf Milliarden Euro – als Reparation oder als Erfüllung eines zivilrechtlichen Kredits gelten würde. Die Bundesregierung insistiert, ebenso wie ihre Vorgängerinnen, auf ersterer Interpretation und argumentiert, dass alle Forderungen entsprechend durch den Reparationsvertrag von 1960 und den Zwei-Plus-Vier-Vertrag von 1990 abgedeckt seien (Griechenland hat Letzterem jedoch nie zugestimmt) (vgl. Caspari 2015, Deutscher Bundestag 2015).

eindeutige Verhältnis von Schuldner und Geber umgekehrt wurde. Der Konflikt war aber alles andere als neu, vielmehr stritten beide Nationen schon seit Jahrzehnten über die Frage der nicht nur moralischen, sondern auch materiellen Verantwortung für die nationalsozialistische Ausbeutung des besetzten Landes. Ebenso wie in den Jahren zuvor weigerte Deutschland sich auch jetzt, auf die griechische Forderung einzugehen – eine Weigerung, die weniger auf internationalem Recht denn materieller Überlegenheit beruhte: Außer dem moralischen hatte Griechenland kein anderes Druckmittel zur Verfügung (und das nützte ebenso wenig wie es afrikanischen Staaten nützt, dass internationale Gerichte ihren Klagen gegen Verletzung der Seehoheit durch europäische Schiffe stattgeben); im Gegensatz zum umgekehrten Fall, in dem die EU unter deutscher Führung der Zypras-Regierung ein »Austeritätspaket« aufzwingen konnte. Die Parallelen zum Diskurs um kulturelle afrikanische »Unterentwicklung« und europäische Verantwortung scheinen deutlich und tatsächlich hat die Forderung nach Reparationen für Völkermord, Sklaverei und Kolonialismus 2013 durch die Klage der karibischen CARICOM-Nationen unter anderem gegen Frankreich, die Niederlande und Britannien neues Gewicht erhalten.[3]

Auf den ersten Blick scheint Deutschland von dieser Debatte ausgenommen beziehungsweise wiederum eine Sonderstellung einzunehmen, da sich Wiedergutmachungsforderungen im deutschen Fall primär auf die nationalsozialistische Periode, nicht die Kolonialherrschaft, beziehen. Wie ich im Folgenden zeige, ist Deutschland jedoch durchaus betroffen von den Folgen der internalistischen Verdrängung der europäischen Kolonialherrschaft und ihrer Nachwirkungen. Die langsam eine größere Öffentlichkeit erreichenden Auseinandersetzungen um das deutsche koloniale Erbe, vornehmlich in Namibia, sind meist stark von der mehrheitsdeutschen Täterperspektive gekennzeichnet und auf die Frage des Verhältnisses von Kolonialismus und Nationalsozialismus fokussiert, insbesondere was den Völkermord an den Herero betrifft (einschließlich der Frage, ob es sich überhaupt um einen solchen handelt). Weniger im Fokus

3 | Die CARICOM, die 15 karibische Nationen vereint, forderte im Dezember 2013, die »vormals sklavenbesitzenden Nationen Europas – insbesondere Britannien, Frankreich, Spanien, Portugal, die Niederlande, Norwegen, Schweden und Dänemark« auf, einen »reparativen Dialog« über die anhaltenden Nachwirkungen ihrer Verbrechen gegen die Menschheit zu beginnen (vgl. Caricom 2013).

des Interesses sind die langfristigen, anhaltenden Folgen dieses Herrschaftssystems (»the living legacy of these crimes«, wie es die CARICOM-Klage formuliert)[4] – für die vormals kolonisierten Nationen, aber auch für die ehemaligen Kolonisatoren, die diese Vergangenheit nicht nur passiv verdrängen, sondern via internalistischer Geschichtsschreibung und evolutionärem Zeitmodell aktiv in den Diskurs europäischer zivilisatorischer Überlegenheit integrieren. Wenn die verschiedenen Erinnerungsdiskurse aufeinanderprallen, wie in jüngster Zeit immer häufiger der Fall, entsteht so eine weitere Identitätskrise. Ein besonders spannungsgeladenes Element in dieser Krise ist, wie später ausgeführt, die Wahrnehmung des Israel-Palästina-Konflikts und des Verhältnisses von Antisemitismus und Antizionismus, die oft stark vom eigenen Verhältnis zur Kolonialgeschichte geprägt ist. Das Verleugnen des Fortlebens kolonialer Logiken haben explizit eurozentristische und nominell universalistische Ansätze gemein und das sollte uns auch nicht weiter überraschen: Internalismus und Universalismus sind zwei Seiten derselben Medaille. In beiden erscheint Europa sowohl als gänzlich unabhängig vom Rest der Welt als auch als einzigartig repräsentativ für die Menschheit in ihrer perfektesten oder zumindest progressivsten Form, untrennbar verbunden mit dem Rest in einer Entwicklungskette, an deren Ende unvermeidbar immer wieder Europa steht. Ich will diese Dynamik im Folgenden kurz anhand zweier Beispiele ausführen, die auf den ersten Blick nicht unterschiedlicher sein könnten.

---

4 | Die CARICOM-Reparations-Commission sieht diese Folgen hauptsächlich auf sechs Gebieten: öffentliche Gesundheit (die karibische Bevölkerung hat die weltweit höchsten Zahlen von Bluthochdruck und Diabetes II, beide zumindest teilweise durch chronischen Stress verursacht), Bildung (am Ende der Kolonialherrschaft waren über 70 Prozent der karibischen Bevölkerung Analphabeten und die Region kämpft noch immer mit diesem Rückstand), kulturelle Institutionen (während in Europa Museen und Forschungszentren der Bevölkerung die imperiale Vergangenheit erklären, gibt es keine derartigen Institutionen aus der Opferperspektive), kulturelle Entfremdung (afrikanische Sklav_innen wurden systematisch ihrer Kultur und Sprache beraubt), psychologisches Trauma (mehr als vier Jahrhunderte lang galten Afrikaner_innen als nicht vollständig menschlich) und Rückständigkeit im Bereich Wissenschaft und Technik (die Karibik wurde von den Kolonisatoren ausschließlich als Rohstofflieferant genutzt, sodass keine industrielle Infrastruktur entstehen konnte).

Koloniale Nachbeben 1: Wie kam der Kanake nach Deutschland?

Zunächst eines der sichtbarsten und zugleich unsichtbarsten Überbleibsel der deutschen Kolonialherrschaft: der Begriff »Kanake«, seit Jahrzehnten breit als herabwürdigende Bezeichnung für jene verwendet, die »nicht hierher gehören«. Trotz seiner Geläufigkeit, jede_r Deutsche kennt und versteht dieses Wort, ist wenig über seine Ursprünge bekannt. Eigentlich erstaunlich, denn das Wort ist in gewissem Sinne die präziseste Definition dessen, was als undeutsch wahrgenommen wird. Es ließe sich argumentieren, dass »Kanake« den Schnittpunkt von Rassifizierung und Migrantisierung beschreibt: Die Zuschreibung referiert ein als inakzeptabel wahrgenommenes »Nicht-(richtiges)-Deutschsein«; das kann, aber muss nicht zwingend, »nichtweiß« oder »nichtchristlich« meinen.[5] Und warum ist das einzige existierende Wort für diese Gruppe aggressiv abwertend und ausschließend? Eine mögliche Antwort wäre, dass »Kanake« eine Reaktion auf die Gefährdung der Grenzen ist, die durch akzeptierte, scheinbar neutrale Begriffe wie »Ausländerin« oder »Migrant« gezogen werden: Die Kanaken drohen die angeblich klare Trennung von Deutschen und »Fremden« zu gefährden, sie sind weder ganz das eine noch das andere, sondern verkörpern jenen Widerspruch zum internalistischen Modell, der die Gesamtstruktur dessen, was deutsch sein kann

5 | Nichtweiße bzw. nichtchristliche »Kanaken« sind zusätzlich von anderen Rassifizierungsformen betroffen. Die freundliche Variante der Kanakisierung, die endlos wiederholte Frage »Wo kommst Du (wirklich) her?«, ist mir als in Deutschland geborener und aufgewachsener Schwarzer Person etwa bestens vertraut, obwohl ich einen deutschen Pass besitze und die deutsche Sprache bestens beherrsche. Hier ist die Rassifizierung als Schwarz einziger und einzig nötiger auslösender Faktor, um als nichtdeutsch/Kanake wahrgenommen zu werden. Es existieren aber auch Faktoren, die sich nicht alle unter Rassismus subsumieren lassen: Sprache oder Religion können ebenfalls zur Kanakisierung ansonsten als weiß rassifizierter Personen führen. Siehe die Definition von Rassifizierung zu Beginn des letzten Kapitels, vergleiche aber auch Alyosxa Tudors wichtige Differenzierung von Rassismus und »Migratismus«. Letzterer beschreibt die spezifischen Machtstrukturen, die Zuschreibungen von Migration produzieren. Migratismus ist daher mit Rassismus, Antisemitismus und Islamfeindschaft verbunden, aber nicht deckungsgleich (vgl. Tudor 2014).

und darf, in Frage stellt. Es ist dieses Verständnis von Kanake, das von den so Bezeichneten von Hip-Hop zu *Kanak Attak*-Aktivismus für eine radikale Positionierung verwendet wurde:

»Unser kleinster gemeinsamer Nenner besteht darin, die Kanakisierung bestimmter Gruppen von Menschen durch rassistische Zuschreibungen mit allen ihren sozialen, rechtlichen und politischen Folgen anzugreifen. Kanak Attak ist anti-nationalistisch, anti-rassistisch und lehnt jegliche Form von Identitätspolitiken ab, wie sie sich etwa aus ethnologischen Zuschreibungen speisen.«[6]

Auch diese Aktivist_innen waren jedoch weniger am Ursprung des Wortes als an seiner widerständigen Aneignung interessiert. So blieb die Frage, wann und wie der Kanake ins Deutsche Einzug hielt, weiter unbeantwortet. Dabei lässt sich relativ unschwer herausfinden, dass »Kanaka« im Polynesischen »Mensch« bedeutet und als Eigenbezeichnung verschiedener polynesischer Völker dient (etwa Kanaka Maoli für indigene Hawaiianer_innen).[7] Deutschlands Kolonialbesitz wiederum war zwar hauptsächlich in Afrika gelegen, umfasste aber auch die im Pazifik gelegenen Inseln Samoa und Papua Neu Guinea, beide von polynesische Dialekte sprechenden Völkern bewohnt.

Die deutschen Kolonisatoren waren nicht nur daran interessiert, diese Völker zu beherrschen und auszubeuten, sondern auch daran, sie zu studieren – versprach dies doch ein besseres Verständnis früherer mensch-

---

6 | So das 1997 veröffentlichte *Kanak Attak*-Manifest, das folgendermaßen beginnt: »Kanak Attak ist ein selbstgewählter Zusammenschluß verschiedener Leute über die Grenzen zugeschriebener, quasi mit in die Wiege gelegter ›Identitäten‹ hinweg. Kanak Attak fragt nicht nach dem Paßoder nach der Herkunft, sondern wendet sich gegen die Frage nach dem Paß und der Herkunft.« (www.kanak-attak.de)

7 | Vgl. Kehaulani 2008. In Online-Foren und sogar in der ARD-Sendung *Planet Wissen* findet sich diese Ursprungsgeschichte: »Von deutschen Seemännern wurden ihre Kameraden aus Polynesien und Ozeanien als ›Kannakermänner‹ bezeichnet. Dies war jedoch keineswegs eine Beleidigung, ganz im Gegenteil, ›Kannakermann‹ war ein positiver Titel, da die Seeleute, die aus diesen Regionen kamen, den Ruf hatten, besonders fähig und treu zu sein.« Der Ursprung dieser Behauptung: ein Wikipidia-Artikel von 2006 zu »Kanake (Schimpfwort)«, der gänzlich ohne Quellennachweise auskommt – kaum erstaunlich, denn es gibt keinerlei Belege für diese Genealogie.

licher Entwicklungsstufen, in denen dank evolutionärer Zeit die kolonisierten »Naturvölker« in den Augen der Europäer_innen noch steckten. So waren wissenschaftliche Untersuchungen zu Sprache, Gebräuchen und »Wesen« der »Eingeborenen« Teil des kolonialen Systems. Sei es, indem Wissenschaftlern durch die Kolonialbehörden Zugang zu rechtlosen »Untersuchungsobjekten« gewährt wurde, sei es, indem die Kolonialbeamten selbst zu Forschenden wurden.[8] Ein Beispiel für Letzteres war Joachim Friedrich von Pfeil, in den frühen 1880ern maßgeblich an der deutschen Kolonisation von Ost- und Südwestafrika beteiligt, später im Dienst der »Neuguinea-Kompagnie« auch Teil des deutschen Kolonialapparats im Pazifik, von 1887 bis 1889 war er Verwaltungsbeamter im bis heute so benannten Bismarck-Archipel. In seinen 1899 veröffentlichten »Studien und Beobachtungen aus der Südsee« bot von Pfeil eine umfassende und autoritative Analyse der von ihm studierten Einwohner_innen der Inseln, vom Eigentumsrecht über den Ackerbau zu ihrem »Charakter«. Zu ihrer Benennung verwendete er deren Selbstbezeichnung, »Kanaken«. Zur besseren Orientierung der Leser_in stellte der adelige Kolonisator schon einleitend mit Bestimmtheit fest, »dass der Kanake wirklich tief unter anderen farbigen Völkern steht« (von Pfeil 1899, 25; dass diese wiederum tief unter den weißen Völkern standen, verstand sich von selbst), um diese Erkenntnis im Folgenden durch zahllose Anekdoten von faulen, abergläubischen und frauenverachtenden Kanaken zu belegen (diese Verachtung war für von Pfeil ebenso irritierend wie die Tatsache, dass es die Kanaken versäumten, ihre Kinder zu schlagen. Am meisten irritierte ihn jedoch die anhaltende Abneigung der Kanaken den weißen Siedler_innen gegenüber).

Auch wenn das deutsche Hauptinteresse den afrikanischen »Schutzgebieten« galt, war von Pfeils sicher nicht die einzige Studie, die sich den Südseekolonien widmete. Derartige Repräsentationen der Kolonien wurden wiederum durch die Bewegung des sogenannten Kolonialenthusiasmus im deutschen Kaiserreich verbreitet. In ihr fanden sich die Regierung, vertreten zunächst durch die Kolonialabteilung des Auswärtigen Amtes, ab 1907 durch das Reichskolonialamt, und die nationalistischen Verbände, In-

8 | Siehe etwa Eugen Fischer, der seine lebenslange Karriere als Experte für »Rassenmischung« mit Zwangsuntersuchungen an den sogenannten Rehoboter Bastarden in »Deutsch-Südwestafrika«, dem heutigen Namibia, begann und erfolgreich in Weimarer Republik, Nationalsozialismus und bis in die Bundesrepublik fortsetzte (vgl. El-Tayeb 2001).

teressenvertreter des im Parlament einflusslosen Bürgertums und daher oft in einer Konkurrenzposition zu den konservativen Regierungsparteien. Besonders diese Verbände nutzten die im späten 19. Jahrhundert entstandenen Massenmedien – Bildpostkarten, Fotografien, Tonträger und die beginnende Filmindustrie –, die es ermöglichten, die außerparlamentarische Öffentlichkeit in neuer Weise in politische Prozesse einzubinden. Auf verschiedenen Ebenen entfaltete sich so eine überaus rege Propagandatätigkeit, die in der Berliner Kolonialausstellung von 1896 einen ersten Höhepunkt fand. Die sechsmonatige Ausstellung, auf der u. a. 103 »Eingeborene« aus den deutschen Kolonien präsentiert wurden, verzeichnete über zwei Millionen Besucher_innen. Begleitet wurde sie von der Gründung des Deutschen Kolonialmuseums in Berlin, der Verteilung von Propagandamaterial an Schulen, der Einführung kolonialwissenschaftlicher Vorlesungen an fast allen Universitäten, populären Kolonial-Sammelbildern diverser Firmen und der neuen, immens erfolgreichen Gattung des Kolonialromans (vgl. El-Tayeb 2001).[9]

All dies trug dazu bei, die deutsche Bevölkerung der eigenen Überlegenheit zu versichern, von den Vorteilen der imperialistischen Regierungspolitik zu überzeugen, oppositionelle Kräfte in die Defensive zu drängen und, nicht zuletzt, die nationalistischen Verbände zu einem wichtigen gesellschaftlichen Machtfaktor werden zu lassen. Und es scheint nicht abwegig, dass der Begriff Kanake als abwertende Bezeichnung für rassifizierte Gruppen in diesem Kontext gebräuchlich wurde – ebenso wie der »Hottentotte« im Zuge des Kolonialkriegs in Namibia ins Zentrum des deutschen Bewusstseins rückte (insbesondere durch den lange erfolgreichen Widerstand der als Hottentotten bezeichneten Nama, die sich ebenso wenig wie die Bewohner_innen des Bismarck Archipels mit der Herrschaft der Deutschen abfinden wollten) und dort in Formulierungen wie »Hier geht's ja zu wie bei den Hottentotten« bis in die Gegenwart weiterlebt. Die negative Konnotation der Begriffe bleibt verständlich, auch wenn die Erinnerung an den ursprünglichen kolonialen Kontext verloren ging, denn was gleich bleibt, ist die implizite Hierarchie der Wertigkeit und die Verortung der Nicht-Zugehörigkeit.

9 | Wenig später, 1899, begann die Benennung von Straßen im Berliner Wedding (und zahlreichen anderen deutschen Städten) nach deutschen Kolonien und Kolonisatoren. Trotz Jahrzehnte anhaltenden Protesten der Schwarzen Community tragen die meisten noch heute diese Namen (vgl. Kopp/Krohn, ohne Datum).

Koloniale Nachbeben 2: Berlin liegt am Mittelmeer

Das Projekt »Multaka« scheint auf den ersten Blick ganz und gar nichts mit dieser unaufgearbeiteten rassistischen Geschichte zu tun zu haben. Auf Initiative des Berliner Museums für Islamische Kunst in Zusammenarbeit mit dem Vorderasiatischen Museum, dem Museum für Byzantinische Kunst und dem Deutschen Historischen Museum gegründet und vom Bund unterstützt, ist sein Ziel Integration, nicht Ausgrenzung. Die vollständige Projektbezeichnung »Multaka: Treffpunkt Museum – Geflüchtete als Guides in Berliner Museen« deutet bereits an, worum es geht: Syrische und irakische Geflüchtete leiten arabischsprachige Führungen für Geflüchtete aus diesen Regionen in den oben genannten Museen. Die Initiative hat drei miteinander verlinkte Ziele: »eine positive Festigung des Selbstwertgefühls und ein sich selbstbewusst-konstruktives Einbringen der Geflüchteten in unserer Gesellschaft« durch die Erfahrung der Wertschätzung, die den syrischen und irakischen Kulturgütern durch die sie besitzenden Museen als »herausragende Zeugnisse der Menschheitsgeschichte« entgegengebracht wird; Verständnis für die gemeinsamen Wurzeln von Islam, Judentum und Christentum und das Potenzial einer pluralistischen Gesellschaft; und schließlich, im Deutschen Historischen Museum, eine »Annäherung an die deutsche Kultur und Geschichte, mitsamt ihren Krisen und Erneuerungen«, wobei der Wiederaufbau nach dem Zweiten Weltkrieg als ermutigendes Beispiel dienen soll – die meisten der 19 Guides, 18 aus Syrien, einer aus dem Irak, wollten am liebsten in diesem Museum Führungen leiten (Museum für Islamische Kunst 2015, online).

Das seit November 2015 laufende und zunächst auf ein Jahr angelegte Programm findet einmal wöchentlich statt und ist kostenfrei für die Teilnehmer_innen.[10] Das Projekt wurde weitgehend positiv rezipiert, sowohl in der nationalen wie der internationalen Presse wird Multaka als ermutigendes Beispiel dafür angeführt, wie Kultur vereinen kann, wo Politik trennt. Zeitungsberichte über die Initiative folgen weitgehend dem gleichen Muster: die Erfahrungen von ein oder zwei der Guides machen den Kern aus, ihre Fluchtgeschichte, die Integration in Deutschland und

10 | Allerdings wirbt das Projekt gegenwärtig (im April 2016) um Spenden, um die Führungen fortsetzen zu können (https://www.facebook.com/MultakaTreffpunkt Museum).

einige Schlüsselerlebnisse bei den Führungen werden geschildert. Nur wenige der Journalist_innen folgen den Besucher_innen ins Historische Museum, um ihre Reaktion auf die deutsche Geschichte zu studieren, zumeist wird anhand einiger Beispiele der Effekt geschildert, den die nahöstliche Kunst auf die Geflüchteten hat – Erinnerungen an die Heimat, an die Zeit vor Kriegsbeginn und an die Zerstörung, die folgte.

Vier der fünf Artikel, die ich mir genauer ansah, beschreiben diese Situation.[11] Sie alle schildern aber auch eine weitere, sich gleichende Zuschauerreaktion, meist von den Guides ins Gespräch gebracht – was in der Konzeption des Projekts unerwähnt bleibt, wird für die Geflüchteten anscheinend schnell zum Thema: »Viele aus der Gruppe hätten gefragt, warum und seit wann all diese Dinge in Berlin wären«, so der Guide zur *Berliner Zeitung* (Fritz 2015, online). Die vom *Guardian* interviewte syrische Museumsführerin erlebte Ähnliches: »The first question we usually get asked is: how did all this end up in Germany?« (Oltermann 2016, online) und die *Süddeutsche* stellt lapidar fest: »Es dauert keine zwei Minuten, da stellt Radwan Hamed aus Damaskus die Frage, die jeder Araber hier stellen muss. Was macht das Ischtar-Tor in Berlin und warum ist es nicht in Babylon?« (Zekri 2016, online) Die *New York Times* wird am deutlichsten: »Sometimes people say: ›The Germans have all our heritage! They stole it!‹« (Donadio 2016, online). Keiner der Artikel verfolgt diese Frage weiter oder beantwortet sie (und nur *New York Times* und *Guardian* deuten dezent auf größere Kontroversen um das Thema Raubkunst hin), noch tun das die Guides. Stattdessen wird den Leser_innen deren sich ebenfalls gleichende Reaktion auf die Frage, wie die Kunstwerke aus dem Nahen Osten nach Deutschland kamen, präsentiert: »›Ich glaube, das ist nicht wichtig. Es ist gut‹, erklärt Konjoue, ›dass die Denkmäler in

11 | Meine Quellen waren zwei Lokalzeitungen, die eher im Osten Berlins gelesene *Berliner Zeitung* und der im Westen beliebtere *Tagesspiegel*, ein überregionales Blatt, *Die Süddeutsche Zeitung*, und zwei internationale Publikationen, der britische *Guardian* und die US-amerikanische *New York Times*. Alle außer dem *Tagesspiegel* beschreiben Führungen im Pergamonmuseum. Sonja Zekri von der *Süddeutschen* ist die einzige unter den Journalist_innen, die Arabisch spricht und dem Gespräch so direkt folgen konnte (der *Tagesspiegel*-Autor dagegen kommentiert die Führung des von ihm begleiteten Guides unbefangen so: »Was er sagt, ist nicht zu verstehen, denn seine Führung im Deutschen Historischen Museum ist auf Arabisch.«).

Sicherheit sind, in Syrien wurde schon so viel zerstört‹« und »Often, the visitors say the art is probably better off in Berlin because so much in Syria has been destroyed by the war and the Islamic State, Ms. Nassreddine said.« Der *Guardian* lässt den Direktor des Museums für Islamische Kunst antworten: »›Some objects have a complicated history,‹ said Weber.« Und dabei bleibt es dann. Hier zeigen sich schnell Grenzen und Herausforderungen für »ein sich selbstbewusst-konstruktives Einbringen der Geflüchteten in unserer Gesellschaft« – denn es wirft Fragen auf, die die Mehrheitsgesellschaft nicht unbedingt beantworten will. Stattdessen werden die Fragen selbst als irrelevant abgetan, Hauptsache das Endergebnis ist positiv und um das zu bestätigen, dürfen die Geflüchteten sich dann wieder einbringen. Selbst der Artikel in der *Süddeutschen*, der dank Sprachkompetenz der Autorin die Reaktionen der Besucher_innengruppe am differenziertesten schildert, führt prominent einen jungen Mann an, der sich dafür bedankt, »dass Deutschland die Schätze seiner Heimat ›so gut aufbewahrt hat‹«. Wäre man zynisch, könnte man meinen, dass die Verinnerlichung dieser Schutzbehauptung der eigentliche Beweis einer gelungenen Integration ist.

Worum es mir hier geht, ist nicht eine Kritik an der *Multaka*-Initiative, sondern die Frage, wie dieses Projekt in eine »komplizierte Geschichte« eingebettet ist und warum diese Geschichte so oft nicht erklärt, sondern heruntergespielt oder verschwiegen wird. Der Grund für dieses Schweigen, so lässt sich vermuten, liegt zu einem nicht unerheblichen Teil darin, dass die Antwort auf die von den Museumsbesucher_innen gestellte Frage weniger kompliziert als unangenehm ist: Die Kunstschätze sind hier, weil sie gestohlen wurden. Wenn Ghassan Hage von »den Jahren kolonialer Straflosigkeit« spricht, meint er auch dies. Und eine wirkliche Anerkennung dieser Tatsache würde das Ende der Straflosigkeit verlangen. Das hieße hier, zumindest, Rückgabe der Kunstschätze, wenn das von den ehemals kolonisierten Nationen verlangt wird, aber auch eine offene Auseinandersetzung um damalige und heutige Rechtfertigungen für die Hortung dieser Schätze in westlichen Museen. Das Schweigen über die Ursprünge der bedeutendsten Sammlungen außereuropäischer Kunst in Europa trägt dagegen zu einer Erinnerungskultur bei, in der koloniale Strukturen immer noch die Gegenwart bestimmen können – unter anderem dadurch, dass Europa davor bewahrt wird, die Konsequenzen seines, vergangenen und gegenwärtigen, Handelns zu tragen. Die Museen selbst vernebeln diesen Bezug bewusst und beschwören stattdessen eine Aufklärungstradition, der ganz unpolitisch an der Präsentation und Sicherung des geteilten Weltkulturerbes gelegen ist.[12]

Die Museumsinsel, auf der alle in *Multaka* eingebundenen Museen außer dem Deutschen Historischen Museum gelegen sind und die inzwischen selbst zum Weltkulturerbe erklärt wurde, ist hier beispielhaft.[13] Es lohnt sich daher, einen genaueren Blick auf ihre Selbstpräsentation zu werfen. Auf der Website erfahren wir ganz explizit, dass der »Baubeginn der Museumsinsel Berlin [...] in engem Zusammenhang mit den aufklärerischen und humanistischen Idealen des frühen 19. Jahrhunderts« steht (Staatliche Museen zu Berlin 2016). Die Inselgeschichte wird nachgezeichnet von der Eröffnung des Alten Museums 1830 durch Friedrich Wilhelm II. als »Freistätte für Kunst und Wissenschaft« bis zur Vollendung des Pergamonmuseums 1930. Die nächsten 15 Jahre finden keine Erwähnung, lapidar wird die Museumsinsel als Kriegsopfer präsentiert: »Nach dem Zweiten Weltkrieg waren die Sammlungen des preußischen Staates größtenteils verstreut oder zerstört, die Gebäude selbst schwer beschädigt.« (Ebd.) Der Grund für die Zerstörung bleibt ebenso ungenannt wie die Tatsache, dass die Insel bis zum Ende der DDR zu deren Staatsgebiet gehörte. Stattdessen geht es nach dem eben zitierten Satz zum Zweiten Weltkrieg gleich mit der Wiedervereinigung und der »Zusammenführung der Sammlungen aus Ost- und West-Berlin« weiter.

Bei so vielen Auslassungen ist es nicht weiter verwunderlich, dass Kolonialismus in der Museumsinselgeschichte mit keinem Wort vorkommt. Bemerkenswerterweise wird der Ort vielmehr so eingeführt:

---

12 | Diese Praxis wird von einer wachsenden Anzahl von Künstler_innen kritisiert, die nicht zufällig mehrheitlich rassifizierten Gruppen angehören (siehe etwa die Arbeiten von Fred Wilson, Carrie Mae Weems oder Sasha Huber). Christian Kravagna verweist aber auch auf eine frühe deutsche Institutionskritik, etwa in den Arbeiten Hannah Höchs (Kravagna 2008).

13 | Die Museumsinsel beherbergt fünf Museen: Die Sammlung des Alten Museums repräsentiert die griechische und römische Antike, das Neue Museum versammelt vornehmlich ägyptische Kunstschätze, im Pergamonmuseum sind das Vorderasiatische Museum und das Museum für Islamische Kunst zuhause, das Bode Museum beherbergt das Museum für Byzantinische Kunst und in der Alten Nationalgalerie sind Gemälde und Skulpturen europäischer Künstler_innen des 19. Jahrhunderts zu sehen.

»Die Museumsinsel Berlin im Herzen der Stadt ist der Publikumsmagnet für zahlreiche Gäste aus der ganzen Welt. Hier liegt die Wiege der heutigen Staatlichen Museen zu Berlin, die in dem unvergleichlichen Bauensemble ihre herausragenden Sammlungen zur jahrtausendealten Geschichte der Kunst und Kultur Europas sowie der Mittelmeerregion zeigen.«

Aus einem Museumsprojekt, das Raubkunst aus Nordafrika und dem Nahen Osten einem deutschen Publikum zugänglich macht – gut vier Fünftel der Besucher_innen zieht es in Ausstellungen aus diesen Regionen (Stiftung Preußischer Kulturbesitz 2016) – wird hier also ein Projekt, das Menschen »aus der ganzen Welt« die Kunst und Kultur Europas zeigt. Ach ja, und auch die »der Mittelmeerregion« – vor allem Irak, Syrien und Ägypten – eben jene Mittelmeerregion, die sehr viel deutlicher von Europa abgegrenzt zum Nahen Osten und Nordafrika wird, wenn es um die Tausenden von dort Flüchtenden geht. Was hat es also mit dieser Bezeichnung »Europa und die Mittelmeerregion« auf sich? Sollte es nicht, wenn überhaupt, einfach nur »Mittelmeerregion« heißen? Wenn von der im Alltag gesprochen wird, ist ja zumeist auch nicht exklusiv der nicht zu Europa gehörige Teil gemeint, sondern beispielsweise auch Italien oder Spanien. Zudem repräsentiert nur ein einziges der fünf auf der Insel gelegenen Museen, die Alte Nationalgalerie, nicht primär die europäische und nichteuropäische Mittelmeerregion, in den anderen stehen Rom und Griechenland für Europa – ein Verhältnis, das kaum die prominente Positionierung des nicht zum Mittelmeerraum gehörenden Teils des Kontinents rechtfertigt. »Europa und Naher Osten« wäre da noch eher zutreffend, aber weniger hierarchisch. »Europa sowie die Mittelmeerregion« dagegen positioniert Letztere als quasi-natürlichen Anhang des Ersteren – da man schon mal dabei war, europäische Kunst zusammenzutragen, nahm man gleich nochmal diese freischwebende Region mit.

Die Botschaft ist: Die Museen zeigen eine gemeinsame Kultur; dass Kunstschätze aus dem Nahen Osten in deutschen Museen ausgestellt werden, muss daher nicht hinterfragt werden, wir haben schließlich alle den gleichen Anspruch auf diese Kunst. Auch, dass in der Gegenwart wenig Gemeinsames in der so vereinten Region gefunden wird, durch sie vielmehr in den Augen vieler Europäer_innen die unübersehbare Grenze zwischen zivilisiertem Abendland und totalitärem Islam verläuft, schmälert die Botschaft nicht, ganz im Gegenteil. So wird einer der *Multaka*-Guides wohlwollend zitiert: »Darüber hinaus sei es schön, dass alle Besucher sich hier einen Eindruck von der reichen Kultur des Nahen Ostens machen können, seiner Kultur. ›Wir sind nicht nur ein Land, in dem Krieg herrscht, das wird im Museum deutlich.‹« Auch wenn er das Mittelmeerregion-Memo deutlich noch nicht bekommen hat, bestätigt der Guide so die Rolle Europas als Beschützer und Bewahrer der Weltkultur. Im gleichen Geist zitiert der *Guardian* einen Führungsteilnehmer, den die Ausstellungen im Pergamonmuseum daran erinnern, dass »Syrien nicht immer so war wie jetzt«, »We used to be tolerant«. Der Autor nimmt dies zum Anlass, von Plänen zu berichten, die Guides, wenn sie besser Deutsch gelernt haben, auch Führungen für die Mehrheitsbevölkerung durchführen zu lassen, um sie »auf die versteckten Verbindungen zwischen ihren Kulturen hinzuweisen«. Dass den Deutschen, obwohl sie seit mehr als hundert Jahren zum Wohle der Menschheit im Besitz dieser Kulturgüter sind, diese Verbindungen immer noch von gerade angekommenen Iraker_innen und Syrer_innen erklärt werden müssen, stößt ihm nicht auf, und lässt ihn schon gar nicht am zivilisatorischen Wert des ganzen Unterfangens zweifeln.

Berlin Babylon: Kunst ist universal

Wahrscheinlich wäre die Reaktion eine andere, wenn die Mona Lisa oder das Brandenburger Tor nach Quito abtransportiert würden, um der Welt europäische Kultur nahezubringen. Aber das hat natürlich niemand vor. Im Pergamonmuseum – mit pro Jahr rund einer Million Besucher_innen das populärste auf der Insel, dicht gefolgt vom Ägyptischen Museum – findet sich dagegen unter anderem das Tor von Ischtar, 575 v. u. Z. in Babylon, dem heutigen Irak, erbaut. Die deutschen Ausgrabungen, die einige Jahre später zum Transport des Tors nach Berlin führten, begannen 1899, im selben Jahr, in dem Friedrich von Pfeil seine Studien zu den Kanaken veröffentlichte und Deutschland eine weitere polynesische Kolonie, Samoa, in seinen Besitz brachte. Wie die Besucher_innenzahlen im Pergamonmuseum bestätigen, ist das Ischtar-Tor ungemein beeindruckend. Allerdings fehlt ihm jeder Kontext, sowohl der, in dem es entstand als auch der, der es nach Berlin brachte. Nichts hilft hier, die »versteckten Verbindungen« aufzudecken, die es Deutschland möglich machten, unschätzbare Kunstwerke an sich zu bringen oder, teilweise, von anderen Kolonialmächten zu erwerben. Alle Forderungen nach Rückgabe, sei es für das irakische Ischtar-Tor oder für die im Ägyptischen Museum ausgestellte Büste Nofretetes, von Ludwig Borchardt 1912 »entdeckt«, werden regelmäßig zurückgewiesen mit den immer gleichen Argumenten, dass nach damaligen Gesetzen alles legal zuging und, wichtiger, dass die »Kunstwerke Teil eines universellen Welterbes der Menschheit sind, die – egal wo sie sich befinden – möglichst vielen Menschen zugänglich gemacht werden sollten«.[14] Und dieses Zugänglichmachen ist in Deutschland nun mal einfacher als im Irak. Aber das ist natürlich kein spezifisch deutsches Argument. James Cuno, als CEO des Getty Trusts verantwortlich für das wohlhabendste Museum der Welt, das mit Ölgeld gegründete Getty Museum in Los Angeles,[15] ist ein passionierter Verfechter der »enzyklopädischen Museen«, deren Aufgabe er folgendermaßen definiert: »Durch die Bewahrung und Präsentation von Beispielen der Weltkultur zeigen sie den Besucher_innen die Welt in all ihrer reichen Vielfältigkeit. Und dadurch schützen und verbreiten sie die Ideale der Offenheit und Integration in einer sich wandelnden Welt.« (Cuno 2014)[16] Entsprechend lehnt er die Rückgabe während der Kolonialzeit ›legal‹ erworbener, aber auch unzweifelhaft gestohlener Kunstschätze und Kulturgüter nicht nur ab, sondern verurteilt sie im Namen eines Aufklärungshumanismus scharf als dem »Menschheitsinteresse« schadend. Rückgabeforderungen erscheinen ihm als egoistisch und kleingeistig, ohne Verständnis für Kunst als »Welterbe«, während das Horten dieses Erbes in einigen reichen Nationen dem Allgemeininteresse geschuldet ist.

Abgesehen davon, dass die Zurückweisung kurzsichtiger nationalistischer Interessen zugunsten eines aufgeklärten Kosmopolitismus sich auf

14 | So der damalige Kulturstaatsminister Bernd Neumann 2011, als die Bundesregierung die seit 1925 von Ägypten geforderte Rückgabe der Nofretete-Büste zum letzten Mal ablehnte (Presse- und Informationsdienst der Bundesregierung 2012).

15 | J. Paul Getty machte sein Vermögen unter anderem durch den Erwerb von Ölförderrrechten in Saudi-Arabien, was umgekehrt direkt zum Aufstieg des Königreichs zur regionalen und dann globalen Macht beitrug. Der Anspruch der Getty-Sammlung ist universal, aber gleichzeitig auf »westliche Kunst« beschränkt. Wie anhaltende Konflikte mit Italien und Griechenland deutlich machen, wurde auch diese westliche Kunst nicht immer legal erworben, wenn sie aus der Mittelmeerregion stammte (vgl. Fontevecchia 2015).

16 | Siehe auch Cuno, James, Who Owns Antiquity? Museums and the Battle over Our Ancient Heritage, Princeton University Press 2008, und Museums Matter. In Praise of the Encyclopedic Museum, University of Chicago Press, 2011.

Kulturgüter aus Krisenregionen erstreckt, aber selbstverständlich nicht auf die von dort flüchtenden Menschen, ignoriert diese Position auch, dass die Konzentration des Welterbes im Westen nicht zufällig ist oder auf dessen größerer Kunstsinnigkeit beruht, sondern auf der extremen Machthierarchie des Kolonialismus. Ein derartiges Aufklärungsprojekt ist nur möglich, weil es als Kolonialprojekt begann: Deutsche und andere Europäer_innen waren diejenigen, die die Kontrolle über das Land besaßen, nicht die Einheimischen, für die derartige Projekte nur unter kolonialer Kontrolle möglich waren. Das hieß auch, dass die Kunstschätze Besitz der Kolonialherren wurden und ohne einen Pfennig dafür bezahlen zu müssen, konnten sie sie in die Metropolen transportieren (und dann aneinander verkaufen). Abgesehen von der kulturellen Zerstörung geht der ökonomische Schaden für die kolonisierten Regionen in die Billionen.[17] Gleichzeitig könnten viele der berühmtesten Museen der Welt sofort schließen, wenn die Raubkunst verschwände, denn die Besucherströme, durch die sie sich zum Teil finanzieren, würden dann ausbleiben.[18] Dieser Blick auf die materielle Grundlage westlicher muselaer Praxis führt zurück zur Frage der Reparationen, die die ehemaligen Kolonialmächte nie geleistet haben. Im Gegenteil, ebenso wie es nach der Abschaffung der Sklaverei in den USA die Plantagenbesitzer_innen, nicht die ehemaligen Sklav_innen waren, die entschädigt wurden (mit dem Ergebnis, dass schwarze Amerikaner_innen heute ganze ein Prozent des nationalen Privatvermögens besitzen, vgl. Bruenig 2013), so ließen sich die europäischen Mächte die Unabhängigkeit ihrer Kolonien teuer bezahlen.[19] In

17 | Der Wert der Nofretete-Büste allein wird auf 300 Millionen Euro geschätzt (vgl. ap/oc 2009).

18 | Das trifft sicher auf die Museumsinsel zu, deren größte Zuschauerattraktionen in diese Kategorie fallen. Ihre Schließung wiederum hätte direkte Auswirkungen sowohl auf Berlins Tourismusindustrie als auch auf seinen Status als »Weltkulturhauptstadt«.

19 | Die Republik Haiti beispielsweise ging 1804 aus der einzig bekannten erfolgreichen Sklav_innenrevolution der Geschichte hervor. Die ebenfalls junge Republik Frankreich verlor so ihre lukrativste Kolonie (in der versklavte Afrikaner_innen die Arbeit auf den Zuckerplantagen im Durchschnitt nicht länger als sieben Jahre überlebten). Sowohl Frankreich als auch England und die Sklav_innen haltende ehemalige Kolonie USA taten in der Folge alles, um die Schwarze Republik wieder unter ihre Kontrolle zu bringen. Nachdem Frankreich 1825 wieder einmal mit

ihrer Forderung nach »reparativem Dialog« nennen die CARICOM-Nationen sechs Bereiche, in denen sich die Spätfolgen von Kolonialismus und Sklaverei am deutlichsten zeigen. An dritter Stelle stehen kulturelle Institutionen:

»Europa hat in Institutionen wie Museen und Kulturzentren investiert, um seinen Bürger_innen eine koloniale Geschichte nahe zu bringen, in der sie als Herrscher_innen und Nutznießer_innen der Sklaverei fungieren. Es gibt keine derartigen Institutionen in der Karibik, wo diese Verbrechen verübt wurden und wo ihre Opfer

---

einer Invasion gedroht hatte, einigten sich die Nationen schließlich auf Reparationszahlungen – das hieß Zahlungen von Haiti an Frankreich für den verlorenen (Menschen-)Besitz, die sich auf 90 Millionen Francs beliefen, was heutigen 15 Milliarden Euro entspricht. Und das aufgeklärte Frankreich, Geburtsort der universellen Menschenrechte, ließ sich die Schuld über 100 Jahre lang, bis Ende der 1940er zurückzahlen, Haiti zu permanenter Armut verdammend. Jüngere Forderungen Haitis nach Rückzahlung der Reparationen werden von Frankreich vehement zurückgewiesen. François Hollandes Begründung – »Keine Verhandlung, keine Entschädigung kann die historischen Wunden heilen, die uns noch immer zeichnen« – verleugnet gänzlich die aktuellen materiellen Konsequenzen dieser historischen Gewalt (Tharoor 2015, vgl. Trouillot 1995, Hay 2015). Die Praxis, von den ehemals Kolonisierten Entschädigung für die verlorengegangenen »Investitionen« zu erzwingen (als ob diese den kolonialen Bevölkerungen zugute gekommen wären und nicht im Gegenteil ausschließlich der einfacheren Ausbeutung der Kolonien dienten), war nicht auf Frankreich beschränkt und setzte sich bis weit ins 20. Jahrhundert fort. Die Niederlande etwa verlangen 4 Milliarden Gulden von Indonesien als Preis dafür, dass sie ihre »Polizeiaktionen« beendeten und die äußerst lukrative Kolonie 1949 in die Unabhängigkeit »entließen« (Kolonialmächte bezeichneten Unabhängigkeitskriege regelmäßig als polizeiliche Aktionen, da diese nicht unter die Genfer Konvention fielen und so deren regelmäßige Verletzung durch sie nicht geahndet wurde – so dauerte es fast 70 Jahre, bis die niederländische Regierung indonesische Überlebende für die begangenen Massaker entschädigen musste. Die Tatsache, dass Indonesien »nur« 600 Millionen Gulden abbezahlen konnte, wird in der Fachliteratur oft unhinterfragt als »Verlustgeschäft« für die Niederlande interpretiert (vgl. etwa van Zanden 1997, Penders 2002). Angesichts dieser Summen – und dies sind nur zwei Beispiele von vielen – erscheinen sowohl die Reparationsforderungen der vormals Kolonialisierten als auch europäische »Entwicklungshilfe« in einem gänzlich anderen Licht: Entgegen herrschender Meinung war und ist es der Globale Süden, der westliche Entwicklung finanziert.

entrechtet zurückblieben, abgeschnitten von ihren institutionellen und kulturellen Erfahrungen und Erinnerungen. Diese Krise muss behoben werden.« (Caricom 2013)

Babylon's burning

Aber es geht hier nicht nur um die Vergangenheit, sondern auch um den handfesten materiellen Wert von Kunst, die ein zunehmend wichtiger Investitionsmarkt ist; für die Superreichen, aber auch für multinationale Konzerne, die ihre Gewinne strategisch im Kunstmarkt anlegen (vgl. Horowitz 2014). Ganz in der Logik des evolutionären Raum-Zeit-Modells ist die am höchsten gehandelte zeitgenössische Kunst fast ausschließlich das Werk westlicher Künstler (und einer Handvoll westlicher Künstlerinnen),[20] während für außereuropäische Kunst gilt, je älter desto wertvoller. Wie gesehen, befinden sich die meisten dieser Investitionsobjekte bereits »in Sicherheit« im Westen. Westliche Regierungen, Konzerne und Museen investieren zudem in die Rettung bedrohter Kulturgüter in Krisenregionen, oft durch NGOs, nichtstaatliche Organisationen. So im Irak, der nicht nur in der Kolonialzeit, sondern auch im Zuge des Ersten und Zweiten Golfkriegs massive Plünderungen von Kulturgütern erlebte. Nach der Invasion 2003 sah sich die US-Regierung heftiger Kritik gerade auch durch Museen ausgesetzt, da sie es versäumt hatte, den Schutz dieser Güter in ihren Invasionsplänen zu berücksichtigen (wozu kriegführende Parteien nach internationalem Recht verpflichtet sind). Inzwischen ist dieser Schutz zum Teil des Kampfes gegen den IS geworden, dessen mutwillige Zerstörung vorislamischer Kunst dem westlichen Bekenntnis zum Schutz des Welterbes neues moralisches Gewicht verleiht. Vergessen wird dabei, dass diese Zerstörung nicht erst mit dem IS begann. Anlässlich einer Rede des US-Außenministers John Kerry im September 2014 im New Yorker Metropolitan Museum of Art – ein Ort, der bewusst gewählt wurde, um die nächste Phase des Kampfes gegen den IS anzukündigen – merkt die irakische Künstlerin und Kuratorin Rijin Sahakian an:

20 | Für eine feministische Analyse der Rolle von Rassismus, Sexismus und Homophobie im Kunstmarkt vgl. The Guerrilla Girls 1998.

»Vor ägyptischen und assyrischen Reliefs stehend sprach er von der kulturellen Zerstörung durch ISIS (das ist natürlich eine sehr reale Bedrohung, die Zerstörung von Kunstwerken und Menschenleben) und verband dies mit der Ankündigung, dass die USA mit erneuten Bombardements beginnen würden. Nirgendwo erwähnte er jene Teile Babylons, die bereits vom US-Militär zerstört worden waren, um Stützpunkte auf ihren Ruinen zu bauen, auf genau der Art von Kunstwerken, vor denen er stand und den Krieg gegen ISIS rechtfertigte.« (Kim/Khoshgozaran 2016)

Sahakian ist eine scharfe Kritikerin der Investitionen in »Desasterkunst« im Irak und anderswo, oft gerade durch diejenigen, die von besagten Desastern profitieren. Angesichts der noch immer fehlenden elementarsten Infrastruktur außerhalb der »Schutzzonen«, die ein halbwegs normales Leben möglich machen würde, sieht sie im von den USA, Europa und den Golfstaaten initiierten Denkmalsschutz und dem Bau neuer Kulturzentren in schwerbewachten und für die Bevölkerungsmehrheit unzugänglichen *green zones* weniger Humanismus am Werk als Schönfärberei. In ihrem – sehr lesenswerten – Statement zum Ende des *Sada*-Projekts, das junge irakische Künstler_innen unterstützte, zeichnet Sahakian detailliert die anhaltende Ausbeutung und Zerstörung des Landes nach und nennt dessen Profiteure, zu denen auch gerade die Verfechter_innen von »enzyklopädischen« oder »Universalmuseen« gehören (derartige Museen brauchen Geld und das kommt zunehmend von multinationalen Konzernen).[21] Deren Aufklärungshumanismus stellt sie eine radikal andere Vision von Weltkulturerbe und unserer gemeinsamen Verantwortung für seinen Erhalt entgegen:

»Sadas Ziel war es nie, die ›Kunstszene‹ oder den ›Kunstmarkt‹ in Bagdad wiederaufzubauen oder nationalistische Projekte zu unterstützen, die von der Loyalität zu künstlichen Grenzen und Armeen abhängen und dem Glauben, dass Geschichte

21 | Gleichzeitig existiert ein extrem lukrativer und weitgehend ungehinderter illegaler Handel mit aus dem Irak und Syrien gestohlener Kunst. Die Auftraggeber des Kulturraubes sitzen ebenfalls vornehmlich in Europa, den USA und den Golfstaaten. Kaum nötig zu erwähnen, dass die gleichen Museen, die sich standhaft weigern, in der Kolonialzeit gestohlene Kunst zurückzugeben, diesen Kunsthandel, der unter sehr ähnlichen Vorzeichen stattfindet, nun scharf verurteilen (vgl. Maak 2014; N. N. 2015).

bestimmten Gebieten und Völkern gehört. Geschichte ist in der Tat geteilt. Wenn wir, als eine Gemeinschaft von Künstler_innen, Pädagog_innen und Bürger_innen dieser Welt, verstehen wollen, was passiert in unseren Bildungssystemen, in unseren Regierungen und den Mechanismen von Kunst und ihrer Zugänglichkeit, dann müssen wir diesen globalen Ort im Auge behalten und uns fragen, was unser Wissen – oder Unwissen – aussagt, nicht nur über den Irak, sondern über uns und die Systeme, deren Teil wir tagtäglich sind.« (Sahakian 2015)

Diese Perspektive bindet den scheinbar apolitischen aufklärerischen Kosmopolitismus westlicher Museen und Kurator_innen in einen realen materiellen Kontext ein, der zeigt, dass dieser Universalismus nicht apolitisch oder menschenfreundlich ist, sondern ein ebenso wichtiger Teil der Rechtfertigung und Implementierung des herrschenden Systems wie »Kanake« schreiende AfD-Bürger_innen oder deutsche Rüstungsexporte (unter anderem nach Saudi-Arabien, das durch Bombardements im Jemen gerade die nächste humanitäre Krise produziert). Die Wertschätzung, die den in der Kolonialzeit geraubten Kulturgütern entgegengebracht wird, kann nicht getrennt werden von der anhaltenden Plünderung von *failed states* und der Gleichgültigkeit gegenüber dem, was Hage den »Unterschied in der Auslöschbarkeit und Betrauerbarkeit« von Menschenleben nennt. Eines der Hauptverdienste des *Multaka*-Projekts ist es vielleicht, dass es diesen Zusammenhang, wenn auch ungewollt, deutlich macht. Es bleibt zu hoffen, dass das sehr wohl intendierte »sich selbstbewusst-konstruktive [...] Einbringen der Geflüchteten in unserer Gesellschaft« von dieser Gesellschaft ebenso konstruktiv beantwortet wird.

Humboldt-Forum: Postkolonial ist besser als postsozialistisch

Ein deutliches Anzeichen, dass die zunehmend pluralistischen Perspektiven von Deutschsein nicht mehr einem einzigen universalistisch-internalistischen Narrativ untergeordnet werden können, ist die öffentliche Auseinandersetzung um das Humboldt-Forum, das in unmittelbarer Nähe zur Museumsinsel entsteht und 2019 eröffnet werden soll. Ebenso wie die Letztere ist es Teil des Masterplans für die »Mitte Berlins als Ort universaler Aufklärung, als Ort der Weltkunst und der Weltkompetenz durch die Staatlichen Museen zu Berlin als dem größten existierenden

Universalmuseum«, so Peter-Klaus Schuster, damaliger Generaldirektor der Staatlichen Museen, schon 2005 (Schuster 2005, online). Es hat wohl verschiedene Gründe, dass es das Humboldt-Forum ist, auf das sich die Auseinandersetzungen um die Zeit- und Rechtmäßigkeit eines derartigen Projekts konzentrieren. Ein Faktor ist sicher, dass das Forum die »außereuropäischen« Sammlungen beherbergen soll, die seit der Wiedervereinigung ein marginales Dasein in Berlin-Dahlem fristen. 100 Jahre zuvor war die Berliner völkerkundliche Sammlung die weltweit größte, die afrikanische Abteilung allein wuchs zwischen 1880 und 1914 von 3.500 Objekten auf 47.000 an (vgl. Zimmermann 2001, Förster 2010). Die Ethnologen, deren Sammeleifer dazu beitrug, taten dies oft nur nebenbei, während sie hauptberuflich Kolonialbeamte waren, wie etwa der uns schon bekannte Joachim Friedrich von Pfeil, der die deutschen »Schutzgebiete« und seine Einwohner_innen beforschte und gleichzeitig beherrschte (eine Konstellation, die durch seine Forschungsergebnisse gerechtfertigt wurde).

In den völkerkundlichen Sammlungen wurden Kunst, Kultur, Natur und »Eingeborene« nicht immer scharf getrennt, neben Statuetten und Einrichtungsgegenständen findet sich auch mal ein Schädel oder die Leiche eines von deutschen Truppen getöteten antikolonialen Widerstandskämpfers aus Namibia (vgl. Zimmerer 2015). Dass es hier um Raubkunst geht, ist daher deutlicher als auf der Museumsinsel und die koloniale Praxis, Menschen sowohl tot als auch lebendig in Museen und Zoos auszustellen, stößt hier deutlicher auf als bei jahrtausendealten ägyptischen Mumien.[22] Kurz, schon in Kollektion und Präsentation ist deutlich, dass in den außereuropäischen Sammlungen nicht das Eigene ausgestellt wurde, sondern das, was damals wie heute als das Andere wahrgenommen wird. Nicht beeindruckende Vorläufer unserer eigenen Zivilisation,

22 | In seiner Laudatio auf das Berliner Universalmuseum wies Generaldirektor Schuster zwar nochmals vehement auf die »strenge [...] Beachtung der Fundteilung« in kolonialen Transaktionen hin. Aber wie Kwame Opoku am Beispiel der Benin Bronzen aufzeigt, geht es hier nur um die Beachtung von Regelungen, die auf der Rechtmäßigkeit des kolonialen Land-, Kultur- und Menschenraubs aufbauen. Das Berliner Völkerkunde-Museum erwarb die Bronzen 1897 ganz legal von den Briten – einige Monate, nachdem diese Benin erobert und mit der Plünderung von tausenden von Kunstwerken begonnen hatten. Dies war dem Direktor des Museums, dem Anthropologen Felix von Luschan, nicht nur bekannt, er hieß den Raub ausdrücklich gut (vgl. Opoku 2015).

sondern ein Blick weit zurück in die Menschheitsgeschichte – paradoxerweise erschienen aus dieser Perspektive mehrere jahrtausendealte assyrische Reliefs entwicklungstechnisch näher als tatsächlich zeitgenössische »primitive Kunst« aus Westafrika, die als repräsentativ für eben diese menschliche Frühzeit galt – auch dies ein Produkt des evolutionären Zeitmodells, in dem die Platzierung außerhalb Europas notwendigerweise die Verortung in der Vergangenheit verlangt.

Die Konzeption des Berliner Universalmuseums macht deutlich, dass diese hierarchische Weltsicht auch heute noch dominiert. Museumsleiter Schuster verbalisiert das in seiner Vision vom vollendeten Humboldt-Forum noch einmal ganz explizit: »Dann werden die europäischen Sammlungen auf der Museumsinsel mit den außereuropäischen Sammlungen auf dem Schloss-Areal im Herzen Berlins wie nirgendwo sonst in einen einzigartig engen Dialog treten können« (Schuster 2005). Ganz abgesehen von der Frage, warum nun ausgerechnet Berlin für einen derartigen Dialog prädestiniert ist: Zur Erinnerung – ein Großteil der Kunst auf der Museumsinsel *ist* außereuropäisch. Syrische, irakische, ägyptische Kunst wird hier Europa einverleibt, existiert nicht unabhängig, sondern nur als quasi proto-europäisch, während gleichzeitig Menschen aus genau diesen Regionen gegenwärtig als gefährlichste Bedrohung europäischer Identität definiert werden. Auch und oft besonders diejenigen, die eigentlich schon längst Europäer_innen sind, es aber wegen ihrer nahöstlichen Abstammung nie wirklich sein können – während das Gleiche nicht für ihr kulturelles Erbe gilt, ohne das sich Europa anscheinend nicht selbst definieren (und abgrenzen) kann. Hier zeigt sich, dass Europas Grenzen in der Tat unklar und flexibel sind – mal wird jahrzehntelang darüber debattiert, ob die Türkei jemals Teil Europas werden kann, mal gehört Ägypten ganz zweifellos dazu (wer will schon die Nofretete in einem Museum für afrikanische Kunst sehen).

Diese Flexibilität ist jedoch weder zufällig noch einer Verwirrung der Europäer_innen über ihre Identität geschuldet, sondern logischer Teil der Eigen- und Fremdwahrnehmung, die ich in diesem Kapitel skizziert habe und die in der Verbindung von Internalismus und evolutionärem Zeitverständnis Europa sowohl als gänzlich unabhängig vom Rest der Welt sieht als auch diesen Rest nur in Beziehung zu Europa begreift, quasi als Rohstofflieferanten für europäische Entwicklung, sowohl materiell als auch kulturell. Diese Sicht begründet sich in der Tat in der Aufklärungstradition, die von den Verfechtern des Universalmuseums beschworen wird, ist aber auch nicht viel anders als das koloniale Denken, das Europäer_innen davon überzeugte, dass sie die wahren Nachfahren derjenigen seien, die einzigartige Kunstwerke wie das Ischtar-Tor oder die Nofretete-Büste geschaffen hatten, nicht die »degenerierten« zeitgenössischen Vertreter_innen dieser Kulturen (Nordwesteuropäer_innen sahen übrigens die modernen Griech_innen im gleichen Licht – die heutigen Reaktionen auf die Griechenlandkrise sind also nichts Neues ...).[23] Kunstraub wurde so zur »Rettung« des Weltkulturerbes und bleibt es bis heute, auch wenn es nun Krisen, Kriege und Armut außerhalb Europas sind, die die Berechtigung liefern, nicht mehr die »rassische Minderwertigkeit« derjenigen, die die Kunstwerke schufen. Das Ergebnis bleibt dasselbe: Das angeblich geteilte Welterbe im Pergamonmuseum, zu dem Europäer_innen nichts beitrugen, wird nicht geteilt – stattdessen wird die Festung Europa ausgebaut.

Muss es die Berliner Museumsdirektoren scheren, wie viele Nigerianer_innen oder Ägypter_innen die geraubte Kunst besichtigen können oder ist das egal, weil wir ja alle Menschen sind, wenn auch einige deutlich mehr als andere? Es sollte nicht vergessen werden, dass mit der kulturellen und wirtschaftlichen Plünderung der Kolonien auch eine systematische Geschichtszerstörung einherging. In staatlichen und Missionsschulen wurde den Kolonisierten die Überlegenheit der europäischen Zivilisation und die eigene Minderwertigkeit und Kulturlosigkeit eingetrichtert, während gleichzeitig die Zeugnisse eben dieser verleugneten Kultur in europäische Museen und Kunstsammlungen abtransportiert wurden. Und heute? Scheint es wichtiger, dass das Überleben dieser Kulturgüter durch Universalmuseen gesichert wird als das Überleben »außereuropäischer« Flüchtender durch offene Grenzen.

Das Humboldt-Forum ist aber aus noch mindestens einem anderen Grund kontrovers: Um es bauen zu können, musste erst der Palast der Republik

23 | Und wie Edward Said eindrücklich belegte, war es das Zusammenspiel aller Gesellschaftsbereiche, das diese Botschaft so wirkungsvoll machte – auf irgendeiner Ebene erreichte sie alle. Wir waren wahrscheinlich nicht alle schon auf der Berliner Museumsinsel oder interessieren uns für Ethnologie, aber wir haben höchstwahrscheinlich alle mindestens einen Agatha-Christie-Krimi gelesen (in meinem Fall eher 50) und in die ließ die mit einem Archäologen verheiratete Autorin genau dieses Weltbild großzügig einfließen. Um gar nicht erst wieder mit Astrid Lindgren und dem Taka-Tuka-Land anzufangen ...

abgerissen werden. Der wiederum war eine unübersehbare Erinnerung an etwas, das im zukunftsorientierten gesamtdeutschen Erinnerungsdiskurs immer weniger Platz hat: die 40-jährige Geschichte der Deutschen Demokratischen Republik. Die politische Entscheidung, den Palast nicht als wie auch immer genutztes Denkmal dieser Vergangenheit stehen zu lassen, sondern durch seinen Abriss an eine andere, ältere, aber scheinbare unbelastete Version Deutschlands anzuknüpfen, ist symptomatisch für den gesamtdeutschen Umgang mit der geteilten Geschichte. Die Komplexitäten und Komplikationen hegemonialer Erinnerungsdiskurse waren besonders evident im Nachkriegswestdeutschland. Das bundesdeutsche Beispiel ist insofern einzigartig als es den Versuch darstellte, ein nationales Gedächtnis neu zu schaffen, das nicht nur um eine gemeinsame Geschichte, geteilte Werte, das Überwinden äußerer Widerstände und den Kampf für Freiheit und Einheit kreist, wie das bei identitätsstiftenden Nationalmythen üblich ist, sondern auch um die Erinnerung an Deutsche als Täter und Zerstörer dieser Werte. Dieses Unterfangen war immer von starken Spannungen begleitet und von Versuchen, diese Spannungen aufzulösen und zu einem traditionellen, heroischen Modell nationaler Erinnerung zu gelangen (zum Beispiel durch die strikte Trennung zwischen »Nazis« und »Deutschen«, die Behauptung, dass die Mehrheit der Deutschen »von nichts wusste« oder die Verlegung des Ursprungs von Faschismus in die Stalinistische UdSSR).

Nach dem Fall des Sowjetimperiums und der deutschen Vereinigung scheint dieser Versuch der Normalisierung endlich erfolgreich abgeschlossen zu sein. Die ostdeutsche Nachkriegsgeschichte fungiert nun als Beispiel deutscher Viktimisierung durch eine externe, totalitäre Macht.[24]

24 | Der Diskurs um die Viktimisierung Europas durch einen letztendlich »uneuropäischen« Totalitarismus, in dem Faschismus und Stalinismus weitgehend austauschbar sind, ist im deutschen Fall besonders problematisch. Es ist jedoch erwähnenswert, dass auch die verspätete und zögerliche Debatte um verbreitete Kollaboration in besetzten Nationen während des Zweiten Weltkriegs, insbesondere in Frankreich und den Niederlanden, und um ihre Wurzeln in einem endemischen europäischen Antisemitismus mit der Transnationalisierung des europäischen Gedächtnisdiskurses ein abruptes Ende fand. Stattdessen wurde, wie ich im dritten Kapitel ausführe, europäischen Muslim_innen die Rolle der Erben des populären europäischen Vorkriegsantisemitismus zugewiesen. So externalisiert das weiße, christliche Europa jene Elemente seiner Vergangenheit, die dem neuen

Dies wiederum vereinfachte die Integration des vereinten Deutschlands in ein europäisches Gedächtnis, das nach dem Ende des Kalten Kriegs neu konstruiert werden musste und in dem die Erfahrung der Okkupation durch totalitäre Regime, Nazideutschland und die UdSSR, einen zentralen Platz einnahm (ausgeklammert blieb dagegen die Viktimisierung kolonialisierter Völker durch eben diese europäischen Mächte, obwohl die resultierenden Unabhängigkeitskriege die Nachkriegsgeschichte Europas zweifellos entscheidend prägten – und noch prägen).[25] Gleichzeitig erlaubte die Identifikation der DDR-Geschichte mit sowjetischem Stalinismus und Totalitarismus den kategorischen Ausschluss von 40 Jahren ostdeutscher Entwicklungen aus der neuen gesamtdeutschen Kultur. Das machte aus der Vereinigung eine de facto Annexion und hielt ein lineares, internalistisches Geschichtsnarrativ aufrecht, in dem ost- und westdeutsche Erinnerung nicht – und schon gar nicht gleichberechtigt – nebeneinanderstehen konnten. Stattdessen blieb westdeutsche Identität und Erinnerung dominant, alternative, hier ostdeutsche, Positionen wurden wie gehabt unterdrückt (wie gehabt mit fatalen Folgen). Während Ostdeutschland so nahezu spurlos verschwand, wurde die Unfähigkeit der Ostdeutschen, sich unmittelbar dem neuen, westlichen Standard anzupassen, als deplatzierte Nostalgie für die sozialistische Vergangenheit interpretiert und als auslösender Faktor in ostdeutscher Rückständigkeit, politischer Apathie und genereller Unfähigkeit zum Erfolg im Kapitalismus.

Die Diskussionen um den Palast der Republik fanden in diesem Kontext statt. Die Frage, ob der Blick in die Mitte Berlins auf die Vergangenheit oder Zukunft gerichtet sein würde, erschien auch als eine moralische und als eine über die zukünftige Rolle Deutschlands in der Welt. Ein restaurierter Palast der Republik hätte die Erinnerung daran wachgehalten, dass es mehr als ein Deutschland gab, dass verschiedene, ja gegensätzli-

---

Narrativ der traditionell jüdisch-christlichen Verbundenheit im Wege stehen, einer Verbundenheit, die sich nun angeblich im gemeinsamen Kampf gegen muslimische Intoleranz zeigt.

25 | Siehe etwa Frankreichs brutalen Krieg in Algerien (offiziell auch dies eine »Polizeiaktion«), der mehr als einer Million Menschen das Leben kostete. Dieser Krieg spielte sich nicht nur in Algerien, sondern auch Frankreich selbst ab. Das größte Nachkriegsmassaker in Frankreich waren nicht, wie oft geschrieben, die Pariser Anschläge im November 2015, sondern die Ermordung von mehreren Hundert Algeriern durch die Pariser Polizei im Oktober 1961 (vgl. El-Tayeb 2011 [2015]).

che Visionen des Deutschen existierten, die dennoch alle miteinander verbunden waren, es wäre ein eher nach innen gewandter, skeptischer Blick gewesen.[26] Der Erhalt des Palastes wurde auch von denen gefordert, die Westdeutschland Siegerjustiz und eine mit ihr verbundene kategorische Aburteilung der DDR vorwarfen. Dieser Vorwurf wiederum wurde von Gegnern des Palasterhalts einem schon benannten Phänomen zugeordnet: Ostalgie, das melancholische, unkonstruktive Festhalten an einer Vergangenheit, die in der Gegenwart ohne Nutzen ist. Entsprechend sahen Befürworter des Abrisses energisch nach vorne und nach außen, in die Welt. Die neu konzipierte Mitte sollte Symbol für die neue Rolle Deutschlands werden, ein symbolisches Prestigeprojekt. Umso relevanter ist der Anknüpfungspunkt dieser Vision: das im 15. Jahrhundert erbaute Berliner Stadtschloss, königlich-preußische und dann kaiserliche Residenz, im Zweiten Weltkrieg schwer beschädigt und 1950 auf Beschluss der DDR-Regierung gesprengt. Sein Wiederaufbau für das Humboldt-Forum ist hochsymbolisch, steht für eine deutsche Kurskorrektur nach den Fehltritten des 20. Jahrhunderts; die Rückkehr zu einer Tradition der Dichter und Denker, die – im Gegensatz zu Nationalsozialismus und Kommunismus – Jahrhunderte, nicht Jahrzehnte, währte. Sowohl außen durch die alte Schlossfassade als auch innen, durch die »enzyklopädischen« Sammlungen, wird nicht an das erinnert, was mit der Wiedervereinigung verschwand, sondern an das, was mit ihr wiederentdeckt wurde: deutsche Normalität, weg von der Erinnerung an Nationalsozialismus, Holocaust und Krieg, hin zu einer unbelasteten Zukunft in der Tradition des aufgeklärten Preußentums.[27]

---

26 | Das wird vielleicht am deutlichsten in der Installation des dänischen Künstlers Lars Ramberg, die Teil der Zwischennutzung des Gebäudes als »Volkspalast« war. Von 2002 bis 2005 organisierte ein Verbund von Kunst- und Kulturinitiativen dort verschiedene Veranstaltungen. Unter anderem war Anfang 2005 für einige Monate Rambergs Kunstprojekt, das sechs Meter hohe und erleuchtete Wort »Zweifel«, auf dem Dach des Palastes zu sehen (vgl. Bravo, ohne Datum).

27 | Der Film der japanisch-deutschen Künstlerin und Theoretikerin Hito Steyerl »Die leere Mitte« (1998) zeigt, dass es möglich ist, eine Geschichte dieses Ortes, der symbolträchtigen Mitte Berlins, zu erzählen, die diese historischen Perioden verbindet. Steyerl tut das unter anderem, indem sie die Perspektive der Ausgeschlossenen ins Blickfeld rückt, von den Jüd_innen, die im 19. Jahrhundert durch eine Zollmauer aus der Stadtmitte ferngehalten wurden, zu den polnischen Arbei-

Diese Umorientierung war weitgehend erfolgreich: 2014 war für 49 Prozent der befragten Bundesbürger_innen die Wiedervereinigung das historische Ereignis, das ihr Deutschlandbild bestimmte, 16 Prozent nannten Nationalsozialismus und den Zweiten Weltkrieg und nur 0,5 Prozent erwähnten den Holocaust – weniger als Preußen und das Kaiserreich, das immerhin von drei Prozent genannt wurde (Foroutan/Canan/Arnold 2014). Trotz seines unbestreitbaren Erfolges war dieser Normalisierungsprozess heftig umstritten, wie sich schon am Ausmaß der Kontroverse um den Abriss des Palastes der Republik erkennen lässt (vgl. Feldmann 2010, von Boddien/Engel 2000). Es sollte also nicht überraschen, dass der Konflikt um das, was Deutschsein in der vereinten Republik ausmachte, sich weiterhin an symbolträchtigen Entscheidungen festmachte. Dennoch traf die Kontroverse um die inhaltliche Gestaltung des Humboldt-Forums deren Initiatoren scheinbar gänzlich unvorbereitet.[28] Das denkbar ungeschickte Stolpern der Vertreter des Humboldt-Forums in der Auseinandersetzung mit einer zunehmend kritischen Öffentlichkeit hat vor allem eine Ursache: Andere Positionalitäten werden nicht mitgedacht, die internalistische deutsche Sicht wird nicht nur als normative, sondern als einzig mögliche wahrgenommen.[29] Entsprechend wird auf kritische

ter_innen, die in den 1990ern für Billiglöhne am Potsdamer Platz bauten (vgl. Gerhardt 2007).

28 | Die Kritik wurde ab 2013 in dem internationalen *No Humboldt 21*-Zusammenschluss gebündelt, der in seiner Gründungsresolution erklärte: »Wie schon die Zurschaustellung ›exotischer Kuriositäten‹ in den ›Wunderkammern‹ der brandenburgischen Kurfürsten und preußischen Könige soll das Berliner Schloss – Humboldt-Forum der Herausbildung einer preußisch-deutsch-europäischen Identität dienen. Dieses Anliegen konterkariert das Ziel eines gleichberechtigten Miteinanders in der Migrationsgesellschaft und soll auf Kosten Anderer realisiert werden. Mit Hilfe der oft jahrhundertealten Objekte aus aller Welt wird das vermeintlich ›Fremde‹ und ›Andere‹ inszeniert und den umfangreichen Sammlungen europäischer Kunst auf der Berliner Museumsinsel zur Seite gestellt. Europa wird dabei als überlegene Norm konstruiert.« (www.no-humboldt21.de/resolution/)

29 | Siehe etwa die Idee, der Kritik den Wind aus den Segeln zu nehmen, indem der Platz vor dem Forum nach Nelson Mandela benannt wird. Das kam weder in Südafrika noch Berlin gut an. Die südafrikanische Botschaft erklärte höflich aber bestimmt: »Obwohl die Entscheidung über die Benennung von öffentlichen Plätzen, Straßen, offiziellen Gebäuden und Ähnlichem ausschließlich den Behörden

Positionen, die sich nicht auf dem gemeinsamen Boden des Internalismus bewegen, zunächst verwirrt und dann irritiert reagiert: Die einzige angebrachte Reaktion – die Einsicht, dass die eigene nur eine Position unter mehreren ist und dass ihre Überlegenheit oder auch nur Legitimität nicht schlicht behauptet werden kann, sondern argumentativ belegt werden muss, in einer Auseinandersetzung unter Gleichen – bleibt dagegen unvorstellbar.

Wenn der Abriss als Entscheidung für einen positiven deutschen Erinnerungsdiskurs gelesen wird, in dem der Bezug auf die Vergangenheit nicht mehr Scham und Schande bedeutet, sondern die Anrufung einer stolzen aufgeklärten Tradition, für die die Gebrüder Humboldt symbolisch einstehen, und die sich nahtlos in den größeren europäischen Diskurs einfügt, dann war es auch die Entscheidung für ein einziges lineares Geschichtsnarrativ, in dem abweichende Positionen keinen Platz haben. Die Realität der deutschen Normalität, der teilweise radikal verschiedene Hintergrund und Erfahrungshorizont derjenigen, die sich als »das Volk« definieren, wurde nicht nur nicht anerkannt, sondern gänzlich verdrängt. Das ist umso problematischer, da die neudeutsche Realität eben nicht nur durch den ost-/westdeutschen Erinnerungskonflikt bestimmt wird, sondern auch durch das mehrheitsdeutsch/migrantisiert-deutsche Gefälle. Die resultierende plurale Erfahrung des Deutschseins kann immer weniger in einem internalistischen Narrativ gefasst werden, das rückwärtsgewandt an einer Weltsicht festhält, die immer nur über den Ausschluss der »Anderen« funktionieren konnte. Im zweiten Teil dieses Buchs widme ich mich sowohl einigen konkreten Beispielen dieser Konstruktion des Anderen als auch Alternativen zu ihr.

der Stadt Berlin obliegt, hofft die Botschaft von Südafrika, dass die Integrität und das Erbe Nelson Mandelas in der Entscheidungsfindung berücksichtigt werden, besonders mit Hinsicht auf seinen eindeutigen Standpunkt zu Themen wie Kolonialismus, Rassismus, Sklaverei, kulturelle und materielle Ausbeutung ebenso wie Respekt für das kulturelle Erbe der Menschen und Nationen Afrikas.« (www.no-humboldt21.de/wp-content/uploads/2013/12/PM-NoHumboldt21_ISD.pdf)

Teil 2: Postsozialistische Vergangenheitsbewältigung

I. Rom_nja, Sint_ezze und die deutsche Schuldfrage

Die Anderen waren schon immer hier

Das zu selten hinterfragte Narrativ von Europa als einem weitgehend »farbenblinden« Kontinent, dem sowohl Rassismus als auch nichtweiße Einwohner_innen fremd sind, entlarvt sich schnell als bequeme Konstruktion, wenn es mit der Geschichte europäischer Rom_nja und Sint_ezze gegengelesen wird. Die jahrhundertelange Verfolgung und Ausgrenzung dieser rassifizierten Gruppe in nahezu jedem Teil Europas hat jedoch kaum Spuren im kontinentalen Selbstbild hinterlassen. Wenn überhaupt wahrgenommen, wird gegen Rom_nja und Sint_ezze gerichteter Rassismus meist als Anachronismus erklärt: Entweder ist es das Demokratiedefizit Osteuropas nach Jahrzehnten kommunistischer Herrschaft, das Intoleranz gegenüber Minderheiten produziert oder es ist umgekehrt die angeblich archaische Kultur dieser Minderheit selbst, die Ressentiments unter Westeuropäer_innen hervorruft. Insbesondere die letztere Konstruktion weist klare Parallelen zur repräsentativen Funktion von indigenen Gruppen in siedlerkolonialen Diskursen außereuropäischer westlicher Nationen wie den USA, Kanada oder Australien auf. Dort wird den »Ureinwohner_innen« gern eine fast mystische Verbundenheit mit dem Land zugeschrieben, während gleichzeitig ihre systematische Ausgrenzung in der Gegenwart mit einer Unfähigkeit, sich der »modernen« Welt anzupassen, begründet wird: Ihr Problem ist letztlich, dass sie sich nicht weiterentwickelten, dass sie im wahrsten Sinne des Wortes die Vergangenheit verkörpern und keinen Platz in der Gegenwart haben. Sie sind also Zivilisationsopfer, geschädigt durch einen unaufhaltsamen Prozess des Fortschritts, der letztlich ebenso natürlich ist, wie die idealisierte Erdverbundenheit, die ihnen von den Nachfahren der Kolonisatoren zugestanden wird, und für den niemand verantwortlich gemacht werden kann. Trotz klarer Unterschiede erinnert das an die temporale Deplatzierung von Rom_nja und Sint_ezze in eine romantisierte europäische Vergangenheit, in der »Zigeuner« als edle Wilde fungieren – stolz, verführerisch, geheimnisvoll und gefährlich –, eine zum Untergang verurteilte Welt verkörpernd. Dies geht einher mit ihrem Ausschluss aus dem Europa der Gegenwart und auch hier zeigen sich Parallelen in der Disziplinierung von rassifizierten Communitys, deren interne Strukturen als inkompatibel mit modernen Gesellschaften gelten: segregierte Schulen, gestohlene Generationen und Zwangssterilisierungen, um nur einige zu nennen (vgl. Roma Union Ffm. 1994; Pusca 2012; Smith 2009, Byrd 2011). Das macht durchaus Sinn, wenn wir uns vergegenwärtigen, dass diese Repräsentations- und Kontrollpraktiken ihren Ursprung nicht in den tatsächlichen Qualitäten von Aborigines, Native Americans oder eben Rom_nja haben, sondern in dem evolutionären Zeitmodell, durch das Europa die Welt neu ordnete. Rassismus wurde nicht in den Kolonien oder den US-amerikanischen Südstaaten erfunden, sondern hier. Evolutionäre Zeit bestimmte auch innereuropäische Entwicklungen und dies nicht nur seit Beginn der postkolonialen Migration, sondern seit Europa sich daran machte, sich selbst zu erfinden.

Jüd_innen und Rom_nja, die zu diesem Zeitpunkt bereits Teil der kontinentalen Bevölkerung waren, wurde die Rolle des »Fremden« im Inneren zugewiesen, gegen das sich die neue Norm definieren ließ – dies ist wiederum ein Prozess, der sich bis in die Gegenwart fortsetzt. Eine Untersuchung dieser europaspezifischen Rassifizierungsprozesse erlaubt es, den europäischen farbenblinden Exzeptionalismus kritisch zu hinterfragen. Hierzu ist jedoch eine Methodik nötig, die über die hegemoniale Selbstkritik hinausgeht und sich stattdessen endlich ernsthaft mit Jahrzehnten transnationaler und interdisziplinärer Rassismusforschung außerhalb Kontinentaleuropas auseinandersetzt. So könnten zum Beispiel Analysestrategien, die im Zuge der Kritik am Siedlerkolonialismus entwickelt wurden, auf den anhaltend brutalen und akademisch weitgehend ignorierten europäischen Rassismus gegenüber Rom_nja und Sint_ezze angewendet werden. Eine derartige vergleichende Rassismusanalyse, die auch den europäischen Antisemitismus einschließt, könnte sich auf bestehende intellektuelle Traditionen stützen, etwa in den Werken von Hannah Arendt, Aimé Césaire oder W. E. B. DuBois, einem der wichtigsten modernen US-Theoretiker, dessen Schaffen einen Großteil des 20. Jahrhunderts umspannt (und der vor 100 Jahren in Deutschland weit bekannter war, als er es heute ist[1]).

Während die genannten Autor_innen den Blick vor allem auf Kolonialismus und Holocaust richteten (vgl. Rothberg 2009), würde sich eine vergleichende Untersuchung von Antisemitismus und Rassismus gegenüber Rom_nja und Sint_ezze im europäischen Kontext besonders anbieten. Dass dies kaum geschieht, liegt an einer Vielzahl von Faktoren, unter ihnen die mangelnde Bereitschaft mehrheitsdeutscher Forscher_innen, sich mit europäischem Rassismus auseinanderzusetzen, der unvermindert anhaltende Anti-Rom_nja-Rassismus, der auch vor der Wissenschaft nicht Halt macht, und nicht zuletzt die Rolle des Holocaust in der Stabilisierung europäischer Identität. Diese produziert zu oft eine retrospektive Selbstentlastung, die nicht nur eine Auseinandersetzung mit anderen Formen europäischen Rassismus, sondern auch mit der längeren Geschichte des europäischen Antisemitismus verhindert. Dies ist eine Geschichte wiederum, die sich nicht vom deutschen Umgang mit Migration trennen lässt. Die Neuwahrnehmung osteuropäischer Immigrant_innen nach dem Mauerfall, von Kommunismusopfern mit besonderen Privilegien zu (Noch-)nicht-ganz-Europäer_innen, resultierte in der Einführung einer Zwei-Klassen-EU-Mitgliedschaft, die deutlich macht, dass auch das vereinte Europa sich nicht im gleichen Zeit-Raum befindet, dass Osteuropa noch immer weitgehend »Zweite Welt« ist, zwischen kapitalistischem Westen und Globalem Süden – von Letzterem primär getrennt durch die zu beweisende Zugehörigkeit zu Europa, die sich unter anderem an der Identifikation als weiß und christlich festmacht. Diese implizite Rassifizierung wurde explizit im Falle der Rom_nja, auf die sich wieder einmal die Aggressionen gegen das angeblich Andere konzentrierten. Und zwar

1 | Max Weber initiierte 1905 eine Übersetzung von DuBois' Hauptwerk *The Souls of Black Folk* ins Deutsche, es dauerte dann allerdings bis 2003, bevor dies tatsächlich umgesetzt wurde (vgl. Chandler 2006). Dies erscheint symptomatisch für den deutschen Umgang mit Rassismusforschung, insbesondere was rassifizierte Autor_innen betrifft. Wenn ein Bezug zur US-Forschung hergestellt wird, geschieht das auffällig oft über David Theo Goldberg, Harold Winant und andere weiße Autor_innen, die ohne Zweifel wichtige Arbeit geleistet haben. Eine Arbeit allerdings, die einem größeren Kontext entstammt, in dem die Beiträge von Stuart Hall, Paul Gilroy, Sylvia Winter, Cheryl Harris oder eben W. E. B. DuBois von noch größerer Bedeutung sind.

nicht nur in den (wieder-)entstehenden osteuropäischen Nationen, denen ein ethnonationales Staatsverständnis zugrunde lag, das den Ausschluss von Minderheiten unvermeidlich machte, sondern auch in den westeuropäischen Nationen, einschließlich der Bundesrepublik, in die viele Rom_nja aufgrund dieses Auschlusses flüchteten. Ihre Instrumentalisierung in politischen Debatten folgte bekannten Strukturen der Rassifizierung sozialer und ökonomischer Ängste, die deutsche Debatten um Migration im gesamten 20. Jahrhundert bestimmten.

Die Mehrheitsmeinung prägend ist noch immer das Bild eines traditionell kulturell vielfältigen, aber ethnisch und religiös einheitlichen Deutschlands (und Europas), das durch die unerwarteten Konsequenzen der in den 1950ern einsetzenden Arbeitsmigration aus dem Gleichgewicht gebracht wurde und sich nun erstmals massiv mit einer Bevölkerung konfrontiert sieht, die fundamental (religiös, kulturell, »rassisch«) anders ist und deren Integrationsfähigkeit noch in Frage steht. Dieses binäre Vorher-nachher-Modell Deutschlands ist aus den verschiedensten Gründen eine inadäquate Beschreibung der Realität; mehr noch, es konstruiert eine Perspektive, die es unmöglich macht, die vorausgesetzte klare Trennung in deutsch und undeutsch zu überwinden. Abgesehen davon, dass die vermehrte Präsenz nicht traditionell Deutscher so fast zwangsläufig als Invasion erscheint – die Diskussion um Migrant_innen ist praktisch immer mit der Frage verbunden, ob es bereits »zu viele« seien – wird hier auch ein stark verzerrtes Bild der europäischen Vergangenheit gezeichnet. Trotz der zentralen Bedeutung, die der Holocaust in der europäischen Erinnerungskultur hat, herrscht etwa erstaunlich wenig Interesse an einer Rekonstruktion des jüdischen europäischen Alltags außerhalb des Shoah-Kontextes (einschließlich des alltäglichen europäischen Antisemitismus), der entscheidend von Migration bestimmt war. Stattdessen wird eine deutsche und europäische »Homogenität«, die das Resultat nicht nur des nationalsozialistischen Völkermords an Jüd_innen und Rom_nja und Sint_ezze, sondern auch massiver »ethnischer Säuberungen« zwischen den Weltkriegen war, als quasi-natürlicher »Normalzustand« erinnert. Tatsächlich jedoch bestimmen Migration und Migrationsmanagement, und die Debatten um beide, seit Jahrhunderten die deutsche Realität mit.

Die grösste Flüchtlingskrise seit Ende des Ersten Weltkriegs

Zwischen den Weltkriegen war ganz Europa von massiven Migrationsbewegungen gezeichnet, freiwilligen und unfreiwilligen (und oft einer Mischung aus beidem). Schon vorher wurden Spannungen in Europas multiethnischen Großreichen, Österreich-Ungarn, Russland und dem Osmanischen Reich, regelmäßig in Pogrome gegen minorisierte Bevölkerungen kanalisiert. Der teilweise Zerfall dieser Imperien nach Ende des Ersten Weltkriegs führte zu massiven Grenzneuziehungen (wie schon 1884/85 auf der Berliner Konferenz für den europäischen Kolonialbesitz in Afrika praktiziert), Vertreibungen und Massenflucht (vgl. Aly 2003). In einer besonders prekären Position waren in diesem Prozess Minderheiten ohne ein »Mehrheitsland«, das sie theoretisch schützen oder aufnehmen konnte (dennoch war die Ausgrenzung und zwangsweise Zuordnung von Bevölkerungen aufgrund von »Rasse« und Religion natürlich auch für diejenigen höchst problematisch, die so in eine unbekannte »Heimat« abgeschoben werden konnten). Das betraf vor allem Rom_nja und Jüd_innen, die in Teile Europas zu emigrieren versuchten, die sich nicht gänzlich gegen Migrant_innen abschotteten, oft in der Hoffnung, weiter in die USA oder andere amerikanische Staaten reisen zu können.

Die Weimarer Republik wurde so eines der Hauptziele vor allem jüdischer Flüchtender, sowohl wegen ihrer relativ liberalen Ausländer_innengesetzgebung als auch der Bedeutung der Hamburger und Bremer Häfen für die Auswanderung. Ein zusätzlicher Faktor waren bestehende Netzwerke: Ab 1915 hatte das Deutsches Reich massiv osteuropäische Arbeiter_innen für die Rüstungsindustrie angeworben (wobei die Grenze zur Zwangsverpflichtung oft fließend war), unter ihnen viele Jüd_innen (vgl. Oltmer 2007). Trotz der relativen Aufnahmebereitschaft der Republik wurden jüdische Osteuropäer_innen in Weimar weniger als Opfer rassistischer Verfolgung in den Herkunftsländern denn als Armutsflüchtlinge wahrgenommen. Entsprechend wurden öffentliche und politische Diskussionen von der Frage bestimmt, wie groß die durch jüdische Asylsuchende entstehende Belastung für Deutschland sei (sowohl finanziell als auch kulturell), wie ihre möglichst schnelle Weiterwanderung organisiert werden könne und wie die Minderheit »echter Flüchtlinge« von der Masse der »Sozialschmarotzer« und Kleinkriminellen zu unterscheiden sei. Das 1918 gegründete Reichseinwanderungsamt etwa stellte fest:

»In Deutschland sei trotz der dort herrschenden Not die Lebenshaltung ungleich billiger und bequemer als in den östlichen Randstaaten. Auch seien dort die jüdischen Elemente, welche sich mit unerlaubten Geschäften befaßten, gegenwärtig bei weitem nicht so eingeengt, wie z. B. in Polen, wo Betrügereien weniger durch die Behörden als vielmehr durch Selbsthilfe der Bevölkerung geahndet würden.« (Ebd., 113)

Zusätzliches Propagandamaterial lieferte die Tatsache, dass die Mehrheit der Asylsuchenden alleinstehende, junge Männer waren, die zunehmend als Kriminelle und Gefahr für deutsche Frauen präsentiert wurden. Preußen richtete in den Mitzwanzigerjahren vorübergehend Internierungslager für jüdische Flüchtlinge ein und 1923 zogen in Berlin tausende mehrheitsdeutsche junge Männer ins jüdische Scheunenviertel, griffen Anwohner_innen an und plünderten Geschäfte (das Resultat waren ein Toter und 175 Verletzte, vgl. Oltmer 2007).

Die Kriminalisierung von Geflüchteten trug zweifellos zum wachsenden Antisemitismus in Weimar bei, oft arm und orthodox wurden osteuropäische Jüd_innen als fundamental anders und bedrohlich dargestellt (das heißt als Repräsentanten eines vermeintlich »echten« jüdischen Wesens, das auch assimilierte deutsche Jüd_innen einschloss), als untragbare Belastung für das unter den Kriegsfolgen leidende Deutschland. Ein Resultat der Hetze gegen jüdische Geflüchtete war eine komplexe, spannungsreiche Beziehung zwischen deutscher jüdischer Minderheit und den Migrant_innen, die sich sowohl in Solidarität als auch Abgrenzung ausdrückte. Ein Beispiel für Erstere ist ein offener Brief, den Albert Einstein Ende 1919 im Berliner *Tageblatt* veröffentlichte und den ich hier vollständig wiedergebe – auch weil seine Kritik am damaligen gesellschaftlichen Umgang mit den Geflüchteten deutlich macht, dass wir es hier mit einem Prozess zu tun haben, der deutsche Normalität, und nicht eine nie dagewesene Ausnahmesituation, darstellt – Einsteins Appell klingt 100 Jahre später erschreckend aktuell (ebenso wie die halbherzig liberale Haltung der Redaktion des *Tageblatts*):

»›Die Zuwanderung aus dem Osten‹,
von Universitätsprofessor Dr. Albert Einstein

Wir geben den nachstehenden Ausführungen des hervorragenden Gelehrten gern Raum und möchten dazu bemerken, daß wir seine Ansicht über eine Ausweisung der schon eingewanderten armen Ostjuden teilen. Ob für die Zukunft eine

Beschränkung der Einwanderung möglich sein wird, ist eine andere Frage - eine solche gesetzliche Empfehlung müßte aber in jedem Falle immer allgemein gehalten werden und sich nicht nur gegen bestimmte Religionsgenossenschaften und Kreise richten.
Die Redaktion

In der deutschen Öffentlichkeit mehren sich die Stimmen, die gesetzliche Maßnahmen gegen die Ostjuden verlangen. Man behauptet, 70.000 Russen, das heißt Ostjuden, leben allein in Berlin: diese Ostjuden seien Schieber, Schleichhändler, Bolschewiken oder arbeitsscheue Elemente. All diese Argumente zielen darauf hin, schärfere Maßnahmen, das heißt Zusammenpferchung in Konzentrationslagern oder Auswanderung aller Zugewanderten, zu erzwingen.
Eine so viele Existenzen vernichtende Maßregel darf nicht auf Grund schlagwortmäßiger Behauptungen erfolgen, um so weniger, als eine sachliche Nachprüfung ergibt, daß es sich um demagogische Agitation handelt, die weder dem wahren Sachverhalt gerecht wird, noch auch geeignet ist, tatsächlich vorhandene Schäden wirksam zu bekämpfen. Gerade bei der Agitation gegen Ostjuden liegt von vornherein die Vermutung sehr nahe, daß das ruhige Urteil durch die starken antisemitischen Instinkte getrübt und gleichzeitig auch die Methode gewählt wird, durch Einwirkung auf die Stimmung des Volkes die Aufmerksamkeit von den wirklichen Problemen und von den wahren Ursachen der allgemeinen Notlage abzulenken.
Eine Nachprüfung, die, soviel bekannt geworden, von den amtlichen Stellen noch niemals versucht worden ist, würde zweifellos die Hinfälligkeit der vorgebrachten Beschuldigungen erweisen. Wohl mag es richtig sein, daß in Berlin 70.000 Russen wohnen; von ihnen bilden jedoch nach den Angaben sachverständiger Beurteiler die Juden nur einen geringen Bruchteil, die überwiegende Mehrheit ist deutscher Abstammung. Seit dem Friedensschluß sind nach maßgebender Einschätzung nicht mehr als 15.000 Juden aus dem Osten zugewandert. Diese sind fast ausnahmslos durch die furchtbaren Zustände in Polen zur Flucht gezwungen worden und wollen hier eine Zufluchtsstätte finden, bis ihnen die Möglichkeit zur Weiterwanderung gegeben wird. Hoffentlich werden vielen von ihnen in dem neu entstehenden jüdischen Palästina als freie Söhne des jüdischen Volkes eine wahre Heimat finden.
Bolschewistische Agenten dürfte es wohl in Deutschland geben, diese haben aber zweifellos ausländische Pässe, verfügen über reiche Geldmittel und können durch irgendwelche organisatorische Maßnahmen nicht erfaßt werden. Die großen Schieber unter den Ostjuden haben sicher auch längst Vorkehrungen getroffen, die sie behördlichen Zugriffen entziehen. Getroffen werden ausschließlich jene

Armen und Unglücklichen, die in den letzten Monaten unter unmenschlichen Entbehrungen den Weg nach Deutschland gefunden haben und hier Arbeit suchen. Nur diese, der deutschen Volkswirtschaft sicher unschädlichen Elemente werden die Konzentrationslager füllen und dort körperlich und seelisch verkommen. Dann wird man sich über die selbstgezüchteten ›parasitären Existenzen‹ beklagen, die es verlernen, in einem normalen Wirtschaftsleben ihren Platz auszufüllen. Die verkehrte Politik, Tausende zwangsweise während des Kriegs nach Deutschland gebrachte ostjüdische Arbeiter plötzlich zu entlassen und dadurch brotlos zu machen und sie systematisch von Arbeitsgelegenheiten fernzuhalten, mußte tatsächlich Menschen, die nicht mit ihrer Familie verhungern wollten, zum Schleichhandel zwingen. Auch dem deutschen Wirtschaftsleben wird sicherlich damit am besten gedient, daß die Öffentlichkeit die Bemühungen jener Kreise unterstützt, welche es sich (wie zum Beispiel das schon öfters genannte ›jüdische Arbeitsamt‹) zum Ziel gesetzt haben, die ostjüdischen Zuwanderer produktiver Arbeit zuzuführen. Jede ›Ausweisungsverfügung‹, die jetzt so stürmisch verlangt wird, hätte nur die Wirkung, daß die schlechten und schädlichen Elemente im Lande bleiben, dagegen die arbeitswilligen ins bitterste Elend und zur Verzweiflung getrieben werden.

Das Gewissen der Öffentlichkeit ist gegen die Mahnungen zur Menschlichkeit so abgestumpft, daß sie das entsetzliche Unrecht, auf das hier hingearbeitet wird, nicht mehr unmittelbar empfindet. Ich unterlasse es, darauf näher einzugehen. Aber befremdend ist es, daß selbst führende Politiker nicht überlegen, wie schwer die von ihnen gewünschte Behandlung der Ostjuden die politische und wirtschaftliche Stellung Deutschlands beeinträchtigen wird. Hat man schon vergessen, wie die Deportierung belgischer Arbeiter den moralischen Kredit Deutschlands untergraben hat? Und heute ist Deutschlands Lage unvergleichlich kritischer. Trotz aller Bemühungen ist es überaus schwierig, die unterbrochenen internationalen Beziehungen wiederherzustellen; wenige geistige Menschen in allen Völkern machen erste Versuche; die Hoffnung auf neue wirtschaftliche Verbindungen (z. B. die materielle Hilfe Amerikas) ist heute noch sehr schwach. Die Austreibung der Ostjuden, welche namenloses Elend zur Folge hätte, würde aller Welt als ein neuer Beweis ›deutscher Barbarei‹ erscheinen und einen Anlaß bieten, im Namen der Menschlichkeit den Wiederaufbau Deutschlands zu erschweren.

Die Gesundung Deutschlands kann wahrlich nicht durch Anwendung von Gewalt gegen einen kleinen wehrlosen Bruchteil der Bevölkerung herbeigeführt werden.

Berliner Tageblatt, 30. Dezember 1919.« (Janssen et al. 2002, 237)

Die »Entmischung« Europas und die Rassifizierung von Religion

Die Vermischung von Kultur, Rasse und Religion, die den Weimarer Diskurs um jüdische Migrant_innen und ihre bedrohliche Andersartigkeit bestimmte, war schon lange Bestandteil antisemitischer Tropen. Sie reflektiert jedoch auch ein breiteres Verständnis der Beziehung zwischen verschiedenen Identitätsaspekten, die die vom modernen Staat angestrebte nationale Identität beeinflussten. Dies wurde explizit in den internationalen Verhandlungen, die nach Ende des Ersten Weltkriegs eine Neuordnung und langfristige Befriedung Europas dadurch zu erreichen versuchten, dass die zerfallenden multiethnischen Imperien durch »homogene« Nationalstaaten ersetzt wurden. Extremste Konsequenz waren die im Vertrag von Lausanne sanktionierten massiven Umsiedlungen, die den türkisch-griechischen Grenzkonflikt formal beenden sollten. Religion wurde hier zum entscheidenden Merkmal ethnonationaler Zugehörigkeit:[2] Rund 1,5 Millionen Christ_innen wurden zwangsweise aus der Türkei nach Griechenland umgesiedelt, knapp 500.000 Muslim_innen aus Griechenland wurden in die Türkei vertrieben. Der Vertrag, 1923 auf Initiative des Völkerbundes zwischen den beiden Nationen abgeschlossen, sanktionierte die im Zuge des Kriegs praktizierten Vertreibungen und diente der langfristigen »Entmischung« europäischer Grenzgebiete – anders ausgedrückt, der Festschreibung Europas als christlich und der Verbannung muslimischer Europäer_innen in ihre religiöse »Heimat«. Jüdische Europäer_innen wiederum wurden in diesem Modell permanent heimatlos und uneuropäisch.[3]

2 | Der zunächst vom Völkerbund vorgesehene Begriff »Rasse« zur Unterscheidung der umgesiedelten und noch umzusiedelnden Gruppen war auf Verlangen der Türkei durch »Volk« ersetzt worden (vgl. Aly, 35).

3 | Soviel zu Europas judeo-christlicher Tradition: Diese existierte natürlich ebenso wie seine muslimische Tradition in der Realität, ideologisch wurde sie jedoch bis in die jüngste Vergangenheit von der christlichen Mehrheit absolut verneint. Symbolisch für diesen Wandel war die Entscheidung der spanischen Regierung, 2014 den Nachfahren der im 15. Jahrhundert aus dem Land vertriebenen jüdischen Moriscos die spanische Staatsangehörigkeit zu verleihen. Dieser Schritt wird für die Nachfahren der im 17. Jahrhundert vertriebenen spanischen Muslime, zum größten Teil in Marokko angesiedelt, nicht erwogen. Das wiederum sagt

Kalkül war, dass diese zwangsweise »ethnische Homogenisierung« Europas langfristig Konflikte beenden würde – die Ursache dieser Konflikte wurde also nicht in Despotismus, Rassismus, Antisemitismus und ökonomischer Ausbeutung gesucht, sondern in dem Zusammenleben einer multiethnischen und multireligiösen europäischen Bevölkerung. Ironischerweise waren die USA das einzige Völkerbundmitglied, das gegen diese Politik stimmte – obschon sie selbst zu diesem Zeitpunkt nicht nur strikte Rassentrennung, sondern auch noch immer die gewaltsame Umsiedlung von Native Americans betrieben. Nach dem Zweiten Weltkrieg stimmten dann auch die USA einem massivem »Bevölkerungsaustausch« in Europa zu, ausdrücklich auf den »Erfolg« von Lausanne verweisend. Insgesamt wurden im 20. Jahrhundert rund 40 Millionen Europäer_innen zwangsweise aus ihrer Heimat vertrieben (vgl. Aly 2003)[4]. Die tatsächliche religiöse (und anderweitige) Heterogenität der Bevölkerung Europas wurde so gewaltsam einer nationalstaatlichen Ideologie angepasst, die im Laufe des 20. Jahrhunderts zunehmend als akkurate Beschreibung der Realität dargestellt wurde – trotz der Tatsache, dass zur Aufrechterhaltung dieser behaupteten »natürlichen« ethnonationalen Grenzen stetig weitere Vertreibungen nötig waren. Es ist wichtig festzuhalten, dass es in diesem Prozess – ebenso wie in Rassismus und Antisemitismus im Allgemeinen – eben nicht um eine quasi-biologische »Angst vor dem Fremden« ging, die noch heute gern zur Erklärung rassistischer (aka »fremdenfeindlicher«) Positionen und Taten herangeführt wird, sondern um die

zweifellos mehr aus über heutige Beziehungen als über die Verbundenheit dieser Gruppen mit Europas Geschichte (vgl. Aidi 2006, Stavans 2014).

4 | In seiner wichtigen Studie bezeichnet Götz Aly die internationale Sanktionierung von massiven Zwangsumsiedlungen im Vertrag von Lausanne als »völkerrechtliches Novum«, das wiederum in der Allgemeinen Erklärung der Menschenrechte 1948 als Menschenrechtsverletzung verurteilt wurde. Außen vor bleiben so die systematischen Zwangsumsiedlungen von Bevölkerungen in den europäischen Kolonien, die ebenfalls durch internationale Übereinkünfte sanktioniert wurde (siehe etwa die Berlin Konferenz 1884/5). Es ist das eine, wenn europäische Mächte ihre Kolonialpolitik aus völkerrechtlichen Verträgen ausklammerten, aufgrund eines angeblichen zivilisatorischen Defizits der zu Kolonisierenden. Es ist etwas anderes, wenn diese Politik ein blinder Fleck in der heutigen Forschung bleibt, statt kritisch in Untersuchungen zu europäischer Politik einbezogen zu werden.

systematische Neuordnung einer heterogenen Bevölkerung in diejenigen, die ein Heimatrecht besitzen und jene, die – trotz teils jahrhundertelanger Präsenz – rechtlose Fremde werden.

Regelmäßig betroffen hiervon waren Rom_nja, über ganz Europa verteilt und ohne eigenen Staat, daher besonders gefährdet durch das Modell (der Herstellung von) ethnonationaler Homogenität. Faktisch wurden sie in jedem europäischen Kontext, in dem Vertreibung und Zwangsumsiedlung stattfand, als fundamental fremd eingestuft, was ihren Ausschluss im ethnonationalen Staatsverständnis nicht nur rechtfertigte, sondern nötig machte. An dieser Wahrnehmung von Rom_nja und Sint_ezze als »Fremdkörper« hat sich bis heute kaum etwas geändert. Wie im Folgenden ausgeführt, ist dies besonders deutlich im Umgang mit der Geschichte der Verfolgung von Rom_nja und Sint_ezze im Nationalsozialismus. Die Anerkennung des Völkermordes an dieser Gruppe war ein zögerlicher und verspäteter Prozess, in dem »Experten«, nicht Betroffene, bestimmend waren – von der unmittelbaren Nachkriegszeit, in der sogenannte Zigeunerforscher ihre Arbeit ungehindert fortsetzten, bis zu den Auseinandersetzungen um das 2012 errichtete Berliner »Denkmal für die im Nationalsozialismus ermordeten Sinti und Roma Europas«. Der anhaltende Ausschluss rassifizierter Gruppen aus Gremien und Expert_innenrunden bedeutet auch, dass der öffentliche Raum zum einzig möglichen Interventionspunkt für Sint_ezze und Rom_nja wurde. In dieser nominell offenen, allen zugänglichen Arena bietet sich die Chance, dominante Diskurse zumindest zu stören. Dies ist umso mehr der Fall, wenn sich die herrschende Meinung im Umbruch befindet, wie zum Zeitpunkt der deutschen Wiedervereinigung. Der Versuch, durch Interventionen in den öffentlichen Raum aktiv den Diskurs zu bestimmen, wie etwa durch die Besetzung der KZ-Gedenkstätte Neuengamme in Hamburg 1989, blieb allerdings weitgehend erfolglos. Stattdessen wurde diese Umbruchsphase offiziell beendet durch ihre diskursive Integration in die hegemoniale Geschichtsschreibung, in der die Perspektive von Rom_nja und Sint_ezze ebenso abwesend war wie zuvor. Die Analyse einer Vergangenheit, in der sich Mehrheits- und Minderheitengeschichte überschneiden, bleibt bestimmt durch die Erfahrungsparameter der Mehrheit oder in diesem Fall der Täter_innengruppe. Letztere bleibt so die Norm und produziert Ergebnisse, die den Status quo kaum in Frage stellen.

Die Wiedervereinigung symbolisiert die erfolgreiche deutsche Normalisierung. In ihr wird die nationalsozialistische Vergangenheit anerkannt, aber nicht als bestimmend für die Gegenwart begriffen. Diese Art von symbolischen Abschlüssen geht meist einher mit materiellen Manifestationen. Im Falle Deutschlands war dies die Errichtung der Mahnmale für die Opfer des Nationalsozialismus in Berlin, einschließlich desjenigen für Sint_ezze und Rom_nja, das bis zuletzt umstritten blieb. Die Kontroversen um dieses Mahnmal, das letzte der drei, das errichtet wurde, zeigen deutlich das zweite Element, das zum Scheitern der subalternen Intervention führte: die Weigerung selbst sympathisierender Mehrheitsdeutscher die diskursive Hegemonie aufzugeben und stattdessen die Autorität der Rassifizierten selbst anzuerkennen. So wurde der Versuch von Rom_nja-Aktivist_innen, historische Kontinuitäten als Problem aufzuzeigen, das Interventionen verlange, selbstgerecht zurückgewiesen. Gleichzeitig wurden diese historischen Kontinuitäten in ihrer brutalsten Form und weitgehend unproblematisiert praktiziert, am deutlichsten in den Pogromen von Rostock 1991, deren erste Zielgruppe geflüchtete Rom_nja waren. Die Besetzung symbolträchtiger öffentlicher Räume, sowohl diskursiv wie materiell, durch Aktivist_innen zielte sowohl auf eine Skandalisierung des Umgangs mit Geflüchteten ab, wie auf eine Anerkennung der historischen Verfolgung von Rom_nja und Sint_ezze und der daraus erwachsenden Verantwortung für die Gegenwart. Am Beispiel meiner Heimatstadt Hamburg zeichne ich in den nächsten Abschnitten diese Auseinandersetzung nach.

»1939–1989: Vergast – verfolgt – vertrieben«[5]

Das »rote Hamburg« hatte im Gegensatz zu den meisten anderen deutschen Ländern vor 1933 keine speziellen »Zigeunerverordnungen«, die den Zuzug und die Arbeitsmöglichkeiten von Rom_nja und Sint_ezze regulierten und beschränkten. Nach der Machtübernahme der Nationalsozialisten passte sich die Hansestadt jedoch schnell dem neuen Klima an. Nachdem 1938 in Berlin die »Zentralstelle zur Bekämpfung des Zigeunerunwesens« gegründet worden war, intensivierte sich die Verfolgung landesweit und im Herbst fassten die Hamburger Behörden den Plan für ein »Zentrales Zigeunersammellager«, in dem die etwa 850 Hamburger Rom_nja und Sint_ezze zwangsinterniert werden sollten. Mit dem deut-

5 | Titel einer Fotoausstellung zu Rom_nja in Hamburg 1989.

schen Angriff auf Polen waren diese Pläne überholt, nun wurden rund 1.000 Sint_ezze und Rom_nja aus Norddeutschland in das Lager Belzec in Polen deportiert. Nur wenige Monate nachdem die Stadt ein »Zigeunersammellager« beschlossen hatte, wurde zudem das Konzentrationslager Neuengramme auf Initiative der SS als Außenlager des KZ Sachsenhausen in einer ehemaligen Hamburger Ziegelei eingerichtet. 1940 wurde es ausgebaut und zum eigenständigen KZ mit zeitweise bis zu 86 Außenlagern gemacht. Zunächst wurden hauptsächlich politische Gefangene aus anderen deutschen Lagern nach Neuengamme überführt, danach zunehmend auch aus den besetzten Gebieten. Ab 1941 waren die Inhaftierten zum größten Teil sowjetische und polnische Kriegsgefangene, Widerstandskämpfer_innen aus Nord- und Westeuropa sowie Jüd_innen aus dem Osten des Kontinents.

Die KZ-Insass_innen mussten schwere Zwangsarbeit leisten, neben der Ziegelproduktion für faschistische Prunkbauten am Elbufer vor allem beim Hafenbeckenausbau und der Elbbegradigung, ab 1942 auch in Rüstungsfabriken in den zahlreichen Außenlagern. Zu Zwangsarbeit und elenden Bedingungen im Lager, die vielen der Inhaftierten das Leben kosteten, kamen die Menschenversuche des SS-Arztes Heißmeyer, der Häftlinge mit Tuberkulose und Typhus infizierte (um die letzten Spuren dieser Experimente zu vernichten, ermordete die SS noch kurz vor Kriegsende 20 jüdische Kinder am Bullenhuser Damm in Hamburg-Rothenburgsort). 1942/43 wurden 448 sowjetische Kriegsgefangene vergast und mindestens 1.000 entkräftete Häftlinge mit Giftspritzen getötet. Anfang April 1945 wurde das Lager angesichts des Vormarsches US-amerikanischer und britischer Truppen evakuiert, Tausende starben auf dem Zwangsmarsch nach Norden. Mitte April wurden die letzten 10.000 Häftlinge in Lübeck auf drei Schiffen im Hafen interniert. Am 3. Mai wurden zwei der Schiffe irrtümlich von britischen Fliegern bombardiert, 7.000 Menschen kamen bei dem Angriff ums Leben. Insgesamt überlebte nicht einmal die Hälfte der insgesamt 100.000 zwischen 1938 und 1945 im Lager Internierten, unter ihnen etwa 10.000 Frauen. Nach Kriegsende wurde Neuengamme zunächst als Auffanglager für Displaced Persons benutzt, dann waren dort für kurze Zeit ehemalige Nazi-Funktionäre inhaftiert, bis das Gelände 1948 schließlich permanent zum Sitz einer Jugendstrafanstalt sowie der Justizvollzugsanstalt Vierlande wurde. Seit 1965 gibt es auf dem Gelände eine Gedenktafel, die an das Schicksal der im KZ Inhaftierten erinnert, aber erst 2003 bzw. 2006 wurden die Gefängnisse endlich verlegt und das gesamte Gelände in eine Gedenkstätte umgewandelt (vgl. Garbe 2014, von Wrochem 2010).

Unter den Häftlingen waren auch Sint_ezze und Rom_nja, mit den jüdischen und sowjetischen Gefangenen befanden sie sich am untersten Ende der Lagerhierarchie, waren den größten Schikanen ausgesetzt, erhielten am wenigsten Nahrung, mussten die schwerste Arbeit leisten und waren unter den Hauptopfern der medizinischen Experimente. Wahrscheinlich waren ungefähr 500 Rom_nja und Sint_ezze in Neuengramme interniert; da die SS, bevor sie das Lager aufgab, alle Unterlagen vernichtete, ist es unmöglich, genaue Zahlen zu rekonstruieren. Einige Schicksale lassen sich nachverfolgen; etwa das von Suleika Klein, geboren 1928, gestorben 1945 im Außenlager Hamburg-Sasel an Tuberkulose. Bevor sie nach Neuengramme verlegt wurde, war Klein in Auschwitz und Ravensbrück interniert. In Auschwitz war sie von einem Kapo vergewaltigt und geschwängert worden und hatte später eine Totgeburt im Lager (vgl. Wünsche 2006). Johann Wilhelm »Rukeli« Trollmann, Jahrgang 1907, ein Sinto aus Hannover, wurde 1942 verhaftet und in Neuengamme eingeliefert, wo er 1944 starb. Elf Jahre zuvor war Trollmann deutscher Meister im Halbschwergewichtsboxen geworden, ein Titel, der ihm nur eine Woche später wieder aberkannt worden war (und der ihm erst 2003 nach langer Lobbyarbeit posthum wieder zuerkannt wurde). Zu seinem letzten Kampf, bevor ihm wegen seines »undeutschen« und »zigeunerhaften« Kampfstils die Boxlizenz entzogen wurde, war Trollmann im Juli 1933 mit blond gefärbten Haaren und weißgepudertem Körper angetreten. Trollmanns Bruder Heinrich wurde 1943 in Auschwitz ermordet (vgl. KZ-Gedenkstätte Neuengamme 2012, Repplinger 2012).

1956 fällte der Bundesgerichtshof ein Grundsatzurteil zur »Zigeunerverfolgung« im Dritten Reich, mit dem er den Überlebenden das Recht auf Wiedergutmachung absprach. Laut Gerichtsurteil war erst ab 1943 mit den Deportationen nach Auschwitz-Birkenau von rassisch motivierter Verfolgung zu sprechen, in den Jahren zuvor ging es angeblich lediglich um ordnungspolitische Polizeimaßnahmen gegen »Asoziale«. Das Urteil wurde 1965 revidiert, aber auch danach mussten Opfer der nationalsozialistischen Verfolgung oft noch jahrzehntelang für die ihnen zustehende »Wiedergutmachung« kämpfen. Sint_ezze und Rom_nja, ungebrochen als Lügner, Betrüger und Sozialschmarotzer diffamiert, hatten besondere Schwierigkeiten, ihre Ansprüche durchzusetzen. Und selbst wenn sie endlich erfolgreich waren, erging es ihnen nicht selten wie der Hamburger Sintezza Giovanna Steinbach: Sie erhielt schließlich 60.000

Mark als Entschädigung für ihre Zeit in Auschwitz, von der sie schwere Gesundheitsschäden zurückbehalten hatte – und die Hamburger Sozialbehörde beschlagnahmte umgehend zwei Drittel dieser Summe als Rückzahlung für Sozialhilfe, die Steinbach in den 1950ern erhalten hatte (vgl. Behrens 1986).[6] Das ist extrem zynisch, aber nicht außerhalb dominanter Logik, wurden die »ordnungspolitischen Polizeimaßnahmen« gegen die »asozialen Zigeuner« doch nach Kriegsende nahtlos fortgesetzt. Sie waren in der Tat nicht (nur) Ausdruck der nationalsozialistischen Rassenpolitik gewesen, sondern eines alltäglichen, alteingesessenen und ungebrochenen deutschen Rassismus, der sich vor allem auch im behördlichen Umgang mit dieser Gruppe niederschlug.[7] Die Hamburger Polizei etwa führte von 1951 bis 1970 die »Landfahrerakten« aus der Nazizeit weiter. Erst 1980 wurden sie der Öffentlichkeit zugänglich gemacht und an das lokale Staatsarchiv übergeben (das allerdings den Betroffenen zunächst die Einsicht in die Akten verwehrte). Schon ein Jahr später wurde jedoch bekannt, dass die Hamburger Polizei noch immer eine »Zigeunerkartei« führte, in der akribisch die Genealogie der Hamburger Sint_ezze und Rom_nja-Familien aufgezeichnet wurde – die Vorverurteilung und Kollektivbeschuldigung dieser Gruppe aufgrund einer angeblich kriminellen und asozialen Disposition setzte sich also in der alten Bundesrepublik nahtlos fort (vgl. Wiedemann 1981).

6 | Den meisten deutschen Rom_nja und Sint_ezze war zudem im Nationalsozialismus die deutsche Staatsbürgerschaft entzogen worden. Als sie nach Kriegsende deren Wiederanerkennung einforderten, wurden ihnen stattdessen oft »Fremdenpässe« ausgestellt – in der BRD waren »Zigeuner« ebenso undeutsch wie unter den Nazis. Schwarze Deutsche machten ähnliche Erfahrungen, dank ihrer automatischen Einstufung als »natürlich« nicht deutsch. Sowohl im Nationalsozialismus als auch in der BRD herrschte die gleiche Logik: »'47 beantragte ich wieder die deutsche Staatsangehörigkeit. Und 1963 habe ich sie endlich erhalten. Dabei wurde ich auch noch gefragt, ob ich eine Quittung darüber hätte, daß ich sie verloren habe. Welch ein Irrwitz! Einen Deutschaufsatz mußte ich schreiben, um zu beweisen, daß ich fehlerfrei schreiben konnte. Mein Taufschein und alle anderen Papiere galten nichts; ich wurde behandelt wie eine Fremde.« (Oguntoye/Ayim 1986, 82 f.)

7 | Das galt auch für die DDR, wo Sint_ezze zwar offiziell als Verfolgte des NS-Regimes anerkannt wurden, aber als einzige Opfergruppe für die individuelle Anerkennung ihre »antifaschistische-demokratische Grundhaltung« nachweisen mussten, was zumeist erfolglos blieb (vgl. Winckel 2002, 42).

»Wir haben dieses Gebäude bis auf weiteres besetzt. Das Hausrecht gehört den Opfern.«[8]

Widerstand gegen die anhaltende behördliche Verfolgung kam vor allem von der seit Mitte der 1970er Jahre in Hamburg aktiven und 1983 formell als Verein gegründeten *Rom und Cinti Union (RCU)*. Die RCU verfolgte von Anfang eine andere Strategie als die älteren Interessenvertretungen der deutschen Sint_ezze und Rom_nja, die seit den 1950ern aktiv und ab 1982 im *Zentralrat deutscher Sinti und Roma* organisiert waren. Dies beruhte zum Teil auf den Spannungen zwischen Migrant_innen und Deutschen: Erstere fühlten sich nicht von den bestehenden Organisationen vertreten, die RCU hingegen fokussierte ihre Arbeit explizit auf diese Gruppe und lehnte die von ihr als assimilationistisch eingeschätzte Haltung der älteren Verbände ab. Der als Bürgerrechtsorganisation konzipierte *Zentralrat deutscher Sinti und Roma* war vor allem auf die Aufarbeitung der nationalsozialistischen Verfolgung und die Anerkennung deutscher Sint_ezze und Rom_nja als nationale Minderheit und den damit verbundenen Schutz vor Diskrimierung konzentriert. Die Anerkennung als Verfolgte des NS-Regimes erfolgte 1982, teils als Reaktion auf den Hungerstreik im ehemaligen KZ Dachau 1980, mit dem Aktivist_innen gegen die auch in Bayern praktizierte Fortsetzung der Verfolgung durch »Landfahrer«-Gesetze und -Karteien protestierten. Die Anerkennung als nationale Minderheit folgte 1995, allerdings nur mit einer Ausnahmeregelung, da die restriktive Auslegung des europäischen Abkommens zum Schutz von Minderheiten durch die Bundesregierung nur »traditionellen Volksgruppen« diesen Status zugestand, das heißt Gruppen, auf die Folgendes zutrifft: »[I]hre Angehörigen sind deutsche Staatsangehörige, sie unterscheiden sich vom Mehrheitsvolk durch eine eigene Sprache, Kultur und Geschichte (eigene Identität), sie wollen diese Identität bewahren, sie sind traditionell (also in der Regel seit Jahrhunderten) in Deutschland heimisch, sie leben innerhalb Deutschlands in angestammten Siedlungsgebieten.« Unter diese Definition fallen Dän_innen, Sorb_innen und Fries_innen, aber nicht deutsche Sint_ezze und Rom_nja, die schließlich vom letzten Kriterium ausgenommen

8 | Aus dem Statement zur Besetzung des ehemaligen KZ Neuengamme durch Sint_ezze und Rom_nja-Aktivist_innen 1989.

wurden.[9] Rom_nja und Sint_ezze aus Familien, die nicht nachweislich »traditionell in Deutschland heimisch« waren, also Migrant_innen und Staatenlose, ebenso wie Rom_nja und Sint_ezze, die in Deutschland geboren worden waren, aber aus nicht »traditionell heimischen« Familien stammten oder dies nicht nachweisen konnten, waren ausdrücklich vom Minderheitenstatus ausgenommen. Der Schutz, der mit diesem Verständnis des Minderheitenstatus einhergeht, ist »kulturell«, es geht primär um die Wahrung eines Teils deutscher Traditionen, seien es friesische Sprache oder sorbische Trachten, nicht um Schutz vor anhaltender Diskriminierung (entsprechend fallen Schwarze oder Türkisch-Deutsche nicht unter diese Definition von Minderheiten).

Die *Rom und Cinti Union* hingegen operierte transnational, sah Sint_ezze und Rom_nja als *europäische* Minderheit und Diskriminierung als kontinentales Problem, das grenzübergreifend angegangen werden musste (so war die RCU auch treibende Kraft hinter der Gründung des europaweiten Roma National Congress, der sich seit 1992 besonders für staatenlose Rom_nja einsetzt). Der Vorsitzende der RCU, Rudko Kawczynski, in Polen geboren und in Hamburg als Staatenloser aufgewachsen, organisierte 1983 die erste spektakuläre Aktion der RCU, einen Hungerstreik auf dem Gelände des ehemaligen KZ Neuengamme, deutlich von der Aktion in Dachau inspiriert. Die Forderung der Gruppe war weit weniger radikal, als es die Aktion sowie die öffentlichen Reaktionen vermuten ließen: Einsicht in die polizeilichen »Landfahrerakten«, die sich seit einigen Jahren im Hamburger Staatsarchiv befanden. Das Archiv weigerte sich hartnäckig, diese Einsicht zu gewähren und erst nach einer Verwaltungsgerichtsentscheidung und der Intervention des damaligen Bürgermeisters Klaus von Donahnyi wurde sie den Betroffenen schließlich möglich gemacht. In den Akten wiederum fand sich die Bestätigung, dass allein

9 | Vgl. »Nationales und internationales Minderheitenrecht« auf der Website des Bundesministeriums des Innern (2014): »Die Mitgliedsstaaten des Europarats erarbeiteten seit 1993 ein Rahmenübereinkommen zum Schutz nationaler Minderheiten, welches am 1. Februar 1995 zur Zeichnung aufgelegt wurde. Das in Deutschland im Jahr 1998 in Kraft getretene Übereinkommen verbietet jede Diskriminierung einer Person wegen ihrer Zugehörigkeit zu einer nationalen Minderheit sowie eine Assimilierung gegen ihren Willen. Ferner verpflichtet es die Mitgliedsstaaten zum Schutz der Freiheitsrechte und zu umfänglichen Fördermaßnahmen zu Gunsten der nationalen Minderheiten.«

die Identifikation als Rom_nja oder Sint_ezze schon ausreichender Grund war, in der Datei zu erscheinen (es handelte sich also eindeutig um *Racial Profiling*). Gleichzeitig behaupteten Stadt und Staat, keine Informationen über die Situation in Deutschland lebender Rom_nja und Sint_ezze zu haben, da derartige gruppenspezifische Statistiken angeblich nicht erhoben würden (vgl. Behrens 1986).

In den Akten fanden sich aber auch Hinweise auf andere historische Kontinuitäten. Ruth Kellermann etwa, die sich in Nazi-Deutschland als »Zigeunerexpertin« etabliert hatte, wurde auch nach Kriegsende von den Behörden noch als Gutachterin herangezogen (zudem war sie gern gesehene Gastdozentin in den Frauenstudien an der Hamburger Universität, bis RCU-Aktivistinnen, unter ihnen Giovanna Steinbach, eine derartige Veranstaltung sprengten). Das von der Hamburger Staatsanwaltschaft 1984 auf Antrag der RCU gegen Kellermann eingeleitete Verfahren wegen Beihilfe zur Planung von Massenmord wurde 1989 aufgrund mangelnder Beweise eingestellt, obwohl das Gericht feststellte: »Nach Überzeugung der Kammer war die Antragstellerin während der Zeit von 1938 bis zum Kriegsende in einem Bereich tätig, in dem ihre Arbeit zumindest dazu beigetragen hat, die Verfolgung und Vernichtung der Zigeuner zu ermöglichen« (vgl. Kompisch 2008, Behrens 1986). Frustriert von derartigen Urteilen, der mangelnden behördlichen Kooperation und der sich verschärfenden rassistischen Stimmung setzten die Aktivist_innen um Kawczynski zunehmend auf Konfrontation, offensive Medienarbeit und zivilen Ungehorsam. Die folgenden Aktionen der RCU kreisten um das Ziel, den in Hamburg lebenden Rom_nja aus Osteuropa Bleiberecht zu verschaffen, aber die Anerkennung sowohl der nationalsozialistischen Verfolgung als auch des anhaltenden gesellschaftlichen Rassismus waren für die *Rom und Cinti Union* untrennbar mit diesem Ziel verbunden.

Seit Anfang der 1980er Jahre waren rund 1.500 Rom_nja aus Jugoslawien und Polen nach Hamburg gekommen und hatten Asyl beantragt. Ihre Anträge wurden fast ausnahmslos abgewiesen, da angeblich keine politische Verfolgung in den Herkunftsländern erkennbar war. Der systematische Rassismus, dem Rom_nja und Sint_ezze ausgesetzt waren, fiel nicht unter die anerkannten Verfolgungskategorien – und tut es noch immer nicht, obwohl sich die Situation nach Ende des Staatssozialismus noch verschlimmerte. Ihre aggressive Ausgrenzung in Osteuropa – Gettos, Mauern, segregierte Schulen, Zwangssterilisierungen – ist teils Reaktion auf ökonomische Transformationen, teils Affirmation der geteilten rassischen Identität Europas. Während westeuropäische Nationen einerseits diese Politik als inhumanes Überbleibsel der sozialistischen Herrschaft kritisieren, zeigen sich andererseits sehr ähnliche Strukturen in Westeuropas Reaktion auf die diesen Umständen entfliehenden ost- und mitteleuropäischen Rom_nja, von Pogromen zu Zwangsregistrierungen und Massenabschiebungen. Deutschland stellt hier, trotz Porajmos, keine Ausnahme dar. Auch die offensichtlich schwierige Situation der Migrant_innen in Hamburg – Armut, Ausgrenzung, ein ungesicherter Rechtsstatus, der unter anderem ein Arbeitsverbot beinhaltete – wurde nicht als zu lösendes Problem betrachtet, für das Deutschland aufgrund des nationalsozialistischen Völkermordes an Rom_nja und Sint_ezze eine besondere Verantwortung trug. Stattdessen galten die Rom_nja selbst, trotz ihrer geringen Zahl, als das Problem, wurden sie behördlich wie sozial doch als Teil einer schon als kriminell definierten und behandelten Gruppe wahrgenommen. Die vom Senat vorangetriebene Lösung lag also in ihrer Entfernung, das heißt Abschiebung.

Anfang 1989 sollten die ersten Ausweisungen aus Hamburg erfolgen, die *Rom und Cinti Union* organisierte daraufhin erneut einen Hungerstreik in Neuengramme. Nachdem Innensenator Werner Hackmann einen sechsmonatigen Abschiebestopp zugesagt hatte, während dessen Einzelfallprüfungen erfolgen sollten, wurde die Aktion nach zwei Wochen abgebrochen. Im August, kurz vor Ablauf der Frist, besetzten einige hundert Rom_nja das Gelände der Gedenkstätte, da sich abzeichnete, dass die Stadt nicht mehr als 150 von ihnen ein Bleiberecht gewähren würde. Ein generelles Bleiberecht lehnte der Senat ab, da es gegen das Gleichbehandlungsgebot für Asylbewerber verstoße. Eine Sonderbehandlung der Rom_nja aufgrund der deutschen historischen Verantwortung wurde nicht in Erwägung gezogen.[10] Die am Tag der Besetzung geplante Eröffnung der Aus-

10 | Wie Innensenator Hackmann später gegenüber Krawczynski erklärte: »Für diese 1200 Leute fordern Sie ein Bleiberecht. Da sage ich Ihnen: Das können wir in Hamburg nicht leisten. Ich will es auch nicht leisten. Ich bekenne mich zur historischen Verantwortung, und ich nehme auch nicht ›die Gnade der späten Geburt nach dem Zweiten Weltkrieg‹ in Anspruch. Ich bekenne mich zu den Greueltaten der Nazis, aber wir können über das Asylrecht und über ein Bleiberecht nicht die wirtschaftliche Not – und das ist doch der entscheidende Grund, warum die Menschen zu uns gekommen sind – in Jugoslawien lösen.« (Kawczynski und Hackmann 1989, online) Ein Bleiberecht für 1200 Menschen überstieg also nicht nur die Kapazität der Millionenstadt Hamburg, sondern auch die historische Verantwortung für Völkermord.

stellung »Krieg gegen Polen« wurde daraufhin aus der Gedenkstätte ins Bergedorfer Schloss verlegt. In seiner Eröffnungsrede erklärte der Zweite Bürgermeister Ingo von Münch: »Das Problem der Roma und Sinti sollte nicht mit dem Gedenken an die vielen Opfer aus Polen und aus anderen europäischen Ländern vermischt werden.« Des Weiteren bezeichnete er die Aktion als »dem Gedenken an die Opfer in Neuengamme nicht angemessen« (Hassel 1989, online).

II. »Wir sind das Volk«: Von rassistischem Terror zu terrorisierten Deutschen

»Je mehr man so zusammenschmolz mehr oder weniger, je mehr fielen wir hinten ab.«

Rudko Kawczynski, der Organisator der Besetzung der Gedenkstätte, sah das dem Gedenken der Opfer nicht angemessene Verhalten auf Seiten der Stadt Hamburg. Er wehrte sich gegen den Vorwurf der Politisierung der »neutralen« Gedenkstätte und wies darauf hin, dass es um den Schutz vor Massenabschiebung zurück in eine Situation der Verfolgung ging (zumal zu diesem Zeitpunkt ethnische Spannungen in Jugoslawien zunahmen) – ein Anliegen, das dem der Gedenkstätte sicher nicht fern lag. Während der Arbeiter-Samariter-Bund zunächst die Grundversorgung der Besetzer sicherte, schloss sich das Rote Kreuz der Ansicht an, es handele sich um eine politische Aktion, die außerhalb ihres Mandats falle. Nach wenigen Tagen zog sich auch der ASB zurück und Anfang Oktober ließ die Stadt das Lager wegen Hausfriedensbruchs gewaltsam von der Polizei räumen. Es kam zu einigen Solidaritätsbezeugungen, so verlangte die Hamburger jüdische Gemeinde eine Entschuldigung der Stadt für den Polizeieinsatz auf dem KZ-Gelände, die sozialdemokratische *Arbeitsgemeinschaft für Arbeitnehmerfragen AfA* verurteilte den Senatsbeschluss und erklärte: »Es ist nicht mit der sozialdemokratischen Tradition vereinbar, daß die Erben der Opfer des Nationalsozialismus heute noch immer vertrieben werden« (zit. n.: N. N. 1989), die SPD-Landtagsfraktion in Schleswig-Holstein verlangte die Aufnahme der Hamburger Rom_nja dort und wie schon in den Monaten zuvor boten einige Kirchen zeitweises Asyl. Im Großen und Ganzen stieß die Situation der Rom_nja aber auf wenig Interesse, von Empörung über die staatliche Gewalt gegen eine der Hauptopfergruppen der nationalionalsozialistischen Vernichtungspolitik – am Ort dieser Vernichtung – ganz zu schweigen.

Die Strategie der Rom_nja-Aktivistinnen, in Hamburg und bundesweit, baute auf den Schutz durch Öffentlichkeit, auf die Annahme, dass der Staat gewaltsame Massenabschiebungen nicht im Licht internationaler Aufmerksamkeit durchführen würde. Diese Aufmerksamkeit wurde durch Aktionen wie die Besetzung Neuengammes, den Hungerstreik im Kölner Dom und die Bettelmärsche durch Deutschland und zur holländischen und schweizerischen Grenze kurzzeitig erfolgreich hergestellt. Das öffentliche Interesse wandte sich jedoch zunehmend anderen Dingen zu und entsprechend ließ der politische Druck nach: Ein Versuch des Hamburger Innensenators, die anderen Bundesländer zu Mindestaufnahmequoten für geflüchtete Rom_nja zu bewegen, scheiterte und Nordrhein-Westfalen, das nach den Protesten zunächst Zugeständnisse gemacht hatte, nahm diese wieder zurück. Inzwischen beherrschten andere Ereignisse das öffentliche Interesse: Als im Oktober 1989 das ehemalige Konzentrationslager geräumt wurde, war Erich Honecker gerade zurückgetreten und als es einige Wochen später, am 9. November, nach einer Demo gegen drohende Abschiebungen zur symbolischen Besetzung der Klinkerwerkhalle in Neuengamme kam, ging die Aktion vollends in der Aufregung um die Öffnung der deutsch-deutschen Grenzen unter. Kawcynski stellte 1991 im Rückblick fest:

»Zu dem Zeitpunkt begann ja analog zu dem, was wird dort gemacht haben, so an uns vorbeizuziehen diese deutsch-deutsche Wiedervereinigung und es ist schon bezeichnend eigentlich, dass je mehr sich die Grenze zum Osten öffnete, je mehr man so zusammenschmolz mehr oder weniger, je mehr fielen wir hinten ab und man ging zu einer offenen Brutalität über, verlor jede Scham …« (Kawcynski in: Hielscher/Herder 1991)

Im Vorfeld der Maueröffnung waren die westdeutschen Medien dominiert von Berichten über die ostdeutsche »Flüchtlingswelle«, die zu diesem Zeitpunkt hauptsächlich über die tschechoslowakische Grenze in bayerische Auffanglager drängte. Und auch wenn natürlich wesentliche Unterschiede zur Flüchtlingswellendebatte des Jahres 2015 bestehen, war der Tenor einer der Überforderung, die, bei aller zumindest verbalen Sympathie für die Situation der Flüchtenden, vor allem ein Ende des Zustroms verlangte. So erklärte Bundeskanzler Kohl noch am Tag der Maueröffnung, dass die Verbesserung der Zustände in der DDR höchste Priorität sei, sodass es den Menschen dort möglich werde zu bleiben bzw. zurückzukehren. Und wie immer wenig subtil, betonte Innenminister Schäuble, in Westdeutschland herrsche Wohnungsnot (vgl. Tagesschau 1989). Es lässt sich argumentieren, dass eine Reaktion auf die (reale oder imaginierte) Überlastung durch die Massenankunft einer großen und wachsenden Gruppe von Flüchtenden, hier Ostdeutsche, die Verhärtung gegenüber einer anderen, wesentlich kleineren, aber schon ausgegrenzten Gruppe Geflüchteter war, nämlich osteuropäischer Rom_nja. Deren Anwesenheit wurde nun zum Symbol deutscher Überforderung und ihre Abschiebung somit zur höchsten Priorität. Ebenso lässt sich argumentieren, dass diese Strategie sich heute wiederholt: Während ich diese Zeilen schreibe, halten Rom_nja-Aktivist_innen in Hamburg die St. Michaelis-Kirche besetzt, um gegen drohende Massenabschiebungen in neuerdings »sichere Herkunftsländer« wie Serbien, Bosnien und Mazedonien zu protestieren (Romano Jekipe Ano Hamburg 2015, Baeck 2015). In den Jahren nach der Wiedervereinigung wurden Rom_nja eines der Hauptziele des rasant gesellschaftsfähig werdenden Rassismus und Hauptopfer der Verschärfung staatlicher Asyl- und Migrationspolitik, die wiederum den gesellschaftlichen Rassismus legitimierte und anfachte. Dies bestätigte sich 1993 nach dem Abschiebeabkommen mit Rumänien – von Rom_nja durchaus zutreffend ebenso wie das Abkommen mit dem ehemaligen Jugoslawien als »Verkauf« bezeichnet, da sich die Staaten im Tausch gegen finanzielle Unterstützung durch die Bundesrepublik zur Aufnahme der Abgeschobenen bereit erklärten.

Die Hamburger RCU-Aktivist_innen beschlossen daraufhin die »Fluchtburg Konzentrationslager«, eine erneute Besetzung Neuengammes, um Massenabschiebungen nach Rumänien zu verhindern. Sie wählten das symbolträchtige Datum des 16. Mai, des 53. Jahrestages des Beginns der Massendeportation von Rom_nja und Sint_ezze aus Hamburg in Konzentrationslager. Es zeigte sich jedoch, dass es in der neuen deutschen Normalität, ein knappes halbes Jahr nach den Pogromen von Rostock, noch weniger Raum für Vergangenheitsbewältigung gab als in der alten. Auf Anweisung der Hamburger Innensenatorin Christina Weiss wurde den Rom_nja der Zugang auf das Gelände mit Polizeigewalt verwehrt, laut Weiss ging es in guter Hamburger Bürokratentradition darum, ein »deutsches Kulturgut« vor einer »zweckwidrigen Überbeanspruchung« zu schützen. So bestätigte sich die im Vorfeld der Aktion vom Roma National Congress veröffentlichte Erklärung:

»Die Situation der Roma im wiedervereinigten Deutschland ist durch Deportationsabkommen, Ausweisungen, Zeitungshetze, Nichtanerkennung als Volk und Diffamierungen durch Politiker in einen dumpfen Zigeuner-Raus-Aktionismus geprägt [...] Nach Auschwitz und einer halben Million ermordeter Roma kann es keine Normalität zwischen Deutschen und Roma geben. Das Vorgehen der Deutschen Regierung wird vor diesem Hintergrund zu einer Vergangenheitsbewältigung durch fortgesetztes Unrecht.« (RNC 1993 online)

Als ob es noch einer weiteren Bestätigung dieser Analyse bedurft hätte, erhielt Rudko Kawczynski 2001, elf Jahre nachdem im Zuge der bundesweiten Proteste ein Verfahren wegen »Nötigung im Straßenverkehr« gegen ihn angestrengt worden war, die Vorladung zum Haftantritt – in der Justizvollzugsanstalt Vierlande auf dem Gelände des ehemaligen KZ Neuengamme.

»Massgebend ist das Votum der deutschen Sinti und Roma.«[1]

Auffallend an der Debatte ist aus heutiger Sicht die Wahrnehmung der Besetzung Neuengammes als Tabubruch, als Instrumentalisierung der Geschichte oder gar Verhöhnung der Opfer des Nationalsozialismus (so Innensenator Hackmann). Es stellt sich die Frage: Wem gehört die Geschichte, die da angeblich instrumentalisiert wurde? Die RCU-Aktivist_innen wählten den Ort der Besetzung natürlich bewusst, jedoch nicht, um den dort geschehenen Völkermord zu verharmlosen, ganz im Gegenteil, die Referenz auf den Porajmos schien die einzige Möglichkeit, einen Kontext herzustellen, in dem Rassismus gegen Rom_nja als Tabubruch begriffen werden konnte. Die RCU versuchte die Rhetorik der angenommenen deutschen Verantwortung für den Massenmord an Rom_nja und Sint_ezze zu mobilisieren, um ein staatliches Agieren aus dieser Verantwortung heraus zu erreichen. Stattdessen griff eben dieser demokratische deutsche Staat sie als Verharmloser an. Die Zurückweisung einer moralischen Verantwortung der Mehrheitsbevölkerung war unter anderem möglich, da Rom_nja keine »guten« Opfer waren (Hackmann: »Ich glaube nicht, daß wir von Juden so etwas zu erwarten hätten, was jetzt

1 | Zentralrat Deutscher Sinti und Roma (2005, online).

durch Herrn Kawczynski hier veranstaltet wird. Im übrigen haben die Juden einen Staat ...«[2]). Dieses Gegeneinander-Ausspielen von Opfergruppen – das es den Nachfahren der Täter_innen erlaubt, zu entscheiden, wer es »verdient«, eine Sonderbehandlung zu erfahren – zeigte sich auch bei den Auseinandersetzungen um die Berliner Mahnmale, die zeitgleich mit den RCU-Aktionen an Intensität gewannen. Hier ging es nicht um eine wie auch immer geartete »Instrumentalisierung« einer Gedenkstätte für die Opfer des Nationalsozialismus, sondern um die Schaffung des ersten zentralen Holocaust-Mahnmals in der vereinigten Republik. Das Ergebnis – Rom_nja und Sint_ezze als »schlechte« Opfer – war jedoch ähnlich.

Die Diskussionen um ein derartiges Mahnmal hatten zwar schon in der alten Bundesrepublik begonnen, erhielten aber mit der Vereinigung und der Wahl Berlins als gesamtdeutscher Hauptstadt neue Bedeutung. Federführend wurde schnell der Förderkreis »Perspektive Berlin«, der unter Leitung des Historikers Eberhard Jäckel und der Journalistin Lea Rosh für ein zentrales Mahnmal für die ermordeten Jüd_innen plädierte. Wichtig war hier zum einen die zivilgesellschaftliche Ausrichtung, die Initiative ging von »Bürger_innen« und nicht vom Staat aus, und ihre Konzeption als Ausdruck der Verantwortung der Nation der Täter_innen (so wurden zunächst bewusst keine jüdischen Mitglieder für den Förderkreis angeworben, vgl. Kirsch 2003). Die Pläne der Initiative fanden schnell breite Unterstützung in der Öffentlichkeit und auch innerhalb der Bundesregierung, die sich ab 1992 die Denkmalsplanung offiziell zu eigen machte. Dagegen führte das zweite Element des Projekts zu anhaltenden Konflikten – wie so oft, wenn es um das gut gemeinte »Sprechen für« andere geht. Es war vor allem der Zentralrat der deutschen Sinti und Roma, der vehement den Einschluss in das Mahnmalprojekt forderte. Der Zentralratsvorsitzende Romani Rose begründete dies in einer im April 1989 in der *Zeit* veröffentlichen Stellungnahme mit den Gemeinsamkeiten der Verfolgung beider Gruppen:

2 | Kawczynski und Hackmann 1989. Hackmann sagte hier wie so oft mehr, als er eigentlich wollte: Hätten Jüd_innen keinen Staat, der sie bereitwillig aufnimmt, noch dazu außerhalb des Kontinents, wäre ihre Lage in Europa zweifellos wesentlich prekärer.

»Nur bei Juden und bei Sinti und Roma war die von den Nazis unterstellte rassische Zugehörigkeit, die bloße biologische Existenz, zum ausschließlichen Grund für ihre Vernichtung gemacht worden, ob es sich nun um alte Menschen oder um Kinder handelte. Diese beabsichtigte totale Vernichtung kennzeichnet die Einmaligkeit der nationalsozialistischen Völkermordverbrechen.« (Rose 1989, online)

Anders als in der Positionierung des damaligen Vorsitzenden des *Zentralrates der Juden in Deutschland*, Ignatz Bubis, dem des Öfteren von Förderkreis und Bundesregierung die Rolle der autoritativen Stimme der (deutschen) Jüd_innen geradezu aufgedrängt wurde, stieß Roses Intervention auf anhaltenden Widerspruch. Dies zum Teil sicher dank seiner Kritik an der Idee des Förderkreises, aber das war nicht der einzige Grund. Weder wurde Rose als Autorität präsentiert oder anerkannt, noch hatte der Förderkreis die Absicht, im Namen der Nachfahren der Täter_innen etwas »für« Rom_nja und Sint_ezze zu tun. Vielmehr waren sie bis zur Intervention des Zentralrates in der Debatte schlicht vergessen worden.[3] In seiner Reaktion auf diese Intervention erkannte Eberhard Jäckel zwar an, dass dieses systematische »Vergessen« des Parajmos eine »Ungerechtigkeit« sei, bestand aber dennoch – sich letztlich auf seine Autorität als Historiker und Holocaust-Experte berufend – auf dem ursprünglichen Plan ohne Einschluss von Sint_ezze und Rom_nja (vgl. Jäckel 1989).

Dieser uns schon bekannte Konflikt zwischen den oft als einander ausschließend behandelten Kategorien von »Experten« und »Betroffenen« verbindet sich hier mit einer widersprüchlichen Wahrnehmung des Parajmos in der bundesdeutschen Nachkriegsgeschichte, die zwei inkompatible Narrative produziert: zum einen die sich zunehmend durchsetzende Expertenmeinung, dass es eine systematische rassistische Verfolgung von Rom_nja und Sint_ezze im Nationalsozialismus in der Tat gab, zum anderen das Fortbestehen der Strukturen, die zu dieser Verfolgung führten, das heißt Rom_nja und Sint_ezze als asozial, kriminell, bedrohlich und »fremd« einstuften. Der *Zentralrat Deutscher Sinti und Roma* versuchte seit seiner Gründung gegenzusteuern, indem er die Identität der von ihm Vertretenen als (normale) Deutsche betonte. Diese Strategie war bedingt erfolgreich, insbesondere in der juristischen Einstufung als deutsche Minderheit und der offiziellen Anerkennung des Völkermordes

3 | In seiner Chronologie der Mahnmalsentstehung erwähnt der *Förderkreis Denkmal für die ermordeten Juden Europas* Rom_nja und Sint_ezze bis heute nicht.

durch die bundesdeutsche Regierung 1982. Der ausschließliche Fokus auf nationale Integration bedeutete aber auch eine explizite Abgrenzung von nichtdeutschen Gruppen (und praktisch auch von deutschen Rom_nja, die im und vom Zentralrat kaum vertreten sind). Wie gesehen, verfolgte die RCU und der von ihr initiierte europaweite RNC, auch in Reaktion auf die Strategie des Zentralrates, eine radikal andere Taktik (die sie wiederum in den Augen der Vertreter des Staates delegitimierte). Die Rolle des Zentralrates als offizieller Ansprechpartner von Landes- und Bundesregierungen führte so zu einem weitgehenden Ausschluss von Interessenvertreter_innen nichtdeutscher Rom_nja und Sint_ezze, selbst als es dem Zentralrat 1992 gelang, das Zugeständnis für ein separates Mahnmal in Berlin zu erhalten, und obwohl, wie im Falle der jüdischen Opfer, die Mehrheit der von den Deutschen Ermordeten aus Ost- und Südosteuropa stammte.

Das Scheitern des vom Zentralrat favorisierten gemeinsamen Mahnmals für Jüd_innen und Rom_nja und Sint_ezze deutete schon darauf hin, dass seine Autorität immer begrenzt bleiben würde, wenn es zu direkten Konflikten mit der Dominanzgesellschaft kommt, und dies wurde im Verlauf der Mahmalsplanung noch offensichtlicher. Einerseits war der Zentralrat der einzige »autorisierte« Ansprechpartner der Bundesregierung, das heißt die einzige Gruppe, die zumindest einen Dialog einfordern konnte, ohne wie die RCU als Unruhestifter oder Schlimmeres diffamiert zu werden. Andererseits machte der Staat in Konfliktsituationen schnell deutlich, dass er es sei, der über Legitimität entscheide. Der vom Zentralrat favorisierte Denkmalstext war ein Zitat des Altbundestagspräsidenten Roman Herzog, das Shoah und Parajmos ausdrücklich in Verbindung setzte.[4] Diese Gleichstellung war einer der Grundpfeiler der Strategie des Zentralrats bezüglich der Aufarbeitung des nationalsozialistischen Völkermordes an Sint_ezze und Rom_nja durch die Anbindung an einen bereits bestehenden Diskurs um historische Verantwortung. Angesichts der oben kurz nachgezeichneten »Vergangenheitsbewältigung durch fortgesetztes Unrecht«, das sowohl BRD als auch DDR gegenüber Rom_nja und Sint_ezze praktizierten, war das eine durchaus sinnvolle und oft erfolgreiche Taktik, die den Zentralrat jedoch punktuell in Konflikt mit der Unverein-

4 | »Der Völkermord an den Sinti und Roma ist aus dem gleichen Motiv des Rassenwahns, mit dem gleichen Vorsatz und dem gleichen Willen zur planmäßigen und endgültigen Vernichtung durchgeführt worden wie der an den Juden.« (Zit. n.: Bakirdögen 2003, online)

barkeitsthese brachte, die von der Unvergleichbarkeit der Shoah mit allen anderen Völkermorden ausgeht. Einer der vehementesten Vertreter dieses Ansatzes ist Eberhard Jäckel, Mitinitiator des Mahnmals für die ermordeten Jüd_innen und einer der entschiedensten Gegner einer gemeinsamen Gedenkstätte. Daher war für Jäckel der Konflikt auch nicht beendet, als die Bundesregierung die Entscheidung für separate Mahnmale getroffen hatte. Eine Mahnmalswidmung, die die Verbindung von Parajmos und Shoah wiederherstellte, war für ihn unakzeptabel. Ich will an dieser Stelle nicht auf diesen Konfliktpunkt eingehen (er wird uns im nächsten Kapitel aber wieder beschäftigen). Stattdessen möchte ich zur Experten-Betroffenen-Dichotomie zurückkehren und zu einer anderen Frage, die ebenfalls schon einige Male in diesem Text aufgetaucht ist (und dies noch einige Mal tun wird), nämlich die des Rechts auf (Eigen-)Benennung.

Der Alternativvorschlag für den Mahnmalstext – »Zum Gedenken an alle Kinder, Frauen und Männer, die von den Nationalsozialisten in Deutschland und den besetzten Gebieten Europas als Zigeuner verfolgt wurden und den unzähligen Opfern unter ihnen, die auf grausame Weise ermordet wurden« – wurde von der erst 2000 gegründeten, verschwindend kleinen Kölner Sinti-Allianz ins Spiel gebraucht. Sie bestand nicht nur auf die Bezeichnung »Zigeuner«, die vom Zentralrat kategorisch abgelehnt wurde, sondern verneinte ebenso die Realität anhaltender Diskriminierung und betonte die Singularität der Shoah gegenüber dem Völkermord an »Zigeunern«. Entscheidend dafür, dass diese Splittergruppe zu einer wichtigen Stimme in der Debatte wurde, war ihre Unterstützung – um nicht zu sagen Instrumentalisierung[5] – durch den mehrheitsdeutschen Experten Jäckel, der aggressiv die Entscheidungshoheit über die korrekte Begrifflichkeit beanspruchte: »Die Begründung, das Wort Zigeuner sei abwertend, kann nicht überzeugen. Gewiß war es von den Gegnern (wie auch das Wort Jude von den Antisemiten) abwertend gemeint. Aber das ist kein Grund, es nicht mehr zu verwenden« (Jäckel 2005). Entsprechend benutzt er das Wort konsequent und und klassifiziert die Eigenbenennung

5 | Zumindest sind die Behauptungen, die Jäckel über die Rolle der Organisationen aufstellte, recht zweifelhaft (einschließlich jener, es sei unmöglich, Aussagen über die Größe beider zu machen, da sie »einer altverwurzelten Scheu folgend« keine Mitgliederlisten führten – angesichts des fortgesetzten Gebrauchs von »Landfahrerkarteien« zur aktiven staatlichen Diskriminierung von Sint_ezze und Rom_nja zumindest bis in die 1980er eine eher unglückliche Formulierung) (vgl. Jäckel 2005).

»Sinti und Roma« als »unsinnig«. Ähnlich eindeutig ist für ihn die Frage nach der Schuld für die zögerliche Umsetzung des Mahnmalsbeschlusses:

»Während das Denkmal für die ermordeten Juden Europas in Berlin seiner Vollendung entgegengeht, so daß es im Mai eröffnet werden kann, steht das gleichfalls seit vielen Jahren beschlossene Denkmal für die Zigeuner noch immer in weiter Ferne.
Das Geld ist da (zwei Millionen Euro vom Bund), auch das Grundstück am Simsonweg im Tiergarten (vom Land Berlin) und sogar ein Entwurf (von Dani Karavan). Der Grund des Stillstands ist ein Streit um die Inschrift [...] Wer mag, kann die Zigeuner weiterhin ›Sinti und Roma‹ nennen. Nur auf dem Denkmal sollen die Opfer, was nun wahrlich unbestreitbar ist, als diejenigen bezeichnet werden, die ›als Zigeuner‹ verfolgt und ermordet wurden. Das ist ein Kompromiß, der der historischen Genauigkeit zwar immer noch nicht ganz entspricht, aber Romani Roses Hartnäckigkeit weit entgegenkommt. Eines ist mit ziemlicher Sicherheit zu erwarten: Wenn er nicht endlich nachgibt, wird es dieses Denkmal in Berlin noch lange nicht geben.« (Jäckel 2005, online)

Alle sind also konstruktiv und startbereit: Bund und Land, die großzügig Geld und Grundstück beisteuern, der berühmte Architekt, nur die »Zigeuner« streiten wieder (auch hier wieder wie bei Hackmann mit dem »einfacheren« Umgang mit Jüd_innen kontrastiert). Schwierigkeiten im Einigungs- und Umsetzungsprozess, die zweifellos auch mit der sehr anderen Position von deutschen Jüd_innen und deutschen Sint_ezze und Rom_nja in der deutschen Gegenwart zu tun hatten, wurden so auf die interne Zerstrittenheit der Community geschoben. Dies wiederum wurde als typisch für die Mentalität dieser Gruppe aufgefasst, was der Erklärung besondere Schlagkraft verlieh.[6] Auch in der Mahnmalsdiskussion zeigte sich die deutsche Öffentlichkeit irritiert darüber, dass Sint_ezze und Rom_nja nicht einfach die herrschende – objektive, universale – Meinung akzeptierten und stattdessen ihre eigene – subjektive, partikularistische –

6 | Die vormalige Hamburger Innensenatorin Christina Weiss, die 1993 das Gelände des ehemaligen Konzentrationslagers Neuengamme polizeilich vor einer »zweckwidrigen Überbeanspruchung« durch Rom_nja-Aktivist_innen hatte schützen lassen, war nun als Kulturstaatsministerin des Bundes für das Projekt verantwortlich und schlug hilflos vor, das Problem durch die Verwendung des Begriffs »Gypsy« zu umgehen (vgl. Bakirdögen 2003).

Sicht vertreten sehen wollten (vgl. Blumer 2011). Die eigentlich absurde und geschmacklose Überzeugung, dass sie es sein müssten, die »nachgeben«, wird unwiderlegbar mit »historischer Genauigkeit« begründet, der sich alle, Opfer oder Täter_Innen, beugen müssen.

Während wie gesehen in der nur zögerlich und nur nach wiederholten Interventionen durch Aktivist_inen begonnen Diskussion um Rom_nja und Sint_ezze als Opfer des nationalsozialistischen Völkermordes das Bild des »schlechten Opfers« überwog, wurde währenddessen die Community in der deutschen Gegenwart immer mehr zu Täter_innen stilisiert. In seiner Intervention stellte Hans-Georg Böttcher, Vorsitzender der Frankfurter Roma Union, sowohl den Diskurs von den »zerstrittenen« Rom_nja und Sint_ezze in Frage als auch die Trennung zwischen migrierten und deutschen Communitys:

> »Ohne Lobby, ohne diplomatische oder staatspolitische Protestnote fürchten zu müssen, kann sich die national und neonazistisch gesinnte Volksseele an Roma und Sinti am leichtesten austoben. Dies in einem Land, das historisch für die unvergleichliche industrielle Vernichtung unserer Familien, unserer Kultur und Persönlichkeit verantwortlich zeichnet. Wir deutschen Roma und Sinti leben schon seit Jahrhunderten hier. Nur zu gut verstehen wir, daß der neue Haß gegen die Geflohenen aus Osteuropa sich letztlich auch gegen uns richtet und daß die wesentlichen Ursachen dieses Hasses in der nie vollzogenen offenen, ehrlichen und kritischen Auseinandersetzung mit der jüngsten nationalsozialistischen Vergangenheit liegen.« (Roma Union 1994, 8)

»Die Festung Europa wird mitten im Herzen aufgebaut.«[7]

Das deutsche Klima nach der Wiedervereinigung war zunehmend offen rassistisch.[8] Pogrome im Osten und mörderische Brandanschläge im Westen erschütterten zumindest Teile der Öffentlichkeit, führten aber letztendlich zu einem gesellschaftlichen Rechtsruck, der nationalistische

7 | Hans-Georg Böttcher, Vorsitzender der Roma Union Frankfurt a. M., in: Roma Union 1994, 7.

8 | Wie sehr, ist immer noch nicht hinreichend aufgeklärt. Laut einer *Zeit*-Studie wird etwa die Zahl der rechten Morde seit der Wiedervereinigung noch immer be-

und rassistische Positionen zunehmend salonfähig machte. Von »Rassismus« sprachen damals allerdings nahezu ausschließlich Menschen of color und die Antifa. Im Insistieren auf »Fremdenfeindlichkeit« auch von Seiten jener, die sich gegen sie engagierten, drückte sich ein deutlicher Besitzanspruch aus: Rechte – auf Aufenthalt, Mitsprache, Zugehörigkeit, Deutungshoheit – hatten nur die, die nicht »fremd« waren, also weiße Deutsche. Während sich die politische Debatte auf das Asylrecht konzentrierte, verschärfte sich das soziale Klima auch für rassifizierte Deutsche und für seit langem in Deutschland lebende Migrant_innen. Es hatte langfristige Konsequenzen für das gesellschaftliche Zusammenleben, dass Jahre bevor Deutschland sich endlich als »Einwanderungsgesellschaft« klassifizierte (nur um schon wenige Jahre später den »Multikulturalismus« für gescheitert zu erklären) dieser Alltagsrassismus weitgehend unbenannt blieb. Unter anderem setzte sich so eine Rassismusamnesie fort, die es möglich macht, dass Deutschland heute diesen Prozess erneut durchläuft – und erneut die Ursache für einen rapide anwachsenden Rassismus bei den »Fremden« sieht. Im Zuge der Asylrechtsdebatte wurden damals »Scheinasylanten«, die sich angeblich ein Luxusleben im deutschen Sozialstaat erschlichen, zunehmend zum Sündenbock für den einsetzenden realen neoliberalen Abbau von sozialen Rechten. Rom_nja und Sint_ezze wiederum wurden zum Inbegriff dieser »Scheinasylanten«, unter anderem, da die Vorurteile, die nun auf Letztere projiziert wurden, jenen glichen, denen Erstere schon seit Jahrhunderten ausgesetzt waren: arbeitsscheu, faul, unehrlich und unabänderlich fremd.[9]

hördlich unterrepräsentiert (laut Bundesregierung gibt es 76 Fälle, *Die Zeit* belegte 156 Tote) (vgl. Jansen 2015).

9 | Beispielhaft für die Auswirkungen dieser anhaltenden Vorurteile, die Rassifizierte als unehrlich, skrupellos und geldgierig karikieren, ist der Fall des vierjährigen Mohamed Januzi aus Bosnien-Herzegowina, der im Oktober 2015 am Berliner Landesamt für Gesundheit und Soziales (LaGeSo), der notorisch chaotischen Anlaufstelle für Geflüchtete, verschwand. Wie sich später herausstellte, war er von einem weißen Deutschen entführt, sexuell missbraucht und ermordet worden. Die Polizei ging jedoch davon aus, dass die Mutter des Kindes dessen Verschwinden vorgetäuscht habe, um einer Abschiebung zu entgehen, ebenso wie sie jahrelang angenommen hatte, dass hinter den NSU-Morden organisierte »Ausländerkriminalität« stecken müsse (vgl. epd 2015).

Nachdem auf die tagelangen Pogrome in Hoyerswerda im September 1991 und die folgenden, fast täglichen rassistischen Attacken im gesamten Bundesgebiet kaum politische Reaktionen erfolgt waren, eskalierte die Gewalt knapp ein Jahr später in Rostock-Lichtenhagen.[10] Die dort angesiedelte *Zentrale Aufnahmestelle für Asylbewerber* (ZASt) war hoffnungslos überfüllt, die Geflüchteten, hauptsächlich Rom_nja aus Rumänien, wurden bewusst unter miserablen, unhygienischen Umständen untergebracht und teilweise gezwungen, tagelang im Freien zu übernachten, da die Rostocker Behörden keine »Normalisierung« der Situation und damit die Ankunft von mehr Flüchtenden wollte.[11] Der oft beklagte Zustand der Überforderung wurde hier also künstlich hergestellt, zu Lasten derer, denen gesetzlich Schutz zustand und mit einem Ergebnis, dass den Initiatoren des künstlichen Überforderungszustands recht zu geben schien, da als Konsequenz der rassistischen Ausschreitungen die überwältigende Mehrheit nicht nur der Geflüchteten, sondern auch der seit langem ansässigen ausländischen Vertragsarbeiter_innen schnellstmöglich abgeschoben wurde. In der Erinnerung an Rostock 20 Jahre später standen die Attacken auf das hauptsächlich von Vietnames_innen bewohnte Wohnheim im Vordergrund, die Rom_nja spielten eine untergeordnete Rolle (in der filmischen Aufarbeitung *Wir sind jung, wir sind stark* etwa, die sich ausführlich dem Seelenzustand der ostdeutschen Jugend widmet, kommen sie nur als stumme Statisten vor).

Die leichte Mobilisierung von Vorurteilen gegenüber Rom_nja war aber zweifellos ein entscheidender Faktor nicht nur in der Gewalt selbst, sondern ihrer breiten Rechtfertigung. Dass die unwürdigen Zustände im Auffanglager unter den Lichtenhagener_innen nicht etwa Sympathie auslösten oder zu Solidaritätsaktionen führten, sondern als von den Flücht-

---

10 | Die Pogrome zeigten drastisch die Wichtigkeit der »schweigenden Mehrheit«, derjenigen, die, selbst nicht von rassistischer Gewalt betroffen, zu ihrer Normalisierung beitrugen, indem sie sie ignorierten – selbst wenn sie direkt vor ihren Augen stattfand. Die Täter_innen fühlten sich – zu Recht – bestärkt, konnten davon ausgehen, wenn nicht auf allgemeine Sympathie, dann zumindest auf Apathie zu stoßen. Für die potenziellen Opfer dagegen wurde das feindliche Klima durch die Wahrscheinlichkeit potenziert, dass bei einem Angriff selbst in einer belebten Gegend niemand Hilfe leisten würde.

11 | Die anhaltend katastrophalen Zustände im Berliner LaGeSo im Jahr 2015 lassen Ähnliches vermuten.

lingen selbst produziert, gar gewollt dargestellt wurden, wurde direkt mit deren Ethnizität begründet. Dies funktionierte auch, weil die ohnehin bestehenden Vorurteile noch kräftig von der Politik angefacht wurden. Mecklenburg-Vorpommerns Ministerpräsident Bernd Seite erklärte im Mai 1992: »Wer in unserem Land den Kontakt mit der Bevölkerung nicht verloren hat, der weiß: Unsere Menschen sind zutiefst irritiert über den ungebrochenen Zugang von Asylbewerbern, deren Asylantrag vornehmlich auf wirtschaftlichen Motiven beruht« (Prentzel 2012, 14). Er unterließ es zwar, Belege für diese Behauptung anzuführen, aber das war auch nicht nötig: Die Verbindung von Rom_nja und »Scheinasylant« war schon zum Automatismus geworden. Innensenator Peter Magdanz wurde noch deutlicher: »Dass Ladendiebstähle in Rostock oft durch rumänische Zigeuner erfolgen, ist kein Geheimnis« (ebd., 18). Ein Blick in die Presse erklärt, warum Politiker_innen in derartigen Aussagen kein Problem sahen. *Die Norddeutschen Neuesten Nachrichten* etwa berichteten im Juli 1992:

> »Alles, was glänzt, wird grundsätzlich abgebaut. Die Benutzung der Toiletten ist unüblich. [...] Das Schlimmste konnte Spiering gerade noch verhindern, als er kürzlich eine Roma-Familie in ihrer Einraum-Wohnung beim Grillen überraschte: Auf dem Balkon gefangene Möwen drehten sich über einem Lagerfeuer aus ZAST-Möbeln.« (Bentzien 1992, zit. in: Prenzel 2012, 18)

Der öffentliche Diskurs konstruierte die »Zigeuner« als fundamental fremde Bedrohung, indem er jahrhundertealte Stereotype mobilisierte und das Resultat war, kaum überraschend, ebenfalls ein jahrhundertelang praktiziertes: ein rassistisches Pogrom.

Auch wenn unter anderem die Brandanschläge in Solingen und Mölln auf anderes hindeuteten, wurde und wird die rassistische Gewalt in Ostdeutschland oft durch Demokratiedefizite erklärt, durch die Annahme, dass Ostdeutsche noch »aufholen« müssen, um die westdeutsche Fähigkeit des friedlichen, multikulturellen Zusammenlebens zu erlernen. Es ist zweifellos richtig, dass hier ein Lernprozess stattfinden muss, dass das DDR-Dogma von der internationalen Freundschaft der Völker wenig konkrete Handhabe zu einem gleichberechtigten Zusammenleben lieferte. Ignoriert wird in dieser Argumentation aber, dass die aggressive Abgrenzung vom »Undeutschen« den Ostdeutschen erlaubte, Frustrationen über ihre Position in der neuen gesamtdeutschen Hierarchie (unzweifelhaft und in jeder Beziehung unter den Westdeutschen stehend) auf jene zu projizieren, die noch weiter unten positioniert waren. Gleichzeitig hatten sie ein unmittelbareres Interesse daran, diese Rangordnung aufrechtzuerhalten als die sicher an der Spitze stehenden mehrheitsdeutschen Wessis. Deren Hegemonie wird durch rassistische Gewalt in Ostdeutschland nicht gefährdet, im Gegenteil: Diese Gewalt scheint Gruppen zu involvieren, denen es allen an der weiß-westdeutschen Fähigkeit mangelt, Konflikte rational zu lösen. Sowohl Ostdeutsche als auch Communitys of color, die noch immer nicht als Teil Deutschlands begriffen werden, wie Rom_nja oder Muslime, werden so als rückständig im internalistisch-evolutionären Modell bestätigt. Ziel für beide Gruppen muss es daher sein, den westdeutschen Entwicklungsstand zu erreichen, unter anderem mit Hilfe staatlicher Interventionsprogramme wie Anti-Radikalisierungstrainings. Das mehrheitsdeutsche Westdeutschland bleibt so die idealisierte Norm und Ethno-Nationalismus als strukturell für das Nationalverständnis der Bundesrepublik bleibt unerkannt. Demgegenüber beobachtete Stuart Hall schon kurz nach dem Fall der Sowjetunion bezüglich eskalierender nationalistischer Konflikte in Osteuropa:

> »Die aufkommenden Nationalismen sind nicht einfach Wiederbelebungen der Vergangenheit, sondern eine Umarbeitung dieser Vergangenheit im heutigen Kontext – Eintrittskarten in das neue Europa. Obwohl sie wie eine Rückkehr zu den historischen Vorstellungen von vor 1914 aussehen, sind sie ein Mechanismus, mit dem die Vergangenheit umgangen und eine Bewerbung um Modernität gemacht werden soll (das heißt Zutritt zum Euro Club).« (Hall 1991, 804)

»Hier steigt eine Giftsuppe auf«

Das auch im Westen vorherrschende enthno-nationalistische Verständnis deutscher Identität ist deutlich reflektiert in der Vor-Wiedervereinigungspräsenz rassistischer Gruppen und Diskurse in der BRD. Schließlich wurde der schwerste terroristische Anschlag der deutschen Nachkriegsgeschichte, das Attentat auf das Münchner Oktoberfest 1980, unbestritten von einem Neonazi verübt – umstritten ist nach wie vor, ob es sich bei Gerhard Köhler um einen Einzeltäter handelte. Die Einzeltäter-These als dominantes Erklärungsmotiv rechtsradikaler Gewalt wiederum ist symptomatisch nicht nur für den Umgang mit relativ im nationalen Gedächtnis verankerten Taten wie den Anschlägen von Mölln und Solingen, sondern erklärt vor allem auch die Nicht-Erinnerung an andere, ähnliche Ereignisse. So etwa der Neo-Nazi-Anschlag auf ein hauptsächlich von türkischen Familien bewohntes Haus im oberpfälzischen Schwandorf 1988, bei dem vier Menschen starben und zahlreiche andere verletzt wurden. Auch hier wurde die Tat, trotz Einbindung des Attentäters in die Neonazi-Szene und bis heute anhaltender explizit rechtsextremer und rassistischer Orientierung, als Einzelfall abgetan (dpa 2011). Und so ließe sich Beispiel auf Beispiel anführen. Ohne hier auf Details eingehen zu können, sei nochmals darauf hingewiesen, dass die Charakterisierung rechtsextremer Terrorakte als von Einzeltätern verübt und letztlich auf psychopathologische Muster zurückführbar das vorherrschende Erklärungsmuster darstellt. Dieses Erklärungsmuster, das Täter aus dominanten Bevölkerungsgruppen beschreibt – hier weiß, christlich, deutsch – unterscheidet sich wiederum deutlich von dem, mit dem der Terrorismus von Tätern aus markierten Gruppen, etwa Muslime, erklärt wird: Hier wird die Pathologie kulturell, das heißt zur Gruppenverantwortung und letztendlich zum Gruppencharakteristikum. Bedingt trifft das auch auf die Erklärungsmuster ostdeutscher »fremdenfeindlicher Gewalt« zu, auch wenn hier eher ein soziales als ein kulturelles Defizit angeführt wird.

Tatsächlich erhielten die Ostdeutschen durchaus westliche Rassismus-Entwicklungshilfe: Bereits im Juni 1992 war etwa die *Hamburger Liste für Ausländerstopp* (HLA) in Rostock aktiv mit Parolen wie »Widerstand gegen die Asylantenflut« oder »Rostock bleibt deutsch« (Prenzel 2012, 19). In Hamburg war die HLA 1982 erstmals zur Bürgerschaftswahl angetreten – im gleichen Jahr wollten 66 Prozent der Bundesbürger_innen »Gastarbeiter« in ihre Heimatländer zurückschicken (und Bundeskanzler Kohl, kaum im Amt, versuchte dies umgehend in die Tat umzusetzen). 1982 gab es zwar keine wie auch immer geartete »Flüchtlingswelle« und auch an Wiedervereinigung dachte noch niemand, dennoch zeigte sich das übliche Wechselspiel von Alltagsrassismus, rechtsextremer Gewalt und politischem Verständnis für die »Sorgen der Bürger«. Wie gesehen war der Rassismus gegen Rom_nja und Sint_ezze im Westen ebenso lebendig wie im Osten – und das durchaus in der Mitte der Gesellschaft. In Hamburg etwa, wo 1991 ein im bürgerlichen *Spiegel* erschienener zehnseitiger Artikel die albtraumartigen Zustände beschrieb, die angeblich im von kriminellen Rom_nja-Horden überfluteten Karolinenviertel herrschten. Extrem detailliert schildert die Autorin, Ariane Barth, wie die Rom_nja deutsche Anwohner_innen in der gleich neben dem berühmten Hamburger Dom gelegenen Nachbarschaft terrorisieren und ihr Leben, vor den Augen der hilflosen Polizei, in eine Hölle verwandeln (Barth 1991).

Der manipulative, vor Rassismus strotzende Text ist nicht wegen seines zweifelhaften Wahrheitsgehalts interessant – der Journalist Oliver Tolmein veröffentlichte noch im gleichen Jahr eine akribische Gegenrecherche, die deutlich machte, dass Barth es mit Fakten nicht sonderlich genau nahm (vgl. Tolmein 1998) –, sondern wegen des Einblicks, den er in die Denkstrukturen der liberalen Mittelklasse gibt. Daher folgt hier ein längerer Ausschnitt, einschließlich der Anmerkungen, die ich mir vor zwei Jahrzehnten notierte, damals noch im benachbarten Schanzenviertel zuhause. Sie adressieren eine Wahrnehmung des rassifizierten Anderen, die genau so zum Beispiel auch fünfzehn Jahre später gegenüber muslimischen Jugendlichen in Neukölln zum Ausdruck kam – und sich jederzeit wieder auf neue Gruppen richten kann, da es eben nicht um tatsächliche Eigenschaften dieser Gruppen geht, sondern um Denkmuster in deutschen Köpfen, die bei Bedarf nach außen projiziert werden können. Das schließt zum Beispiel auch die Diskussionen um die »nie dagewesene« sexuelle Gewalt »nordafrikanischer Banden« ein.[12] Der

12 | Es geht es mir hier nicht im Geringsten darum, die geschehene Gewalt zu verharmlosen oder zu bestreiten, dass sie eine gesellschaftliche Reaktion verlangt. Worum es mir geht, ist wie Gewalt debattiert, rationalisiert, skandalisiert oder verschwiegen wird, je nachdem, wie sie sich in schon bestehende Denkmuster einfügt. Vor vielen Jahren nahm ich an einem Seminar beim NDR teil, wann weiß ich nicht mehr genau. Ich kann mich noch erinnern, dass heftig über die Errichtung von »Asylantenheimen« debattiert wurde und darüber, dass man nicht rassistisch sei, nur weil man sich um den Preisverfall seines Einfamilienhauses sorge, wenn so ein Heim in der Nähe gebaut werde (das waren so die Sorgen von NDR-Redakteuren damals) – es wird also vielleicht Anfang oder Mitte der 1990er gewesen sein. Einer der Seminarleiter, ein Journalist, erzählte von einer seiner Reportagen, die sich mit den Grenzscharmützeln beschäftigte, die sich deutsche Freikorps in den 1920ern mit der polnischen Armee lieferten. Einer der Interviewten berichtete dem Journalisten, wie die Mitglieder seiner Gruppe einem gefangenen Polen den Bauch aufschlitzten, seine Gedärme herauszogen, sie an einen Baum nagelten und ihn um den Baum herumlaufen ließen, bis er sich die eigenen Gedärme aus dem Körper gezogen hatte und zusammenbrach. Der Journalist dachte lange darüber nach, ob er diesen Bericht in seine Reportage aufnehmen sollte und ent-

Grund, dass ich mir damals diese Notizen machte, war weniger der schockierende Rassismus des Textes, sondern seine Reflexion einer deutschen Realität, die für mich und andere Rassifizierte unübersehbar war – vom »Nigger raus«-Graffiti, das mir täglich beim Besuch meiner Freundin im gutbürgerlichen Eimsbüttel begegnete, zu Uni-Seminaren, in denen mehrheitsdeutsche Studenten unwidersprochen verkündeten, dass »Weiße nun mal Literatur erfunden haben«, sodass der Ausschluss nichtweißer Autor_innen aus dem Kanon, natürlich, nichts mit Rassismus zu tun habe – aber für die gesellschaftlich dominante Mehrheit scheinbar gänzlich unsichtbar blieb. Hier also mein weit zurückliegender, aber wohl noch immer aktueller Versuch einer Sichtbarmachung:

»Wenn das Wetter gut ist, treffen sich Roma hier, riesige Sippen mit Scharen von Kindern. 21 der städtischen Wohnungen sind an vier Großfamilien vermietet:[13] Alles Roma, Sinti sind nicht darunter.[14] Sie kamen dereinst[15] aus Jugoslawien und fügten sich in einem oft schon Jahrzehnte währenden Anpassungsprozess unauffällig[16] in das bunte Viertel[17] ein.
Als sich der Nationalitätenkonflikt in ihrer früheren Heimat zuspitzte, trafen Anverwandte um viele Ecken ein, Freunde und Freundesfreunde, an die 500 Leute,[18]

---

schied sich schließlich dagegen. Eine Entscheidung, die ich verstehe, an die ich aber trotzdem seitdem oft denken musste. Vor allem, wenn ich darüber höre oder lese, wie »Andere« für uns unvorstellbare oder zumindest bei uns nie da gewesene Grausamkeiten begehen – derartige Vorstellungen einer zivilisatorischen Wasserscheide können nur dadurch aufrechterhalten werden, dass diese Art von journalistischer Zurückhaltung immer nur einseitig ausgeübt wird.

13 | Flut/undifferenzierbare Masse/Überbevölkerung: Scharen von Kindern, 21 Wohnungen für vier Großfamilien: organisierter Sozialmissbrauch; deutsche Kleinfamilie vs. »riesige Sippen«.

14 | Autorin keine Rassistin: Kann Sinti von Roma unterscheiden! Assimilierte, gute Sinti – böse, fremde Roma.

15 | Märchensprache: Kampf von mythischen Ausmaßen, Herr der Ringe.

16 | Der Feind von innen, unterwandert uns, überall.

17 | Der intolerante Fremde ist die Gefahr für das deutsche, bunte, Multikulti-Viertel, Mehrheitsdeutsche sind die echten hippen Hybriden, können mit Multikulti umgehen. Die Rassistischen sind die Fremden.

18 | 500 Anverwandte von vier Familien! Diese Leute sind anders (wie die Kaninchen); kommt einer, kommen alle.

die zum Teil auf dem Rathausmarkt zelteten und schließlich vom Bezirksamt Mitte in Hotels rund um das Karo einquartiert wurden.[19] Die Kinder der Asyl-Bewerber brachten aus den Lebenskämpfen im Ghetto[20] eine Rabiatheit mit, die wie infizierend[21] auf die Kinder bereits integrierter Roma wirkte. Sie entglitten ihren Eltern in eine Gesellschaft von Straßenkindern.[22] 50 bis 60 lungern nach Zählungen der Polizei im Viertel herum, wenn sie nicht im Zentrum des Geschehens Ecke Markt- und Glashüttenstraße stehen. Kreischendes Leben erfüllt den Platz, kleine Irrwische jagen umher[23] [...] Hier wickeln Roma-Kinder, gesteuert von Älteren,[24] Hasch-Deals[25] ab, während Wächter an den Straßenausgängen mit einem ausgefeilten Kommunikationssystem von Pfiffen und Handzeichen die Szene sichern. [...]

Horst Krigel, 33, eine Art Supermann[26] von 1,93 Metern hat durch seine ›körperliche Ausstrahlung‹ selbstverständlich keine Probleme mit den Rom_nja, aber er ist empört über ›diese Form von Terror, die hier jeden Tag von diesen Leuten abgeht. [...]‹ Längst hat Krigel durchkalkuliert, was passieren würde, wenn er seine ›Kollegas‹ aus der Antifa-Bewegung[27] holen würde: ›Dann fahren die Sippen[28] von hier aus ins Krankenhaus ein. Aber Stunden später rücken die Zigeuner[29] vom Stadtrand an, wo neulich 10 von 100 Polizisten dermaßen was aufs Maul gekriegt haben, daß sie dienstunfähig wurden.[30] Notfalls machen die Zigeuner einen Rund-

19 | Asylanten statt Touristen in den Hotels! Roma verhindern durch bloße Anwesenheit den wirtschaftlichen Aufschwung des Karo-Viertels.

20 | Sozialdarwinismus.

21 | Es steckt also doch im Blut.

22 | Straßenbande natürliche Organisationsform der Roma: Kinder fallen instinktmäßig in Zustand zurück, entgleiten assimilierten Eltern.

23 | Lärmbelästigung und Drogendealen sind gleichermaßen Ausdruck der fremden Roma-Kultur.

24 | Organized Crime, schickt immer die Kinder vor.

25 | Natürlich zum Drogendealen.

26 | Supermann nicht nur körperlich: aufgeklärter, politisch korrekter, deutscher Antifa-Multikulti-Mann: hilflos gegenüber Kinderbanden.

27 | Gesamtes Spektrum der deutschen Gesellschaft, von Antifa bis Polizei steht gegen Roma und bleibt doch hilflos.

28 | Nazi-Terminologie – von der Antifa?

29 | S. o.

30 | Sogar 100 Polizisten können uns nicht vor Romabanden schützen! In der Not steht das ganze Volk zusammen, Bullerei & Antifa.

ruf in der Bundesrepublik[31] und dann haben wir hier innerhalb von zwei Tagen eine Hölle.[32] Das kannst du vergessen.‹ [...]«

Unadressiert und unanalysiert in Barths Bericht blieben die seit Jahren im Viertel bestehenden Konflikte aufgrund eines aggressiven Gentrifizierungsprozesses, der auf die Vertreibung der ansässigen, finanziell uninteressanten Bewohner_innen durch künstlichen Wohnungsleerstand und strukturelle Vernachlässigung setzte (insbesondere durch den stadtbekannten Spekulanten Nikolas Rabels). Dies ist natürlich keineswegs eine Hamburg-spezifische Situation: Die Übersetzung von durch neoliberale Stadtpolitik verursachten Krisen in einen Diskurs um die Übernahme strukturschwacher, aber für Spekulanten interessanter Viertel durch bedrohliche rassifizierte Gruppen, die diese Viertel faktisch unbewohnbar machen, ist Teil des politischen Diskurses nach der Wiedervereinigung geworden.[33]

Das Gefühl der Belagerung durch aggressive, feindselige, nur in Horden auftretende und zutiefst asoziale Fremde, denen man nur mit Gewalt begegnen kann, weil sie keine andere Sprache verstehen, wurde hier bewusst konstruiert und findet sich genauso auch ein Jahr später in Rostock, wo sich brave Bürger_innen darüber beklagten, dass Frauen und Kinder angeblich nicht mehr von »Zigeunern« unbehelligt auf die Straße gehen konnten: »Unsere Kinder dürfen nur noch auf dem Hof spielen. In die Kaufhalle und in den Eisladen dürfen sie schon lange nicht mehr. Zu oft kam es vor, daß Asylantenkinder unterwegs das ganze Taschengeld abnahmen. Selbst ich als Erwachsene gehe dort niemals allein lang.« (Prenzel 2012, 61) Und Mecklenburg-Vorpommerns Innenminister Lothar Kupfer wandte sich noch Tage nach dem Rostocker Pogrom in einem Brief an Romani Rose, den Vorsitzenden des *Zentralrates der Deutschen*

31 | Der Feind ist unter uns, überall, strategisch verteilt, militärisch organisiert.

32 | Die Apokalypse kommt.

33 | Die Bedrohungsszenarien ähneln sich, auch wenn die rassifizierten Gruppen nicht immer die gleichen sind. Vgl. z. B. die Diskussionen um afrikanische Drogendealer im Hamburger Schanzenviertel in den Mitt-90ern und um den Berliner Görlitzer Park in den Mitt-2000ern oder um muslimische Jugendliche in Kreuzberg und Neukölln im gleichen Zeitraum. Zu Beginn des 21. Jahrhunderts konsolidierten sich diese Szenarien um das Thema homophober Gewalt männlicher Muslime (vgl. Haritaworn 2010).

Sinti und Roma, in dem er den Angegriffenen gänzlich die Verantwortung zuschob:

»Unsere Menschen erwarten [...] von hier lebenden Ausländern zu Recht, daß diese die hier üblichen Normen des Zusammenlebens achten und sich entsprechend verhalten. [...] Häufig werden durch Angehörige dieser Volksgruppe Ladendiebstähle begangen. Bei dem Gedanken an unser großzügiges Asylrecht [...] kann von der Bevölkerung eine Toleranz dieses Sozialverhaltens nicht mehr erwartet werden. Ich wäre Ihnen deshalb dankbar, wenn Sie dies Ihren Landsleuten nahe bringen könnten. Ein normgerechtes Verhalten der Ausländer kann nach meiner Auffassung helfen, vorhandene Vorbehalte abzubauen.« (Ebd., 64)

Nochmals: Dieser Brief wurde *nach* den Attacken auf die Zentrale Aufnahmestelle versandt, impliziert diese also als verständliche Reaktion auf das nicht »normgerechte« Verhalten der Rom_nja. Ganz absehen vom Wahrheitsgehalt der Beschuldigungen: Ein Lynchmob ist keine probate Antwort auf Ladendiebstahl – und es ist höchst beunruhigend, dass diese Disziplinierungslogik inzwischen Normalität im Umgang mit Konflikten der Mehrheit mit rassifizierten Gruppen geworden ist. Das im Brief referierte großzügige Asylrecht wiederum wurde kurze Zeit später massiv beschnitten, Kupfers Position betätigend, dass es sich eben nicht um ein Recht handelt, genauer das Recht des Schutzes vor Verfolgung, sondern um eine großzügige Geste derjenigen, die das Hausrecht besitzen und es daher entziehen können, wenn die Geschützten sich nicht normgerecht verhalten, oder wenn einfach zu viele kommen – bis heute die Standardreaktion der politischen Mitte auf rassistische Gewalt. Kurz vor der erneuten Asylrechtsverschärfung 2015 belebte Innenminister de Maizière das Bild des undankbaren, unverschämten Scheinasylanten wieder:

»Jetzt gibt es schon viele Flüchtlinge, die glauben, sie können sich selbst irgendwohin zuweisen. Sie gehen aus Einrichtungen raus, sie bestellen sich ein Taxi, haben erstaunlicherweise das Geld, um Hunderte von Kilometern durch Deutschland zu fahren. Sie streiken, weil ihnen die Unterkunft nicht gefällt, sie machen Ärger, weil ihnen das Essen nicht gefällt, sie prügeln in Asylbewerbereinrichtungen.« (dpa 2015, online)

Die moralische Panik, die der *Spiegel*-Artikel über die »Roma Invasion« Anfang der 1990er hervorrufen wollte und erfolgreich hervorrief, trug nicht nur zu der aufgeladenen Stimmung bei, die sich in Rostock (und anderswo) entlud, sondern erklärt unter anderem auch die aggressive Reaktion auf den Neuengamme-Besetzungsversuch im Jahr 1993. Rom_nja waren inzwischen diskursiv als Belagerer der Deutschen eingestuft worden, jede ihrer Aktionen erschien als manipulativ und bedrohlich, einschließlich des Hinweises auf ihre Verfolgung und massenhafte Ermordung durch die Deutschen.

Die Deutschenfeinde

Das Narrativ der Bedrohung und Bedrängung durch diejenigen, die weniger reflektiert, kultiviert und weniger von unberechtigten Selbstzweifeln geplagt sind als der zivilisierte Europäer, kann als kontinentweite Reaktion auf Auseinandersetzungen um gesellschaftliche Ungleichheit und historische Schuld gelten (vgl. European Network Against Racism 2013). Im Falle Deutschlands gleiten derartige Diskussionen allerdings fast unvermeidbar in die Behauptung ab, dass ein übertriebenes deutsches Verantwortungsgefühl für die Verbrechen der Nazis von schamlosen Gruppen ausgenutzt werde.[34] Der Barth-Artikel war zweifellos einer der Tiefpunkte der rassistischen Berichterstattung in den Jahren zwischen Wiedervereinigung und Asylkompromiss. Er war aber beileibe nicht der Einzige. So erschien im Januar 1992 ein Text, wieder im *Spiegel*, mit dem poetischen Titel »Jeder streichelt seinen Bimbo«, in dem der Autor die typische deutsche Angewohnheit lamentierte, sich für kleinere Vergehen – hier die Pogrome von Hoyerswerda – übertrieben selbst zu geißeln (N. N. 1991). Das Ausland, so der namenlos bleibende Journalist, beobach-

34 | Ein Höhepunkt (oder Tiefpunkt) dieser Debatte war Martin Walsers Dankesrede zur Verleihung des deutschen Friedenspreises 1998, in der er Auschwitz als gegen das deutsche Volk gebrauchte »Moralkeule« bezeichnete (das geplante Holocaust-Denkmal im Zentrum Berlins kam bei ihm besonders schlecht weg). Während es Walser in der Hauptsache um eine Kritik der öffentlichen Erinnerung ging – »Mit seinem Gewissen ist jeder allein. Öffentliche Gewissensakte sind deshalb in der Gefahr symbolisch zu werden. Und nichts ist dem Gewissen fremder als Symbolik, wie gut sie auch gemeint sei.« – wurde er schnell selbst, und nicht unfreiwillig, zur Symbolfigur eines »wir haben uns lange genug schuldig gefühlt« der neuen deutschen Normalität (vgl. Hagestedt 1999).

te mit Befremden wie sich das deutsche Volk in grenzenloser Multikulti-Toleranz ergehe und sich von Scheinasylanten auf der Nase herumtanzen lasse. All dies, natürlich, aufgrund der durch die nationalsozialistische Vergangenheit hervorgerufenen »Schuldpsychose«. Seiner Rolle als deutsches Meinungsblatt gerecht werdend, listet der *Spiegel* alle noch heute dominanten Verteidigungsstrategien der Mehrheitsgesellschaft gegen jegliche Rassismusvorwürfe auf: In einem Jahr, in dem mehr als 2.000 rechtsradikale Straftaten verübt wurden, konzentriert sich der Artikel vor allem auf gegen Rechtsradikale gerichtete Gewalt (oder auch nur linke »Gewaltfantasien«). Die Rechten werden so einerseits zu Opfern – marginalisierte männliche Jugendliche, denen von der Gesellschaft eingetrichtert wurde, dass sie als Deutsche »Scheiße« sind, die Schwierigkeiten mit dem anderen Geschlecht haben und keine Hilfe von Sozialarbeitern erhalten, da diese voll und ganz auf ausländische Jugendliche konzentriert sind; dies sind Jugendliche wiederum, die unbefangen stolz darauf sein können, »Türke« oder »Italiener« zu sein und ansonsten ihre Zeit damit verbringen, Glatzen zu verprügeln. Andererseits wird gesellschaftlicher Rassismus auf eine kleine, pathologisierte Gruppe reduziert: Das eigentliche Drama ist, dass die sich wegen der Nazivergangenheit ständig selbst geißelnde, aber eigentlich schuldlose Mehrheit sinnlos damit beschäftigt ist, ihre Bimbos zu streicheln.[35] Kurz, die Reaktion auf rassistische Gewalt ist außer Kontrolle geraten und droht ins Gegenteil umzuschlagen, wenn das Ruder nicht herumgerissen wird: Wenn Türken, Italiener und Bimbos ihrem Rassismus freien Lauf lassen, werden die Deutschen als wahre Opfer erkennbar sein (eine Gefahr, die von Frank Schirrmacher 15 Jahre später als gefährliche »Deutschenfeindschaft« identifiziert wurde).

Das Motiv der kollektiven Panik im Umgang mit ausgegrenzten Gruppen, deren Fremdheit erst als unüberwindbar konstruiert und dann als

35 | Der ungemein rassistische Titel des Artikels ist zwar vorsichtshalber als Zitat gekennzeichnet, die ihm innewohnende aggressive Symbolfunktion ist dennoch überdeutlich. Gleichzeitig stellt sich der Autor so mutig gegen eine andere überwältigende Gefährdung der deutschen Identität: Political Correctness, die dem Volk der Dichter und Denker den Wortschatz zu stehlen droht (und ihm dann auch noch Undinge wie das Binnen-I aufzwingt). Intellektuelle von Harald Schmidt bis Deniz Yücel haben erkannt, dass rassistischer Sprachgebrauch, insbesondere das N-Wort und seine Variationen, besonders effektiv in der Verteidigung der Meinungsfreiheit ist.

Grund für den erfolgten Ausschluss angeführt wird, findet sich noch häufiger in der jüngsten deutschen Geschichte und erreichte seinen nächsten Höhepunkt wahrscheinlich mit der Hysterie um die Rütli-Schule in Berlin Neukölln 2002. Die Schule wurde zum Symbol der (erneuten) Zerstörung deutscher Kultur durch feindselige Fremde. Während bei Barth vor allem alte Menschen von Rom_nja-Kindern terrorisiert wurden, ist es nun die Zukunft der »deutschen« (das heißt nicht »NdH« oder »deutsch-afrikanischen«) Kinder, die auf dem Spiel steht – der Terror, dem sie ausgesetzt sind, sieht allerdings gleich aus, die Tätergruppe auch, außer dass es jetzt muslimische Macho-Jugendliche sind statt kleinkrimineller Roma-Jungs. Die Bilder der Belagerung, der Hilflosigkeit zivilisierter Gutmenschen, die verstehen und helfen wollen, statt einfach nur intolerant zuzuschlagen wie die Fremden, bleiben aber dieselben, die Botschaft auch: Deutschland wird überrannt von gewalttätigen, primitiven, aggressiven Migranten, für die Toleranz, Geschlechtergleichheit oder Bildung nicht nur Fremdwörter, sondern rote Tücher sind. Der Versuch, ihnen dabei zu helfen, mehr wie wir, das heißt »normal«, zu werden, muss daher scheitern, die einzig vernünftige Alternative scheint die Anerkennung ihrer grundsätzlichen Andersartigkeit.

Typisch für viele ist ein Artikel, der gegen Ende der Schuldebatte im Berliner Stadtmagazin *Zitty* erschien. »Schulwahl: Flucht vor Multikulti« erzählt von Sarah, die an ihrer Schule gemobbt wird, seit sie erklärte, dass sie nicht an Gott glaubt (Brakebuch 2010). Warum, wird im nächsten Satz deutlich: »Sarah besucht die vierte Klasse einer Kreuzberger Schule. Sie hat zwei Freundinnen: Marlene, eine Deutsche, und Kia, eine Deutsch-Afrikanerin. Alle anderen kommen aus türkischen oder arabischen Familien.« Sarah, versteht sich, ist ebenfalls »Deutsche« und gehört nicht zu einer der beiden abweichenden Kategorien. Genau da, so wird schnell klar, liegt das Problem: »Es gibt viele Eltern, die kennen die Geschichte von Sarah so oder so ähnlich, weil auch ihr Kind sie erlebt hat. Zum Beispiel Tanja und Kai aus Moabit, die ihre Tochter auf eine katholische Schule schicken, obwohl sie Atheisten sind.« Die katholische Schule als letzte Zuflucht für Atheist_innen, deren Kinder von NdHs gemobbt werden, weil sie nicht an Gott glauben – so weit ist es im postmigrantischen Deutschland also gekommen. Das ist schon absurd, aber es geht mir nicht darum, mich über die zweifelhafte Argumentationskette des Artikels lustig zu machen. Viel relevanter ist es leider, dass diese Argumentationskette als völlig logisch wahrgenommen wird, obwohl sie vor Realitätsverdrehung strotzt. Es fängt schon an mit der Aufteilung in Deutsche, Deutsch-Afrikaner und Araber und Türken: Hausrecht haben selbstverständlich die unmarkierten Deutschen. Unmarkiert heißt wiederum notwendigerweise weiß und christlich bzw. christlich sozialisiert. Wenn die »Deutschen« das nicht wären, wären sie ja Deutsch-Irgendwas oder aus arabischen und türkischen Familien. Der Status des Unmarkierten für christlich (sozialisierte) Weiße ist also nur möglich, wenn alle anderen markiert bleiben und nicht zu normalen »Deutschen« werden – denn sonst wüsste man ja nicht mehr, woran man mit den Deutschen ist und bekäme womöglich eine mit NdH untergeschoben.

Die Bezeichnung »Deutsch-X« ist schon unsinnig genug, wenn sie Nationalitäten benennt – Deutsch-Türke, Deutsch-Ghanaerin, Deutsch-Marokkaner usw. – aber eigentlich Ethnizität oder Abstammung meint. Oberflächlich an US-amerikanischen Konstruktionen orientiert ist der Effekt tatsächlich der Umgekehrte: Während German American, Irish American etc., Amerikaner_innen in ethnische Kategorien unterteilt und so oberflächlich die *melting pot*-Ideologie des Einwanderungslandes zelebriert (mit Oktoberfest, St. Patrick's Day oder Cinco de Mayo als Eckpunkten), machen die deutschsprachigen Konstruktionen Rassifizierte zu ewigen Ausländer_innen – die Betonung liegt auf dem zweiten, nicht dem ersten Wortteil: Türken bleiben Türken auch wenn sie nominell »Deutsch-Türken« sind – auch wenn sie kein Türkisch sprechen, nie in der Türkei waren, einen deutschen Pass besitzen oder sich womöglich gar als Deutsche fühlen. Die im Artikel verwendete Bezeichnung »Deutsch-Afrikanerin« ist noch mal eine Ecke absurder, da hier gleich ein ganzer Kontinent abgehandelt wird, den man anscheinend nicht in Nationen differenzieren will oder kann (auch das nicht vergleichbar mit African American).[36] Was hier eigentlich gemeint ist mit dem schwammig Afrikanischen ist deutlich: Schwarz – warum also nicht einfach Schwarze Deutsche, was den enormen Vorteil hat, die bevorzugte Selbstbezeichnung dieser Gruppe zu sein? Die Antwort liegt natürlich darin, dass es bei derartigen Kons-

36 | Um das Offensichtliche noch einmal klar zu sagen: »African Americans« wissen in den allermeisten Fällen nicht, aus welchem afrikanischen Land ihre Vorfahren stammen, da die systematische Zerstörung der kulturellen Identität der geraubten Afrikaner_innen einer der Eckpfeiler des transatlantischen Sklaverei-Systems war. Deutsche afrikanischer Abstammung befinden sich in einer grundsätzlich anderen Situation.

truktionen nicht um eine Differenzierung des Begriffes »deutsch« geht, um verschiedene existierende Versionen des Deutschen, sondern um den Kontrast zwischen »Deutschen« und all jenen, die eigentlich und primär eine andere nationale (oder kontinentale) Identität besitzen. Deutsch und nicht (richtig) deutsch also (dagegen werden im US-Gebrauch auch weiße Gruppen so ethnisiert – bis hin zur noch immer dominanten und sich selbst als Norm setzenden Gruppe der WASPs: White Anglo Saxon Protestants). In der Geschichte von Sarah nimmt Kia, die »Deutsch-Afrikanerin« eine Zwischenstellung ein: Sie ist zwar nicht so deutsch wie ihre Freundin Sarah, aber kompatibel (es geht hier also nicht um Rassismus, zumindest nicht von Seiten der Deutschen), weswegen auch sie die arabisch/türkisch dominierte Schule verlässt. Letztere wird so zum exterritorialem Gebiet, die Fremdheit seiner Bewohner_innen darin widergespiegelt, dass ihnen sogar der Zusatz »deutsch«(-Türke/-Araber) verwehrt wird.

Ich hatte übrigens in der Grundschule mit ganz ähnlichen Problemen wie Sarah zu kämpfen: Auch ich verkündete zum Entsetzen meiner Mitschüler_innen lauthals, dass ich nicht an Gott glaubte (schlimmer noch, ich erklärte ihnen selbstbewusst, dass Gott nicht existiert). In der konservativen, christlichen Kleinstadt in Niedersachsen, in der ich aufwuchs (und wo in der staatlichen Schule Religionsunterricht Pflicht war und ausschließlich aus christlicher Unterweisung bestand), war ich mit dieser Haltung, die mein säkular muslimischer Vater übrigens teilte, Angehörige einer extremen Minderheit (sicher unter den Neunjährigen). Das resultierende Mobbing hielt sich zwar in Grenzen (was dieses Thema betraf – das Mobbing aufgrund meines unverzeihlichen Schwarzseins ist eine andere Geschichte). Ich will aber weder den Ernst von »Sarahs« Erfahrungen noch Mobbing an Schulen leugnen, noch Migrantisierte als unschuldige Rassismusopfer präsentieren. Ich will schlicht deutlich machen, dass hier etwas – Mobbing, Aggressionen gegenüber denjenigen, die anders aussehen, denken, sind –, das als normaler, unvermeidbarer, wenn auch unangenehmer Teil der schulischen Normalität galt, solange es von Mehrheitsdeutschen ausging, nun als ein gänzlich neues und gänzlich inakzeptables Phänomen präsentiert wird – weil es von einer Gruppe ausgeht, die selbst als inakzeptabel wahrgenommen wird, deren Präsenz an sich als unlösbarer Konflikt erscheint. Denn der *Zitty*-Artikel und unzählige andere identifizieren hier eine Problematik, die sowohl inakzeptabel als auch unlösbar erscheint. Anders als in der ersteren Konstellation – in der Mehrheitsdeutsche einander oder, vor allem, Minorisierte mobben –

wird das Problem nicht in den Strukturen ausgemacht, sondern in einer Gruppenidentität, mehr noch in einer Gruppe, deren Präsenz die einzige Ursache des »fremden« Problems ist und deren Entfernung darum als logische Lösung erscheint. Zum Schutz der »deutschen« Allgemeinheit, aber besonders der deutschen Jugend, die nicht nur terrorisiert, sondern auch kontaminiert wird: »Dann erzählt sie von Sarahs miserablen Rechtschreib- und Grammatikkenntnissen. ›Ich bin Deutschlehrerin, und meine Tochter kann keinen Dativ bilden.‹ Auch habe sie den Soziolekt ihrer Mitschüler übernommen, das Weglassen von Präpositionen – ›Ich geh' Bäcker‹.«

Auch hier erinnert mich Sarahs Geschichte an meine eigene Familie, insbesondere das Entsetzen meiner »deutsch-afrikanischen« Schwester, noch immer in besagter Kleinstadt lebend, wann immer ihre Kinder im regional-weißen Dialekt verkündeten, dass sie vorhatten, mal eben »nach Stefan sein Haus rüber« zu gehen (im Gegensatz zu Sarahs Mutter schaffte es meine Schwester dann doch, ihren Kindern Hochdeutsch beizubringen, ohne sie die Schule wechseln zu lassen). All das heißt natürlich nicht, dass es an Rütli und anderen Schulen keine ernsthaften Probleme gab oder dass ein NdH-Schüler_innen-Anteil von 90 Prozent nicht bedenklich ist. Aber nicht, weil unkontrollierbar aggressive und fanatisch religiöse zehnjährige »Araber und Türken« die wehrlosen »Deutschen« aus der Schule mobben. Es gibt einen realen Zusammenhang und der lässt sich konkret benennen: die Rassifizierung von Armut. Tatsächlich waren die Probleme der Rütli-Schule alles andere als exotisch oder unerklärlich: Armut und Perspektivlosigkeit, gepaart mit unzureichenden Ressourcen für Hauptschulen führte zu Zuständen, die es so auch anderswo gab (vgl. von Randow 2006). Das Einzige, das uns hier überraschen sollte, ist das Insistieren auf einer kulturalistischen Erklärung, die die Gesamtgesellschaft aus der Verantwortung nimmt und einen neoliberalen Sozialdarwinismus rechtfertigt, in dem die Schwachen nicht nur auf der Strecke bleiben, sondern für ihr eigenes »Versagen« pathologisiert und kriminalisiert werden. Der Ekel, die Angst und die Schuldgefühle, die Armut und ihre Begleiterscheinungen in den liberalen Mittelklasse-Bewohner_innen ehemals hipper Viertel wie Kreuzberg oder Neukölln (oder auch Karolinen- und Schanzenviertel) auslösen, wird in einen nach wie vor völlig akzeptablen Rassismus kanalisiert.

Aber es ist ja nicht wirklich Rassismus, wenn die Aggression von den Rassifizierten ausgeht, ob es aggressive, kriminelle und frauenverachtende Roma sind oder aggressive, fundamentalistische und frauenverachtende Muslime – sie hassen uns, sie sind die Intoleranten, die uns aus unseren eigenen Vierteln und Schulen vertreiben, während wir uns nicht trauen uns zu wehren, denn wir wollen ja keine Rassisten sei. Das kann ja auf Dauer nicht gut gehen und damit wären wir wieder bei den Sorgen der Bürger, AfD, Pegida und dem ganz alltäglichen Rassismus auch am linken Rand der mehrheitsdeutschen Gesellschaft. Der erklärt auch, warum die negative Reaktion auf ein »Ich glaube nicht an Gott« für alles steht, das die »arabisch und türkisch« dominierten, aber vor allem ressourcenarmen, mit Lehrkräften unterbesetzten und problemreichen staatlichen Schulen inakzeptabel macht, aber in einer katholischen, jedoch vor allem ressourcen-reichen, privaten und sowohl von sozial Schwachen als auch Muslim_innen weitgehend freien Schule akzeptabel ist. Ein am eigenen Idealismus und der unüberwindbaren Andersartigkeit der Nichtweißen gescheiterter Liberaler zu sein, ist eben romantischer als die banale Realität eines primär ökonomisch motivierten rassistischen *white flight*.

Implizit in der postulierten fundamentalen Andersartigkeit der Rassifizierten ist die Vorstellung, dass diese Gruppen auch grundsätzlich anders behandelt werden müssen, dass »unsere« Verhaltensmaßregeln und Lösungsansätze bei »ihnen« nicht funktionieren, dass es andere, härtere Ansätze verlangt. Abschiebung war die favorisierte Lösung im Falle der Rom_nja in Hamburg und Rostock und bleibt es für viele nach wie vor für die unliebsamen »Ausländer«. Schwierig wird es, wenn diese sogenannten Ausländer_innen Deutsche sind. Außer, so das Argument, sie wollen partout keine Deutschen sein. Die gesamte Diskussion um das Scheitern des Multikulturalismus war auf dieser Prämisse aufgebaut: Die Deutschen (weiß, christlich, wie gehabt) bemühen sich redlich, aber die anderen verweigern sich, halten stur an ihren angestammten, intoleranten Ritualen fest, prominent unter ihnen, neben Sexismus, Homophobie und Antisemitismus, auch die Deutschenfeindlichkeit.

2008 eskalierte diese Debatte, ausgelöst durch einen Artikel des *FAZ*-Vordenkers Frank Schirrmacher über einen brutalen Überfall auf einen Rentner durch zwei Jugendliche. Dies ist bedauerlicherweise an sich kein allzu ungewöhnliches Ereignis, in den Händen von Schirrmacher wird es allerdings zum Symbol eines in der Menschheitsgeschichte noch nie da gewesenen Phänomens: »Uns war historisch unbekannt, dass eine Mehrheit zum rassistischen Hassobjekt einer Minderheit werden kann« (Schirrmacher 2008. Das südafrikanische Apartheitssystem war am Autor anscheinend völlig vorbeigegangen). Zwar waren alle Beteiligten, Rentner wie Jugendliche, Deutsche, aber eben nicht wirklich: Die Täter, türkischer und griechischer Abstammung, hatten das Opfer als »Scheißdeutschen« beschimpft und so ihre wahre undeutsche Identität offenbart. Das Neue und Bedrohliche an diesem Szenario war nicht die Gewalt an sich oder die »gruppenspezifische Menschenfeindlichkeit« (zu diesem Zeitpunkt waren schon mehr als hundert Menschen Opfer rassistischer Morde im vereinigten Deutschland geworden), sondern die Opfergruppe: normale Deutsche.

Das ist der wahre Terror: Wenn es nicht mehr nur die Anderen treffen kann, sondern eine_n selbst. Natürlich verlangt das den Nazivergleich und den bekannten Hinweis darauf, dass sich die Deutschen so viele (das heißt zu viele) Gedanken um die Nazivergangenheit machen, dass sie gar nicht merken, dass sie die Opfer der neuen Nazis sind: »Wenn das die Positionen sind, die eingenommen werden, um das alte Weltbild der moralisch dubiosen, weil nach Belieben unter Naziverdacht zu stellenden deutschen Mehrheit zu erhalten, dann erleben wir jetzt das glückliche Ende dieses Wahns.« (Ebd.) An sich ist nichts neu an Schirrmachers Pseudoanalyse: Mehrheitsdeutsche als Opfer, Rassifizierte als neue Nazis – ebenso schon 16 Jahre zuvor vom *Spiegel* kolportiert wie angegriffene Rentner als Symbol des Terrors der undeutschen Minderheit gegen die deutsche Mehrheit. Die Konstante ist die Differenzierung zwischen Deutschen (das heißt weißen, christlich oder christlich sozialisierten Menschen) und den »Anderen«, ob sie nun als Rom_nja, Ausländer, Türken oder Muslime bezeichnet werden. Wichtig ist: Sie sind keine Deutschen. Der Beweis: Sie hassen Deutsche und praktizieren rassistische Deutschenfeindlichkeit. Anders formuliert: Die Deutschen haben genug Abbuße getan, sie können sich guten Gewissens von ihrem Schuldgefühl für die nationalsozialistische Vergangenheit verabschieden, müssen dies sogar, da die Schuldanerkennung kontraproduktiv geworden ist und die neuen (nichtdeutschen) Nazis ermächtigt.

Neu an der heftigen Debatte um Schirrmachers Artikel war höchstens, dass in der Auseinandersetzung um die Diskriminierung von (echten) Deutschen der Begriff Rassismus endlich in den allgemeinen Sprachschatz aufgenommen wurde – genau durch jene, die bis dahin hartnäckig von Ausländerfeindlichkeit oder intellektueller, von Xenophobie sprachen, wenn sie rassistische Zustände beschrieben. Während der Begriff Rassismus hier, auf Mehrheitsdeutsche angewandt, völlig fehl am Platz ist, funktioniert er doch, weil er einerseits die strikte Trennung zwischen Deutschen und »Fremden« (das heißt nichtweißen, nichtchristlichen Deutschen) aufrechterhielt: Es sind die Anderen, die sich als grundlegend und unveränderlich von Deutschen verschieden begreifen, nicht die Deutschen, die ein Problem mit den Anderen haben. Er ist andererseits effektiv, weil es, wenn auch auf Spielplatzniveau, die so Ausgegrenzten zu den echten Rassisten macht: Deutsche stehen für eine »Tradition, die nicht zulässt, dass in ihrer Mitte radikale Ideologien und rassistische Anschläge ungesühnt bleiben. Die Türkische Gemeinde in Deutschland tut dies erkennbar nicht in ausreichendem Maße.« (Ebd.; während Schirrmacher diese Zeilen schrieb, mordete der NSU ungehindert und, bis heute, ungesühnt.)

Deutsche Normalisierung bedeutete den Abschluss mit der Nazi-Vergangenheit, nicht eine Öffnung der Debatte, indem beispielsweise eine echte Auseinandersetzung mit der Selbstdefinition der DDR als antifaschistischer Staat stattgefunden hätte oder eine Aufgabe der westdeutschen Gesprächshoheit zugunsten von Opfergruppen. Der gescheiterte Versuch der Rom_nja, einer Opfergruppe der Nazis, die bis in die Gegenwart unter Rassismus leidet, an die deutsche Verantwortung zu appellieren, zeigt das in aller Deutlichkeit. Stattdessen etablierte sich im Zuge der Wiedervereinigung ein zunehmender Konsens, dass es nun genug sei mit dem »Schuldkomplex«, dass stattdessen der Blick endlich nach vorne gewandt werden dürfe, ja müsse. Damit einhergehend war ein zunehmender Rassismus, an dessen Endpunkt die Setzung rassifizierter Gruppen als neue Nazis stand. In der Diskussion um Mehrheitsdeutsche als Opfer der zeitgenössischen Erben der Nazis, den Muslimen, schließt sich der Kreis: Rassismus als antifaschistische Selbstverteidigung. Wie ich gezeigte habe, war dieser Prozess nicht linear, sondern zirkulär, einige Tropen wiederholten sich regelmäßig und rückten so immer mehr ins Zentrum. Sie waren nicht immer auf die gleiche Gruppe fokussiert, verfolgten aber im Grunde immer das gleiche Ziel: sicherzustellen, dass die Anderen anders bleiben. Dies funktionierte über eine Feinbildherstellung, die alte Stereotype über »Zigeuner«, »Südländer« und »Orientalen« mit der urdeutschen Identität des Nazis verband (nochmals Schirrmacher zur Pflicht der deutschen Intellektuellen: »[...] dass man ausspricht, dass die Mischung aus Jugendkriminalität und muslimischem Fundamentalismus potentiell das ist, was heute den tödlichen Ideologien des zwanzigsten Jahrhunderts am nächsten kommt.«) Diese Konstellation ist zweifellos in einigen Aspekten zwangsläufig spezifisch deutsch, doch spätestens mit der Identifizierung von Muslimen als den neuen Nazis zeigen sich die Zusammenhänge zu europaweiten und globalen Debatten.

Teil 3: Postfaschistischer Multikulturalismus

I. Deutschland ist (k)ein Einwanderungsland

Europas Andere

Das Westeuropa, das sich nach dem Ende des Zweiten Weltkriegs anschickte, eine Schlüsselrolle auf der Weltbühne einzunehmen, stand nominell für alles, das Nazideutschland hatte zerstören wollen: Freiheit, Frieden, Menschenrechte und Demokratie. Indem es sich als Nachfolger der demokratischen Gegner Hitlers präsentierte, der nun den Kontinent gegen den ebenso demokratiefeindlichen kommunistischen »Ostblock« verteidigte, delegitimierte Westeuropa das antifaschistische Narrativ des sozialistischen Ostens und distanzierte sich gleichzeitig vom Erbe des Faschismus (obschon dieser in Spanien noch bis in die späten 1970er Jahre anhielt und in Griechenland in den 1960ern wieder aufflammte, ohne dass der Europarat eingriff). Im Kontext des Kalten Kriegs war es politisch opportun für den Westen, die Erinnerung an den Kampf des demokratischen Europa gegen die nationalsozialistische Bedrohung wachzuhalten. Die demokratische Bundesrepublik, treibende Kraft hinter der kontinentalen Vereinigung, wechselte in dieser Gleichung jedoch notwendigerweise von der (Nazi-)deutschen auf die europäische Seite. Dies ging nicht ohne Spannungen ab, die wiederum nach dem Zusammenbruch der UdSSR und der Wiedervereinigung akut wurden, als der resultierende Machtgewinn des neuen Deutschlands alte Ängste weckte. Ängste, die zum Teil auch auf der noch ungelösten Frage nach der Identität des ebenso kürzlich wiedervereinigten europäischen Kontinents beruhten.

Auch wenn schnell deutlich wurde, dass Deutschland eine zentrale Rolle im neuen Europa einnehmen würde, blieb unklar, wie genau dieses Europa aussehen würde: Was tun mit dem sozialistischen Erbe und den postsozialistischen Nationen? Ausweitung der Europäischen Union und wenn ja, bis zu welchen Grenzen? Was mit der noch ungelösten Frage der Türkei und dem Verhältnis zu Russland? Was mit den Migrant_innen? Es setzte eine zunehmend nervöse Debatte über die Bedrohung der nur vage definierten europäischen Identität ein, die mal als christlich, mal als säkular, mal als judeo-christlich und gewöhnlich zumindest implizit als weiß vorausgesetzt wurde. Entsprechend schien die Bedrohung Europas von jenen auszugehen, die aus allen diesen Definitionen herausfielen: nämlich Communitys of color – Schwarz, Rom_nja und, in jüngster Zeit am deutlichsten, muslimisch – als könne die Unsicherheit über Europas Identität und seine ökonomische und politische Zukunft durch den Ausschluss derer, auf die alles »Uneuropäische« projiziert wurde, beendet werden.

Auch dies ist natürlich alles andere als eine neue Strategie. Die Sündenbockfunktion rassifizierter Gruppen für innereuropäische Probleme ist eine notwendige Folge des internalistischen Narrativs, das ständig bestrebt ist, die Verwischung der angeblich klaren Grenzen europäischer Identität zu verhindern – in Abgrenzung vom Globalen Süden und Osten, aber auch intern, durch die Schaffung einer Hierarchie des Europäischseins (an ihrer Spitze der Nordwesten, am weitesten von den suspekten Grenzzonen des Balkans und des Mittelmeers entfernt). Dieser Prozess geht zurück zum Zeitalter der Nationalstaaten. Ausgrenzungen bestimmter Gruppen gab es natürlich auch schon vorher, doch nun ging es um die Schaffung kollektiver territorialer Identitäten. Von Beginn an verlangte die Konstruktion europäischer Nationalstaaten als »natürliche« Heimat der Völker, von denen sie bewohnt wurden, die Schaffung normativer nationaler Identitäten. Diese wiederum mussten deutlich von der kollektiven Identität anderer Staatsvölker abgrenzbar sein und produzierten so automatische nationale Minderheiten. Denn kein Volk war so homogen wie es imaginiert wurde und Staatsgrenzen, die nun nicht mehr pragmatisch Herrschaftsgebiete, sondern quasinatürliche Nationen definierten, trennten kulturelle und Sprachgemeinschaften.

Manchmal verlief dieser Trennungsprozess relativ problemlos, wie etwa im Umgang mit der dänischen Minderheit in Schleswig-Holstein, der seit 1955 durch ein bilaterales Abkommen mit Dänemark geregelt ist (Bundesministerium des Innern 2014). Häufiger wurde die imaginierte nationale Homogenität allerdings gewaltsam hergestellt, so etwa 1885/86 mit der Massendeportation von rund 30.000 Pol_innen aus Preußen und der anschließenden »Germanisierung« des vormals polnischen Ostpreußen (vgl. Ther 2011). Den als nicht zur Volksgemeinschaft gehörig Wahrgenommenen wurde eine andere, angeblich ebenso klare ethnonationale Identität zugewiesen, die mal, wie im Falle der Dän_innen, als kompatibel mit der eigenen Gemeinschaft galt, mal, wie im Falle der deportierten Pol_innen, als inkompatibel. Den so Ausgegrenzten wurde die Identifizierung mit ihrem Heimatland, das heißt dem Land in dem sie lebten, verweigert und zwangsweise mit einer anderen nationalen Identifikation ersetzt, mit mehr oder minder weitreichenden Konsequenzen. Deutlich war aber in jedem Fall: Die Zuschreibung einer – und nur einer – nationalen Identität war nötig. Das hatte weitreichende Konsequenzen für Gruppen ohne nationale Heimat, Gruppen, die im dominanten Diskurs als nicht zugehörig definiert wurden und keinem anderen Nationalstaat zugeordnet werden konnten. Für Jüd_innen und Rom_nja traf das in jedem nationalen Kontext zu, sie wurden also nicht nur als »undeutsch«, »unpolnisch« etc. eingestuft, sondern letztlich als uneuropäisch.[1] Daran hat sich auch mit der zunehmenden Nachkriegs-Europäisierung wenig geändert: Während Jüd_innen nun Israel als Heimatstaat zugewiesen wird, gilt die Tatsache, dass Rom_nja europaweit präsent sind ohne nach einem Nationalstaat zu streben, keineswegs als Affirmation ihrer europäischen Identität, sondern führt wie gehabt zur Ausgrenzung aus den diversen nationalen Gemeinschaften, die das postnationale Europa formen. Ebenso lebt die Rassifizierung von Europäer_innen of color in der Annahme fort, dass ihre »wirkliche Heimat« außerhalb des Kontinents liegt. Nach den Massenvertreibungen des Zweiten Weltkriegs grenzte Westeuropa sich zwar ab von einem expliziten Ethnonationalismus, der die gewaltsame Vertreibung minorisierter Gruppen erlaubt hätte. Dennoch setzte sich ethnonationalistisches Denken im Nachkriegseuropa fort und hatte konkrete politische Folgen von Nordirland bis Spanien und auch in der Bundesrepublik.

Wie erst Jahrzehnte später bekannt wurde, plante Bundeskanzler Kohl im Jahr 1982, gleich nach seinem Amtsantritt, Deutschlands »türkische« Bevölkerung zu halbieren. Dieser Plan beruhte auf der Annahme, dass Millionen von »Gastarbeitern« und ihre Nachkommen dank ihrer kulturellen Andersartigkeit keinerlei Wurzeln geschlagen hätten und daher durch einen moderaten finanziellen Anreiz dazu bewegt werden könnten, das Leben, das sie über Jahrzehnte in Deutschland aufgebaut hatten,

1 | Siehe auch Matti Bunzls Theorie zum modernen Antisemitismus als Produkt des Aufstiegs des Nationalstaats, sein Ziel war entsprechend die »Reinheit« der Nation, während laut Bunzl moderne Islamfeindschaft ein Produkt der postnationalen Weltordnung ist. Ziel ist hier, Europas Identität rein zu halten (vgl. Bunzl 2008).

überstürzt aufzugeben, um in ihre »Heimat« zurückzukehren – ebenfalls implizit ist natürlich die Annahme, dass es nötig beziehungsweise vorteilhaft für die Nation sei, diese Bevölkerungsgruppe zu dezimieren. Kohls nur begrenzt in die Tat umgesetzte Idee reflektiert eine Sichtweise, an der in Deutschland allzu lange festgehalten wurde:[2] außereuropäische »Gastarbeiter« als ewige Fremde, die mit einer inkompatiblen, statischen »ausländischen« Identität ankommen, die sie unverändert beibehalten, bis sie in eben dieses »Ausland« zurückkehren (zwei Drittel der Bundesbürger_innen unterstützten 1982 eine derartige »Rückführung«, vgl. N. N. 1982). Während diese Haltung sicher nicht auf Westdeutschland beschränkt war, manifestierte sie sich hier durch das Abstammungsstaatsbürgerschaftsrecht besonders deutlich und mit weitreichenden Folgen: Es entstand eine wachsende Gruppe »Migrantisierter,« das heißt in Deutschland geborener und aufgewachsener Menschen, denen der Status des Deutschseins dennoch verweigert wurde. Dies geschah juristisch aufgrund ihres fehlenden »deutschen Bluts« (das zudem bis 1976 nur väterlicherseits relevant war), aber die Tatsache, dass legitimes »Deutschsein« untrennbar mit der Idee der Abstammung von »ethnisch Deutschen« verbunden war hatte natürlich komplexere Folgen: Wer diesem ethnischen Deutschenbild entsprach, konnte sozial trotz mangelndem legalen Status als deutsch durchgehen, wer ihm nicht entsprach, wurde trotz deutschem Pass als undeutsch wahrgenommen. Während etwa osteuropäische Migrant_innen sich systematischer Diskriminierung ausgesetzt sahen, auch wenn sie weiß und christlich waren, reichten diese beiden Charakteristika oft zur »Eindeutschung« ihrer Nachkommen, da diese qua Sprache als einheimisch wahrgenommen wurden. Für andere Gruppen, etwa Schwarze Deutsche, war der oft als entscheidend angesehene Sprachfaktor jedoch sekundär zur Überzeugung, dass Deutsche normativ weiß sind, sodass hier auch der richtige Pass und die richtige Abstammung nicht zur Wahrnehmung als zugehörig führten (vgl. Foroutan/Canan/Arnold 2014). Die Verbindung von Zugehörigkeit bzw. Staatsbürgerschaft und »deutschem Blut« produzierte so verlässlich und unvermeidlich rassifizierte Katego-

2 | 1983 beschloss die Bundesregierung eine auf ein Jahr begrenzte »Rückkehrhilfe« von 10.500 DM für rückkehrwillige Migrant_innen (plus 1.500 DM für jedes Kind, das mitging) aus Nicht-EU-Staaten, mit denen die BRD ein Anwerbeabkommen abgeschlossen hatte. Trotz hoher Arbeitslosigkeit wurde das Angebot jedoch nur von relativ wenigen wahrgenommen (vgl. Schmidt 2013).

rien des Ausschlusses, die bis zu Beginn dieses Jahrtausends im bundesdeutschen Staatsangehörigkeitsrecht reflektiert wurden.

Erbliche Fremdheit: Die Ursprünge des deutschen Staatsbürgerschaftsrechts

Die Schaffung von Nationalstaaten im Europa des 18. und 19. Jahrhunderts, dessen Einwohner_innen sich lange primär lokalen oder regionalen Gemeinschaften zugeordnet hatten, verlangte zunächst die Konstruktion nationaler Identitäten, diese mussten jedoch von konkreten, verfassungsrechtlichen Definitionen begleitet werden. Die Inhalte dieser Staatsbürgerschaftsregelungen orientierten sich am vorherrschenden Volksbegriff. War dieser primär kulturell, wie etwa in Frankreich, wurde das *jus soli*-Prinzip favorisiert, das davon ausging, dass Geburt und dauernder Aufenthalt in einem Land die Zugehörigkeit zum Volk konstituierten. Dem gegenüber stand das *jus sanguinis*-Prinzip, das eine Zugehörigkeit zur staatlichen Gemeinschaft nur aufgrund von Abstammung anerkannte. Während die meisten europäischen Verfassungen von einer Mischung beider Ansätze geprägt waren, dominierte in Zentraleuropa das *jus sanguinis*, das Blutsrecht. Die erste moderne deutsche Staatsbürgerschaftsregelung, die das feudale Territorialprinzip ablöste, das Preußische Untertanen-Gesetz von 1842, schrieb dies ausdrücklich fest, ein Recht auf Einbürgerung existierte nicht. Das den *jus sanguinis*-Regelungen immanente Problem besteht allerdings in der notwendigen Projektion des Staats- und Volksbegriffs in eine Zeit bevor diese Definitionen existierten: Die Zugehörigkeit zu einem Staat lässt sich nur durch Abstammung von einem Staatsangehörigen erwerben, der wiederum die Staatsangehörigkeit besitzt, da er von einem Staatsangehörigen abstammt usw. Im Falle Preußens wurde das Problem gelöst, indem alle *vor* 1842 in Preußen Geborenen unabhängig von ihrer Abstammung automatisch zu Staatsangehörigen wurden. Für nach 1842 Geborene galt dies jedoch nicht mehr, sie erhielten die Staatsangehörigkeit nur, wenn auch ihre Väter gebürtige Preußen waren (es wurde also punktuell ein radikales *jus soli*-Verständnis von Zugehörigkeit praktiziert, um die folgende radikale Anwendung des *jus sanguinis*-Prinzips möglich zu machen).

Das knapp 30 Jahre später gegründete Deutsche Reich übernahm dieses Prinzip. Die Reichsangehörigkeit wurde zunächst ausschließlich indirekt durch Zugehörigkeit zu einem, oder mehreren, deutschen Bundesstaaten erworben. Erst ab 1888 konnte sie direkt, das heißt ohne gleichzeitige Bundesstaatsangehörigkeit, verliehen werden. Die ethnokulturelle deutsche Volksdefinition war orientiert am Idealbild eines deutschen Nationalcharakters, der sich seit Urzeiten immer wieder auf heroische Weise Ausdruck verschafft hatte (exemplarisch in Johann Gottlieb Fichtes 1808 gehaltenen Reden an die deutsche Nation). Dies musste jedoch unerfüllbare Ansprüche an die konkrete Staatsgründung stellen. Das Deutsche Reich spiegelte die tatsächliche Zusammensetzung des deutschen Volkes, seine ethnische und religiöse Heterogenität, das wurde jedoch als Manko empfunden. Während auf der einen Seite bestimmte Gruppen von Reichsangehörigen nicht als Teil des deutschen Volkes akzeptiert wurden, namentlich Menschen jüdischer oder polnischer Abstammung, wurden Angehörige anderer Nationen, beispielsweise Österreicher_innen, als zur »deutschen Blutsgemeinschaft« gehörend betrachtet. Die Einheit dieses »deutschen Volkes« herzustellen und »Fremdkörper« auszuschließen wurde zunehmend als eigentliche Aufgabe der Staatenbildung betrachtet. Trotz seiner rigorosen Anwendung des *jus sanguinis* wurde der existierende deutsche Staat so niemals als zufriedenstellender Ausdruck der »deutschen Nation« empfunden, da seine verfassungsrechtliche Konstruktion im Widerspruch zum ethnischen Volksbegriff stand. So kam es schon früh zu Versuchen einer Änderung des Staatsbürgerschaftsrechts im »ethnonationalen« Sinne. Dabei ging es vor allem um zwei Punkte: die Bindung von »Auslandsdeutschen« an den Staat – schließlich produzierte keine europäische Nation mehr Auswander_innen als Deutschland – und eine Erschwerung der Naturalisation für, auch in Deutschland geborene, Ausländer_innen (vgl. Brubaker 1992).

Der einflussreiche völkisch-nationale Alldeutsche Verband forderte schon 1894 die Abschaffung jener Klausel, die bei über zehnjährigem Auslandsaufenthalt zum Verlust der Staatsbürgerschaft führte und verlangte stattdessen das *jus sanguinis* auch für im Ausland geborene Deutsche und ihre Nachfahren; eine Forderung, die ebenso auf die hohe Zahl der Auswanderer auf andere Kontinente abzielte, wie auf »ethnisch Deutsche« in Europa, insbesondere in Polen.[3] Sie wurde von allen im Reichstag vertre-

3 | Wie bereits am Namen erkennbar, sah sich der 1891 gegründete Alldeutsche Verband (AV) als Vertreter aller »Deutschen«, eine Kategorie, die nach Auffassung des Verbandes nicht nur nicht die gleiche war wie die der deutschen Reichsbür-

tenen Parteien unterstützt und 1901 auch von der Regierung akzeptiert. Der Alldeutsche Verband hatte jedoch gleichzeitig ein Immigrationsverbot für »Sprachen- und Rassefremde« verlangt, eine Forderung, die Verbandspräsident Hasse, als Abgeordneter der Nationalliberalen, ins Parlament trug. Inoffiziell existierten derartige Verbote bereits, so mussten in Preußen seit 1899 Naturalisationsanträge von Pol_innen und Jüd_innen dem Innenminister zur besonderen Prüfung vorgelegt werden (Brubaker 1992, 135), während das Reichskolonialamt Einbürgerungsgesuchen von Afrikaner_innen grundsätzlich nicht stattgab.[4] Als es 1912 schließlich zu Beratungen über eine Neuformulierung des Reichs- und Staatsangehörigkeitsgesetzes kam, waren Konflikte daher unvermeidlich. Auf der einen Seite standen diejenigen, die die gehandhabte Ausgrenzungspraxis zur offiziellen Politik machen wollten und wie der nationalliberale Abgeordnete Beck erklärten: »Der [...] Zweck dieses Gesetzes aber ist, man will verhindern, daß Ausländer, die bei uns nicht willkommen wären, Deutsche werden können; man will nichtdeutsches Blut von der Aufnahme in das deutsche Vaterland abwehren« (zit. n.: Hansen 1999, 7). Auf

ger_innen, sondern in direkter Opposition zu ihr stand: Ziel war es, die »deutsche Rasse« in einer Nation zu vereinen, aus der gleichzeitig alle »Rassefremden« ausgeschlossen werden würden. Der AV war also zum einen expansionistisch, von Carl Peters mitgegründet war die Förderung des deutschen Kolonialismus eines der Hauptziele des Vereins, ebenso wie die Schaffung eines »großdeutschen« Reiches, das idealerweise Österreich, aber zumindest große Teile Polens und Tschechiens einschließen sollte. Gleichzeitig war der Verband mit der Bekämpfung des »inneren Feindes« befasst. Diese Gruppe umfasste all diejenigen, die nicht zur deutschen »Rasse« gehörten und die, die sie durch ihre Politik gefährdeten, vor allem die SPD. In der Argumentation des Verbandes wird deutlich, dass »deutsches Blut« als rassische Kategorie verstanden wurde, die weitgehend der heute impliziten Definition von weiß und christlich entsprach – deutsches Blut allein war nicht genug, es musste »rein« sein. Tatsächlich machte der AV die »Rassenmischung«, die »Verseuchung« des deutschen Blutes als eine der größten Gefahren aus (innerhalb Deutschlands in der Hauptsache durch Jüd_innen und Slaw_innen, in den Kolonien durch die »farbigen Völker«) (vgl. Hering 2003).

4 | Für in Deutschland lebende Afrikaner war es jedoch möglich, mittelbar die Reichsangehörigkeit zu erlangen, nämlich durch Einbürgerung in dem betreffenden Bundesland. Dass dies des Öfteren geschah, lässt sich indirekt an den Fällen ablesen, in denen es nach 1933 zum Entzug dieser Staatsangehörigkeit kam (vgl. El-Tayeb 2001, 139).

der anderen Seite waren es die Sozialdemokraten, die *jus soli*-Elemente einführen wollten, das heißt ein an Bedingungen geknüpftes Einbürgerungsrecht für bestimmte Gruppen. In der Vorberatungskommission des Reichstages wurde der grundsätzliche Dissens um den Zusammenhang der Begriffe »Rasse«, »Volk« und »Staat« schon beim Entwurf des ersten Paragraphen deutlich. Der Versuch, statt strikt juristischer Reichsangehörigkeit Deutschsein zu definieren, führte sofort zu Konflikten:

»Deutscher ist
1) wer die Staatsangehörigkeit in einem deutschen Bundesstaat besitzt [...]
2) wer die Reichsangehörigkeit unmittelbar verliehen erhielt.
Aus der Mitte der Kommission wendete man sich auch um deswillen gegen den Antrag, da er den Begriff der Nation, der Rasse verwische und das völkische Moment außer Betracht lasse. Werde das Wort ›Reichsangehöriger‹ durch das Wort ›Deutscher‹ ersetzt, so würde die Folge sein, daß ein Deutscher, der nicht die Reichsangehörigkeit besitzt – beispielsweise ein Deutsch-Österreicher, ein Balte, sich nicht mehr als Deutscher betrachten und fühlen könne, während der Slawe, der die Reichsangehörigkeit erlangt hat, Deutscher sein würde.« (Zit. n.: El-Tayeb 2001, 140)

Der so konstruierte Gegensatz zwischen der Gruppe der Reichsangehörigen und der der Deutschen wurde im Folgenden nicht aufgelöst, vielmehr zeichnete sich ab, dass für die Mehrheit der Kommission die letztere Kategorie die eigentliche relevante war. Der schließlich eingebrachte Entwurf sah vor, dass »ethnische Deutsche« im Ausland die deutsche Staatsbürgerschaft behielten, beziehungsweise auf Antrag erhielten, und an ihre Nachkommen weitervererbten, auch wenn diese nicht in Deutschland lebten, eine doppelte Staatsangehörigkeit stellte hierbei kein Problem dar. Versuche der SPD, ein Naturalisationsrecht für in Deutschland geborene und aufgewachsene Kinder von Ausländer_innen zu erreichen, scheiterten dagegen. Der freisinnige Abgeordnete Blunk stellte mit Blick auf die Situation der staatenlosen Dän_innen in Norddeutschland den Antrag, Kindern aus Ehen deutscher Frauen mit Nichtdeutschen die Staatsangehörigkeit zu verleihen. Unter ausdrücklichem Verweis auf Kinder aus »rassischen Mischehen« wurde auch dieser Antrag abgelehnt, da die Implikation, dass »deutsches« und »weißes« Blut nicht dasselbe sei, für die Kommissionsmehrheit inakzeptabel war (ebd.). Lediglich in der Frage der Findelkinder, deren Abstammung absolut nicht festzustellen war, entschloss sich die Kommission zu einer *jus soli*-Regelung: Sie sollten, auf Widerruf, zunächst als Angehörige des Bundeslandes betrachtet werden, in dem sie gefunden worden waren – ausgenommen waren natürlich die »Schutzgebiete«, wie die deutschen Kolonien offiziell bezeichnet wurden. Dieser Beschluss wurde von der Regierung jedoch entschieden zurückgewiesen, hätte er sich doch auch auf diejenigen erstreckt, die »unmöglich deutsch sein können, Mongolen- oder Negerkinder« (ebd., 141). Auch die von der SPD geforderten Einbürgerungserleichterungen für lange in Deutschland lebende Ausländer wurden von einer Reichstagsmehrheit abgelehnt.

Die Behauptung, dass »deutsches Blut« ein Begriff sei, der mit »Rasse« nichts zu tun habe, zumindest nicht notwendigerweise, da schließlich auch nichtweiße Menschen deutsches Blut haben können, ist angesichts dieser Genealogie wenig überzeugend. »Deutsches« Blut gibt es natürlich nicht wirklich, es ist eine künstliche Konstruktion, die darauf abzielte, die Kategorie der Deutschen auf eine bestimmte Personengruppe zu beschränken und dies auch fast ein Jahrhundert lang erfolgreich tat. Trotz der unklaren Begrifflichkeit und den ethnonationalistischen und rassistischen Untertönen des 1913 verabschiedeten Reichs- und Staatsangehörigkeitsgesetzes wurde es erst im Jahr 2000 durch das reformierte Staatsangehörigkeitsgesetz ersetzt.[5]

5 | Das hieß unter anderem auch, dass die Bundesrepublik an einer einheitlichen deutschen Staatsangehörigkeit festhielt, die die DDR einschloss (dort war 1967 das RuStG durch ein neues, auf das Territorium der DDR beschränktes Staatsangehörigkeitsrecht ersetzt worden). Ebenso bedeutete dies den Einschluss »ethnisch Deutscher« außerhalb der Grenzen der BRD und die Einbürgerung in Deutschland geborener »Ausländer« als Ausnahme, nicht Regelfall. Die Debatten um die Änderung des Staatsangehörigkeitsrechts im vereinten Deutschland fokussierten vor allem auf die Frage der Einbürgerung und der doppelten Staatsbürgerschaft. Letztere wurde von der oppositionellen CDU/CSU zu einer massiv rassistischen Unterschriften-Kampagne genutzt und führte zum Wahlsieg Roland Kochs in Hessen und damit zu einer geänderten Mehrheit im Bundesrat. In Folge wurde die doppelte Staatsbürgerschaft aus dem Reformpaket gestrichen und durch das umstrittene sogenannte Optionsmodell ersetzt (vgl. Klärner 2000).

Bürger_innen mit migrantischem Hintergrund und das Scheitern von Multikulti

Im Zentrum des deutschen Verständnisses von Staatsbürgerschaft stand also im gesamten 20. Jahrhundert ein eklatanter Widerspruch: auf der einen Seite aggressive Assimilationsforderungen für »Fremde«, das heißt Menschen ohne »deutsches Blut«, gepaart mit der Überzeugung, dass diese Assimilation für rassifizierte Gruppen faktisch unmöglich sei, da der Begriff des Deutschen selbst extrem rassifiziert war. Konsequenterweise wurde »Rassefremden« die Erlangung der Staatsbürgerschaft schwer bis unmöglich gemacht – doppelte Staatsbürgerschaft wurde in diesem Modell mit geteilten Loyalitäten gleichgesetzt und abgelehnt (und noch heute wird sie nur in Ausnahmefällen zugestanden, wenn es um Nationen außerhalb der EU geht, was besonders die große Gruppe der Türkisch-Deutschen in eine schwierige Lage bringt. Vgl. Yücel 2005, holl. 2005, N. N. 2013). Die Ausnahme waren stets »Auslandsdeutsche«: Hier wurde alles getan, um Menschen deutscher Abstammung im Ausland von der Assimilation abzuhalten und eine »deutsche« Identifikation zu fördern, einschließlich der Möglichkeit der doppelten Staatsbürgerschaft. So blieb die Spannung zwischen einem »völkischen«, rassifizierten Begriff von Deutschsein und einer modernen Definition von Staatsbürgerschaft dauerhaft bestehen.[6]

So erklärt sich, warum in der Bundesrepublik Fremdheit nahezu ungebrochen auf die Kinder und Kindeskinder der »rassenfremden« Arbeitsmigrant_innen übertragen wurde. Sie galten bis zum Beginn des 21. Jahrhunderts legal, kulturell und sozial trotz Geburt und Sozialisation in Deutschland als Ausländer_innen. Die unvermeidbare Folge war das Entstehen einer Zwei-Klassen-Gesellschaft, in der Nicht-Zugehörigkeit aktiv produziert wurde, indem Fremdheit zunächst auf minorisierte Gruppen projiziert wurde – aufgrund des vorherrschenden Dogmas konnten sie nichts anderes als »fremd« sein« – um ihnen dann diese angebliche Fremdheit, die sie weitgehend von gleichberechtigter gesellschaftlicher Partizipation ausschloss, zum Vorwurf zu machen.[7] Auf die unvermeid-

6 | Siehe El-Tayeb 2001 für eine detailliertere Diskussion der Rassifizierung des deutschen Nationalbegriffs anhand des Beispiels Schwarzer Deutscher.

7 | In Deutschland geborene »Ausländer_innen« haben in zahlreichen Bereichen weniger Rechte als Deutsche oder sind ganz von ihnen ausgeschlossen, das reicht von der Sportförderung für Kinder bis zum Arbeitsmarkt.

lichen Konsequenzen wurde und wird dann mit naivem oder heuchlerischem Erstaunen seitens der Mehrheitsdeutschen reagiert, die sich schnell daran machten, die Gründe für die fehlende Integration Migrantisierter in kulturellen Defiziten derjenigen zu sehen, die sie selbst noch immer nicht bereit waren als gleichwertig, geschweige denn als Deutsche, anzuerkennen. Die Unhaltbarkeit dieser essenzialistischen Sichtweise wurde mit dem geänderten Staatsangehörigkeitsrecht von 2000 zumindest teilweise anerkannt – allerdings nicht ohne den neuen potenziellen Deutschen schnell die Schuld für das angebliche Scheitern dieser halbherzigen Strategie zuzuschieben, in der Begriffe wie »Bürger mit migrantischem Hintergrund« die alten Hierarchien effektiv aufrechterhalten (Was genau ist ein »migrantischer Hintergrund«? Was ist seine Relevanz? Wann wird der Hintergrund zum Vordergrund? Und wie trägt der Begriff dazu bei, alltäglichen Rassismus zu reduzieren – oder zu produzieren?).

Besonders deutlich ist dies noch immer im Umgang mit Deutschen türkischer Abstammung, inzwischen vermehrt als »Deutsch-Türken« bezeichnet, ein Begriff, der diese Gruppe linguistisch und symbolisch fest in der Türkei, nicht in Deutschland verankert. 1982 war Kohls Begründung der Notwendigkeit, türkische Migrant_innen und ihre Nachkommen aus Deutschland zu entfernen, ihre »sehr andersartige Kultur« gewesen, die sie von Migrant_innengruppen unterscheide, die der Kanzler als europäisch und daher integrierbar einstufte (Schmidt 2013). Die Frage der kulturellen Kompatibilität blieb in den folgenden Jahrzehnten zentral, wird aber gewöhnlich an europäischer, nicht nationaler Kultur gemessen (zumindest außerhalb rechtsnationalistischer Kreise und zunehmend auch innerhalb dieser, siehe etwa die Namenswahl der *Patriotischen Europäer gegen die Islamisierung des Abendlandes*), eben, da so eine bedrohte liberale europäische Identität statt diskreditierter ethnonationalistischer Vorstellungen zur Begründung des Ausschlusses herangezogen werden kann: Statt um die Reinhaltung des Volkes geht es nun angeblich um Freiheit, Toleranz, Gleichberechtigung und andere Schlagworte des neoliberalen Multikulturalismus.[8]

8 | Neben einer zunehmenden Europäisierung rechtsradikal-nationalistischer Organisationen zeigt sich auch eine Verschiebung ihrer Rhetorik hin zur angeblichen Gefährdung europäischer Grundwerte (durch muslimische Europäer_innen), denen diese Gruppen selbst feindlich gegenüberstehen (vgl. El-Tayeb 2012).

Fast 30 Jahre nach Kohls Initiative verkündete Kanzlerin Merkel im Oktober 2010 das Scheitern des Multikulturalismus – angesichts des zögerlichen und kürzlichen Bekenntnisses der deutschen Gesellschaft zu diesem Modell ein recht radikaler Schritt, der jedoch in der breiten öffentlichen Rezeption von Merkels Statement eher als überfälliges Anerkennen einer offensichtlichen Realität präsentiert wurde.[9] Das Ende des Multikulturalismus übersetzte sich schnell in das Ende der Toleranz für diejenigen, die ohnehin nie als Europäer_innen anerkannt worden waren – postkoloniale und Arbeitsmigrant_innen aus dem Nahen Osten, Asien und Afrika und deren Nachkommen. Ohne sie, so der Tenor, könne Europa seine gefährdete gemeinsame Identität wiederfinden; eine Identität, die in der nie in Kraft getretenen europäischen Verfassung von 2004 als auf folgenden Werten basierend definiert wurde: »Die Achtung der Menschenwürde, Freiheit, Demokratie, Gleichheit, Rechtsstaatlichkeit und die Wahrung der Menschenrechte einschließlich der Rechte der Personen, die Minderheiten angehören« (Bundeszentrale für politische Bildung 2005, 34).[10] Die recht offensichtliche Ironie in der Mobilisierung dieser Werte zur Ausgrenzung rassifizierter Communitys ging an den meisten Verteidiger_innen Europas entweder vorbei oder wurde mit dem Argument beantwortet, dass das neue Europa schließlich nur diejenigen ausschließe, die seine Grundwerte ablehnen (womit keineswegs die an Einfluss gewinnenden rechten, anti-europäischen und rassistischen Parteien und außerparlamentarischen Gruppierungen gemeint waren).

Letztlich bestätigte die positive Reaktion anderer europäischer Staatschefs auf Merkels kategorisches Urteil Deutschlands Status als normativ europäisch – im Rest des Kontinents wurde das Ende des Multikulti-Experiments nicht als deutscher Sonderfall, sondern als deutsche Variante einer europäischen Situation interpretiert: Der britische Premier David Cameron und der französische Staatschef Nikolas Sarkozy folgten schnell mit ähnlichen Aussagen (vgl. Wright/Taylor 2011, apa/afp 2011). Diese Reaktion schien sowohl zu bestätigen, dass Deutschland als repräsentativ für Europa wahrgenommen wurde, als auch, dass dieses vereinte Europa

9 | Laut dpa reagierten europäische Medien überwiegend positiv auf Merkels Aussage, während die Reaktionen im außereuropäischen Ausland gemischter waren (vgl. flo/dpa 2010).

10 | Nach negativen Volksentscheiden in Frankreich und den Niederlanden nahm die EU von der Einführung einer europäischen Verfassung Abstand.

sich durch Nichteuropäer_innen verursachten Problemen gegenübersah, die eine grenzüberschreitende Strategie erforderten. Neben einer gemeinsamen Migrationspolitik fokussierte diese vor allem auf die Frage der potenziellen EU-Mitgliedschaft der Türkei, einer Nation, aus der schließlich die Mehrheit der Nicht-EU-Migrant_innen stammt, europaweit, aber besonders in Deutschland (dicht gefolgt von Russland, aber die Türkei, ebenso an Europas Peripherie gelegen, ist im Gegensatz zu ersterer Nation an einer Aufnahme in die europäische Gemeinschaft interessiert – und ebenfalls im Gegensatz zu Russland ein mehrheitlich muslimisches Land).

Es hat sich nur sehr langsam ein gesellschaftliches Eingeständnis der Tatsache entwickelt, dass Deutschland ein Einwanderungsland ist und die Entwicklung seit Merkels Diktum, von Pegida zu AfD, zeigt, dass das Konzept der Einwanderungsgesellschaft umstritten bleibt. Nach wie vor gibt es zudem kaum ein Bewusstsein der Tradition von Migration, die Jahrhunderte vor den ersten »Gastarbeiter«-Abkommen in den 1950ern begann, und ebenso sehr scheint in Vergessenheit geraten zu sein, dass im 18. und 19. Jahrhundert kaum ein Volk so viele »Zuwanderer« produzierte wie die Deutschen.[11] Im Zuge der Wiedervereinigung war das Dogma von Deutschland als einem Nicht-Einwanderungsland ein solch dominanter Bestandteil von Diskussionen um Staatsbürgerschaft, Migration und rechtsradikale Gewalt, dass es nahe liegt anzunehmen, es sei von zentraler Bedeutung für das nationale Selbstverständnis. Offensichtlich stand hier viel mehr auf dem Spiel als juristische Konstruktionen. Dennoch verabschiedete Deutschland sich unbestreitbar, wenn auch zögernd, von einer monoethnischen Nicht-Einwanderungs-Identität. Die überfällige Einführung von *jus soli*-Elementen in das Staatsbürgerschaftsrecht

11 | Zumindest innerhalb des wissenschaftlichen Diskurses verlor das Thema Migration seit der Jahrtausendwende langsam seinen traditionellen Außenseiterstatus. Trotz einiger bahnbrechender Veröffentlichungen – u. a. zahlreiche Titel von Klaus J. Bade und dem Osnabrücker Institut für Migrationsforschung und Interkulturelle Studien (vgl. Bade 1992, Motte/Ohliger/von Oswald 1999) und der Gründung des Rats für Migration 1998 ist die Migrationsforschung in Deutschland allerdings noch immer entwicklungsbedürftig; vor allem da Migrant_innen und Migrantisierte – analog zur gesamtgesellschaftlichen Haltung – zu oft lediglich als passive Untersuchungsobjekte betrachtet werden (wichtige frühe Ausnahmen sind u. a. Ha 1999 und Gelbin/Konuk/Piesche 1999).

und der Versuch, Migration gesetzlich zu regeln (damit zugebend, dass sie eine langfristige Realität ist), zeigen, dass eine Trennung von Nationalität und Ethnizität im deutschen Identitätskonzept möglich ist. Die erbitterten Debatten um diese begrenzten Zugeständnisse an eine eher kulturelle denn biologistische Definition nationaler Identität zeigten aber auch, dass dieser Prozess weder automatisch voranschreiten wird noch unumkehrbar ist. Immer wieder wird deutlich, dass Migration und die Frage, wer deutsch ist oder werden kann, sich wie kaum eine andere dazu eignet, die Mehrheitsbevölkerung zu mobilisieren und Debatten zu polarisieren.

Der bayerische Ministerpräsident und spätere CDU/CSU-Kanzlerkandidat Edmund Stoiber erklärte schon 1999, die doppelte Staatsbürgerschaft gefährde die innere Sicherheit Deutschlands mehr als der Terrorismus der RAF in den 1970er Jahren (dpa 1999, 5). Während Stoibers kaum noch implizite Gleichsetzung von Migration und Terrorismus 1999 noch etwas aus dem Rahmen fiel, ist sie im Zuge der staatlichen Reaktionen auf die Anschläge vom 11. September 2001 nahezu zum Gemeinplatz geworden. Die Attentate wurden weltweit zum Anlass genommen, Bürger_innenrechte im Namen der »inneren Sicherheit« zu beschneiden und gleichzeitig eine repressive Ausländer_innengesetzgebung als probates Mittel im Kampf gegen den internationalen Terrorismus zu präsentieren. Paradoxerweise wird das Scheitern des »Kriegs gegen den Terror«, der große Teile des Nahen Ostens in *failed states* verwandelt hat, als Beleg für den Erfolg dieser polarisierenden Strategie genommen (von George W. Bush auf den einfachsten Nenner gebracht: »Either you are with us, or you are with the terrorists.« Bush 2001). Insbesondere muslimische Migranten und Migrantisierte stehen pauschal unter Tatverdacht, müssen stets neu beweisen, dass sie zu »uns« und nicht den »Terroristen« gehören. Diese Entwicklungen zeigen deutlich, wie prekär ein nicht-biologistisches, vom Abstammungsprinzip geprägtes Verständnis von Deutschsein noch immer ist. In der Wahrnehmung derjenigen, die sichtbare Produkte der verleugneten Migrationsgeschichte sind, existieren der dominante Diskurs von Deutschland als einem traditionellen »Nicht-Einwanderungsland« und die – oft verschütteten – Gegen-Diskurse einer tatsächlichen Diversität spannungsreich nebeneinander – insbesondere in den regelmäßigen Krisenmomenten, in denen die Präsenz des kulturell/religiös/ethnisch Anderen zur nie dagewesenen Herausforderung für eine vormals homogene nationale (und kontinentale) Gemeinschaft stilisiert wird.

Deutschland und die Türkei

Die Trope vom Islam als unvereinbar mit europäischen Werten und von Muslimen als notwendigerweise nicht (authentisch) deutsch oder europäisch hat zweifellos in den letzten Jahrzehnten an Prominenz gewonnen – vor 20 Jahren wäre trotz existierender Islamfeindschaft eine Massenbewegung, die sich *Patriotische Europäer gegen die Islamisierung des Abendlandes* nennt, wohl kaum denkbar gewesen.[12] Laut letzten Umfragen glauben heute wesentlich weniger Bundesbürger_innen, dass der Islam zu Deutschland gehört – ganze 34 Prozent – als das noch vor einigen Jahren der Fall war (epd/mig 2016). Angesichts der Existenz von Millionen deutscher Muslim_innen eine mehr als bedenkliche Entwicklung: Wenn der Islam nicht zu Deutschland gehört, tun es in den Augen von zwei Dritteln der Deutschen deutsche Muslime auch nicht. Die Anschläge vom 11. September 2001 und der nachfolgende »Krieg gegen den Terror« trugen zweifellos zu dieser Sichtweise bei, aber – wie schon George W. Bushs Wortwahl verdeutlichte, als er vom »Kreuzzug« gegen den Terrorismus sprach[13] – ihre Ursprünge liegen weiter zurück. Sie lassen sich in der Tat bis zur Entstehung des Islam zurückverfolgen. Islam und Christentum, islamische und christliche Reiche standen von Beginn an in einer Konkurrenzsituation zueinander, theologisch, ökonomisch und militärisch, gleichzeitig gab es immer zahlreiche Gemeinsamkeiten und Überschneidungen. Genau diese werden in »Kampf der Kulturen«-Szenarien geleugnet:

12 | Interessanterweise scheint das Feindbild Islam die Europäisierung der traditionell EU-feindlichen extremen Rechten voranzutreiben. Vergleiche etwa auch die »Städte gegen Islamisierung«, ein 2008 gegründeter europaweiter Zusammenschluss von Organisationen wie der FPÖ, der Initiative Pro Köln und dem belgischen Vlaamse Belang (Nachfolgeorganisation des verbotenen Vlaamse Blok). Mehr Informationen finden sich auf der rechtsradikalen Website *Gates of Vienna* (– deren Motto: »At the siege of Vienna in 1683 Islam seemed poised to overrun Christian Europe. We are in a new phase of a very old war«). (http://gatesofvienna.blogspot.com/2008/01/european-initiative-cities-against.html)

13 | Zit. n.: Waldman/Pope 2001. Bushs Aussage, »Dieser Kreuzzug, dieser Krieg gegen den Terrorismus, wird einige Zeit dauern«, damals in Europa scharf als unsensibel und ahistorisch kritisiert, erscheint heute vergleichsweise zurückhaltend.

»Als ein Konzept zum besseren Verständnis der rapide sich verändernden Beziehungen der verschiedenen ›Welten‹ ist Fundamentalismus so gut wie nutzlos. Islam, der Hauptbösewicht in diesem fundamantalistischen Diskurs, ist eine immens vielfältige Ansammlung von Glaubenssätzen, Praktiken und Traditionen. Mit dem Christentum bestehen mehr Gemeinsamkeiten als zwischen irgendwelchen anderen Weltreligionen. Es ist vielleicht diese Nähe, die sie zu solch unversöhnlichen Feinden macht [...].« (Hall 1991, 804)

Es ist mir hier nicht möglich, näher auf diese lange, komplexe Geschichte einzugehen, so interessant es auch wäre. Die Auseinandersetzung um einen europäischen Islam lässt sich aber beispielhaft an der Frage des Verhältnisses von Türkei und Europa festmachen: Die seit mehr als 50 Jahren anhaltende Debatte um die potenzielle Mitgliedschaft der Türkei in der europäischen Gemeinschaft ist die letzte Inkarnation eines seit Jahrhunderten engen, aber komplizierten Verhältnisses.

Sie zeigt ein zentrales Problem des Kontinents: Er definiert sich oberflächlich geographisch, aber Europas physische Grenzen waren niemals eindeutig und werden es niemals sein können. Um an der Idee Europas und an den immensen politischen, ökonomischen und kulturellen Privilegien, die noch immer mit Europäisch-Sein verbunden sind, festhalten zu können, müssen die kontinentalen Grenzen also anders, aber ebenso definitiv, festgelegt werden. In einem Fall wie dem türkischen, in dem eine Nation dieses Europäisch-Sein und die dazugehörigen Privilegien beansprucht, zeigt sich, dass Europas Identität auf einer Kollektion von Eigenschaften beruht, die teils unvereinbar miteinander sind, aber in ihrer Widersprüchlichkeit dennoch die kontinentale Politik bestimmen. Dies wird unter anderem darin deutlich, dass christlich-demokratische europäische Politiker_innen den muslimischen Charakter der Türkei als Aufnahmehindernis identifizieren können, ohne so selbst als Gefahr für Europas säkulare Identität zu erscheinen. Das Land hatte den Beitritt 1959 erstmals beantragt, damals noch für die Europäische Wirtschaftsgemeinschaft, und war 1989 von der Europäischen Gemeinschaft zunächst abgelehnt worden. Deren Nachfolgeorganisation, die Europäische Union, erklärte 1999 die Türkei zum offiziellen Beitrittskandidaten und nahm 2005 die nominell noch immer anhaltenden Verhandlungen auf. Tatsächlich aber hat sich wenig getan, seit der spanische Religionssoziologe José Casanova 2004 feststellte:

»Kann das ›säkulare‹ Europa der ›muslimisch‹-demokratischen Türkei Zutritt gewähren? Offiziell wird die Weigerung Europas, die Türkei aufzunehmen, hauptsächlich mit Defiziten der Türkei bei der Wahrung der Menschenrechte begründet. Aber es gibt auch kaum verhohlene Hinweise darauf, dass ein äußerlich säkularisiertes Europa immer noch allzu christlich ist, wenn es darum geht, sich ein muslimisches Land als Teil der europäischen Gemeinschaft vorzustellen. Man fragt sich, ob die Türkei eine Bedrohung für die westliche Kultur darstellt oder ob sie nicht vielmehr eine unerwünschte Erinnerung an die dicht unter der Oberfläche lauernde, aber tabuisierte und angstbesetzte ›weiße‹, christlich-europäische Identität darstellt.« (Casanova 2004 online)

Schließlich hat Europa sich nicht, wie gerne imaginiert, quasi notwendigerweise aus sich selbst definiert, sondern unter anderem auch in Abgrenzung zu den muslimischen Reichen, mit denen es seit dem 7. Jahrhundert in territoriale Auseinandersetzungen verwickelt war. 14 Jahrhunderte produzieren eine Menge gemeinsamer Geschichte und kultureller Überschneidungen, aber auch jede Menge symbolischer Abgrenzung.

In der europäischen Imagination haben verschiedenste muslimische Präsenzen Spuren hinterlassen, von den »Mohren« zu den Sarazenen. Insbesondere in Mittel- und Osteuropa wird vor allem das Osmanische Reich erinnert: von der beliebten Berliner Szenekneipe »Vor Wien« zum Kaffee-Kanon, den ich noch in der Schule lernte (»C-a-f-f-e-e, trink nicht so viel Kaffee! Nichts für Kinder ist der Türkentrank, schwächt die Nerven, macht dich blass und krank. Sei doch kein Muselman, der ihn nicht lassen kann!«) zur anhaltenden Stilisierung einer fast siebenhundert Jahre zurückliegenden Schlacht im Kosovo als Entscheidungskampf um das Überleben des christlichen Abendlandes im Angesicht des Ansturms der muselmanischen Massen (ein Kampf, der bis heute fortgesetzt wird – von Pegida-Rhetorik zu serbischer Vernichtungspolitik).

Angesichts dieser langen Geschichte haben nicht nur Politiker_innen, sondern auch Historiker_innen eine wichtige Stimme in der Debatte um die türkische Europa-Tauglichkeit, geht es doch oft um die Frage der »historischen Identität« des Kontinents, die gewahrt werden müsse. Deutschland spielt auch hier wieder eine zentrale Rolle, zum einen dank der treibenden Kraft, die die Nation im europäischen Vereinigungsprozess war (ein deutsches Ja oder Nein zum Türkeibeitritt hat trotz demokratischer Struktur der EU ein deutlich anderes Gewicht als etwa die belgische Position). Zum anderen lebt die Mehrheit der türkischen Migrant_innen innerhalb der Union in Deutschland. Entsprechend wurde die Frage der Europa-Tauglichkeit der Türkei hier besonders intensiv debattiert. Innerhalb der deutschen Variante dieser Auseinandersetzung war es vor allem der 2014 verstorbene Doyen der hiesigen Sozialgeschichte, Hans-Ulrich Wehler, der sich explizit gegen einen Beitritt der Türkei zur EU aussprach und dies mit (seiner Version) der europäischen Geschichte begründete:

»Das Land besitzt keine liberalisierte Marktwirtschaft, missachtet eklatant die Menschenrechte, verfolgt die kurdische Minderheit, vor allem aber ist es als muslimischer Staat durch eine tiefe Kulturgrenze von Europa getrennt. Der Konsens lautet: Nach geographischer Lage, historischer Vergangenheit, Religion, Kultur, Mentalität ist die Türkei kein Teil Europas.« (Wehler 2002, online)

Für Wehler ist also nicht die mangelnde Säkularisierung der Türkei das Problem, sondern ihre Identität als muslimisch-säkulare Nation. Religion verbindet sich hier mit Kultur in einer Aufklärungstradition, in der das Verhältnis von Religion zu Säkularismus nicht notwendigerweise ein antagonistisches war. Vielmehr ergab sich die Hierarchie der Religionen aus ihrer Kompatibilität mit modernen, aufgeklärten Herrschaftsformen. Innerhalb dieser säkular-religiösen Hierarchie erschien der Protestantismus und mit ihm Nordwesteuropa als Idealform der zivilisierten Religion, der Islam, zunächst noch von einigen Aufklärungsdenkern idealisiert, wurde dagegen zunehmend als inhärent »vormodern« postuliert (siehe etwa die häufig vorgebrachte Behauptung, im Gegensatz zum Christen- und Judentum sei der Islam nie durch eine Phase der Aufklärung gegangen und habe daher den Schritt in die Moderne noch vor sich). Entsprechend sieht Wehler die türkische Beitrittsfrage als das »riskanteste Unternehmen in der Geschichte der europäischen Einigung«, offensichtlich nicht vergleichbar mit der Eingliederung des katholischen Polen oder christlich-orthodoxer osteuropäischer Staaten. Letztere stellten die Definition der Europäischen Union als säkularer Staatenbund nicht in Frage, eben weil eine christliche Identität mit einer säkularen als vereinbar gilt, ja im europäischen Verständnis von Säkularismus sogar zu ihr gehört:

»Die Osterweiterung der EU wird und muss kommen, damit diese Zone Europas endlich politisch stabilisiert und gewissermaßen nach Europa heimgeholt wird, nachdem sie als Folge des Kriegs, den Hitlers Deutsche im Osten geführt haben, mehr als vier Jahrzehnte lang in der imperialen Satrapie Russlands der Sowjetisierung und Ausbeutung ausgesetzt war.« (Ebd.)

Die »Entsowjetisierung« in Osteuropa ging einher mit einer »Rechristianisierung«, die durchaus vergleichbar ist mit der Stärkung muslimischer Parteien in vormals staatssozialistischen nahöstlichen Nationen wie Jemen, Algerien oder Ägypten (und auch die Diktaturen in Irak und Syrien waren weitgehend säkular, im Gegensatz zum noch immer eng mit dem Westen verbündeten Saudi-Arabien). Wehler allerdings sieht diese Verbindung nicht. Der Autor führt stattdessen aus, wie die säkular-muslimische Struktur der Türkei erfolgreich (und notwendigerweise) seit Mitte der 1980er, also seit Ende der Militärdiktatur, von Islamisten untergraben wurde. Und tatsächlich erscheint in Wehlers Darstellung das Militär als (zu zögerlicher) Hüter der Demokratie und die AKP und ihre Wähler_innen als deren Feinde. Diese Vorstellung, dass in der islamischen Welt die notwendigerweise säkulare Demokratie notfalls durch militärische Interventionen vor den religiös fanatisierten Wähler_innen geschützt werden muss, ist zunehmend handlungsbestimmend für den Westen, etwa wenn das einheimische Militär mit westlicher Unterstützung eingreift, nachdem islamistische Parteien eine Wahl gewinnen, wie in Morsis Ägypten, oder, wenn die lokale Armee versagt, durch direkte Intervention der NATO. Casanova merkt hierzu an:

»Man darf sich fragen, ob die Demokratie nicht zu einem unspielbaren Spiel wird, wenn denkbare Mehrheiten nicht mehr die Wahlen gewinnen dürfen und wenn säkulare zivile Politiker die Militärs zu Hilfe rufen, um die Demokratie vor diesen Majoritäten zu retten, die ihre säkularistische Identität und ihre Macht bedrohen [...] Wenn man den Leuten nicht erlaubt, das Spiel fair zu spielen, wie sollen sie dann die Regeln schätzen lernen und eine demokratische Einstellung erwerben?« (Casanova 2004, online)

Die Frage ist also nicht (oder nicht nur), wie »demokratisch« die Türkei ist, sondern wie dieser Begriff definiert wird, wo die Grenzen des Akzeptablen gesetzt werden, als wie belastbar Demokratie betrachtet wird – warum etwa werden parlamentarische Erfolge der extremen Rechten innerhalb der EU als bedenklich, aber nicht als Ende der europäischen Demokratie angesehen, während der Wahlsieg der AKP in der Türkei als Zeichen der noch immer mangelnden Demokratiefähigkeit der Türk_innen gilt? Wie

Wehler in seiner in der Wochenzeitschrift *Die Zeit* veröffentlichten Polemik deutlich macht, sind die Antworten auf diese Fragen vorbestimmt durch die verbreitete Annahme, dass Islam und Demokratie unvereinbar seien – und dass generell demokratische Systeme dem Globalen Süden fremd bleiben, wodurch Erstere kausal an den Westen gebunden werden (während massive westliche Interventionen in die inneren Angelegenheiten nichtwestlicher Staaten und deren Effekt auf demokratische Strukturen unberücksichtigt bleiben). Thilo Sarrazins antimuslimisches Traktat vorwegnehmend präsentiert Wehler die Türkei als »Inkarnation der Gegnerschaft« zu Europa, von der »jüdisch-griechisch-römische[n] Antike« über die Belagerung von Wien zum »Menetekel des 11. September«:

> »Überall in Europa erweisen sich muslimische Minderheiten als nicht assimilierbar und igeln sich in ihrer Subkultur ein. Auch die Bundesrepublik hat bekanntlich kein Ausländer-, sondern ausschließlich ein Türkenproblem.« (Wehler 2002)

Dass das angeblich historische »Türkenproblem«, die zivilisatorische Dichotomie von Islam und Europa, eine rhetorische Konstruktion ist, die ein weit ambivalenteres und engeres Verhältnis verbirgt, zeigt sich paradoxerweise genau an der Rekrutierung türkischer Gastarbeiter_innen durch die Bundesrepublik. Wie Karin Schönwälder ausführt, verhinderte die deutsche Regierung in den 1960ern bewusst die Anwerbung von Arbeiter_innen aus nichteuropäischen Nationen – intern als »Afro-Asiaten« bezeichnet (Schönwälder 2004, 249). Die Rolle, die Rassismus in diesem Entscheidungsprozess spielte, das heißt die bewusste staatliche Intervention mit dem Ziel, Deutschland »weiß« zu halten, indem die permanente Ansiedlung Menschen »afro-asiatischer« Herkunft verhindert wurde, war zumindest in den internen Diskussionen, auf die Schönwälder sich bezieht, sehr deutlich. Deshalb ist es umso erwähnenswerter, dass in diesem Kontext die Türkei, mit der 1961 ein Anwerbeabkommen geschlossen worden war, explizit als europäisch und daher der Zuzug türkischer Arbeiter_innen als unbedenklich eingestuft wurde.

Es ist kein Zufall, dass diese Wahrnehmung in Wehlers historischem Abriss ebenso fehlt wie die nach dem Ersten Weltkrieg vom Völkerbund geförderte Vertreibung muslimischer und christlicher Minderheiten in einem südosteuropäischen Grenzgebiet, dessen ethnisch-religiöse Homogenität so erst gewaltsam hergestellt wurde. Stattdessen postuliert er ein statisches, antagonistisches Verhältnis zwischen »Europa« und der islamischen Welt, das sich in den letzten tausend Jahren kaum grundsätzlich verändert hat. Was sich hier zeigt, ist bedauerlicherweise weniger eine akkurate Beschreibung eines komplexen und intensiven historischen Verhältnisses denn eine Mobilisierung der Vergangenheit für aktuelle politische Interessen. Die tatsächliche Wandelbarkeit dieses Verhältnisses aufgrund sich verändernder geopolitischer Konstellationen und die fließenden Grenzen Europas zeigen sich in jüngster Zeit darin, dass die Türkei mit der eskalierenden »Flüchtlingskrise« zunehmend weißer und europäischer wird: Solange sie ihr die noch fremderen nahöstlichen Muslim_innen (und andere Afro-Asiaten) vom Hals halten kann, ist die EU nun bereit, der Türkei Zugeständnisse in Sachen EU-Mitgliedschaft und Freizügigkeit zu machen – anhaltende Menschenrechtsverletzungen dort, bisher als eines der Haupthindernisse zur Aufnahme angeführt, sind nun nicht mehr so wichtig. Trotz überwältigendem Wahlsieg der AKP und einem immer offener geführten Krieg gegen die kurdische Bevölkerung im Land, ist die Türkei nun ein sicherer Drittstaat, in den abgeschoben werden kann – und wichtiger, der Geflüchtete von der Weiterreise nach Europa mit allen, auch undemokratischen Mitteln abhalten kann (ebenso, wie es etwa Ungarn tut). Im Gegenzug wird die Türkei offiziell »europäischer«. Das Prinzip, dass undemokratisches Verhalten und Menschenrechtsverletzungen sowohl Grund für den Einschluss wie den Ausschluss aus Europa sein kann, zeigt sich allerdings nicht nur gegenüber der Türkei, sondern auch anderen europäischen Randgebieten (siehe etwa die deutschen »Rücknahmeabkommen« mit Jugoslawien und Rumänien in den 1990ern, die in dem Bewusstsein eingegangen wurden, dass der Umgang dieser Staaten mit Rom_nja alles andere als demokratisch war).

Die Vorstellung, dass Islam und Europa unvereinbar waren und bleiben, ist nicht nur historisch widerlegbar, sondern politisch gefährlich. Diese Argumentation ist noch immer in jenem ethnonationalen Denken verfangen, das es vorzieht, reale Gegebenheiten – wie etwa die sich wandelnde Zusammensetzung der kontinentalen Bevölkerung – für unmöglich zu erklären, wenn sie dem europäischen Selbstbild widersprechen. Wie die jüngste europäische Geschichte im Übermaß zeigt, kann der Versuch, die ungeliebte Realität durch repressive Maßnahmen ungeschehen zu machen, nur verheerende Folgen haben. Stattdessen ist es nötig, konstruktiv mit den Herausforderungen dieser sich wandelnden Gegebenheiten umzugehen. Ein notwendiger erster Schritt ist die Anerkennung der Tatsache, dass dieser Prozess des Wandels nichts Neues ist und dass es Sinn macht, alte Abgrenzungsstrategien hinter sich zu lassen und sich neben einer gemeinsamen Zukunft auch mit einer verdrängten gemeinsamen Vergangenheit auseinanderzusetzen. Dies beinhaltet sowohl eine Wiederentdeckung des historischen europäischen Multikulturalismus als auch eine ehrliche Auseinandersetzung mit der Altlast des kontinentalen Rassismus. Ebenso wichtig ist allerdings ein kritischer Blick auf Deutschlands Umgang mit »außereuropäischen« Gesellschaften.

»Die Abendlandfixierung des deutschen Historismus wirkt ungebrochen fort.«[14]

Unter den Reaktionen auf Wehlers Darstellung des angeblichen deutschen »Türkenproblems« war auch die eines anderen Historikers, Andreas Eckart, Professor für Afrikanische Geschichte an der Universität Hamburg. Seine Kritik richtete sich allerdings weniger gegen Wehler persönlich als die deutsche Historikerzunft im Allgemeinen, der er Provinzialismus im Umgang mit außereuropäischer Geschichte vorwarf. So erklärt sich laut Eckart nicht nur Wehlers statische Konstruktion eines monolithischen Islam, sondern eine simplifizierte Sicht auf die nicht-westliche Welt insgesamt (vgl. Eckert 2002). Diese Abendlandfixierung, die Stuart Hall eine Dekade zuvor als internalistische Geschichtsschreibung analysiert hatte, führt notwendigerweise dazu, dass die Welt außerhalb dieses Abendlandes vor allem als ein Spiegel für Letzteres fungiert, ähnlich jenem, der Schneewittchens Stiefmutter immer wieder versicherte, sie sei die Schönste im ganzen Land. Und Deutschland reagiert auf die Gefährdung dieses bequemen Verhältnisses durch muslimische Deutsche sowie Deutsche, deren Wurzeln im außereuropäischen Raum liegen, und die der Nation einen weniger schmeichelhaften Spiegel vorzuhalten drohen, nicht unbedingt gelassener als besagte Königin. Um die Metapher noch weiter zu treiben: Wie Narziss ist Europa unfähig etwas anderes als das eigene, verzerrte Spiegelbild wahrzunehmen, auch wenn die Folgen katastrophal sind. Statt das Bild Deutschlands der Zusammensetzung des Volkes anzupassen, werden die irritierenden Elemente einerseits als undeutsch externalisiert und andererseits in die deutsche Geschichte integriert, indem ihnen ein früheres Entwicklungsstadium attestiert wird, das

14 | Eckert 2002, online.

die Normdeutschen angeblich schon längst hinter sich gelassen haben. Das lässt sich an diversen Beispielen aufzeigen, am drastischsten sicher im Diskurs um muslimischen Antisemitismus und »Islamofaschismus«.

Der Begriff »Islamofaschismus«, entstanden ursprünglich im anglophonen Kontext, verbreitete sich in den 1990ern schnell in Kontinentaleuropa, einschließlich Deutschlands. Dieser transnationale Diskurs war nicht nur, wenn überhaupt, eine Reaktion auf tatsächliche Anzeichen faschistischer Strukturen in der islamischen Welt, sondern auf das Ende des Systems, das seit Ende des Zweiten Weltkriegs globale Strukturen bestimmt hatte. Die resultierenden Neuordnungen von Allianzen, Grenzen und Ökonomien, sowohl innerhalb als auch zwischen Nationen, brachten sowohl eine Reaktivierung alter Feinbilder als auch neue Koalitionen mit sich. Für die USA, die einzig verbleibende Supermacht, hatte die Referenz auf den Kampf gegen den Faschismus eine klare Rechtfertigungsfunktion angesichts der nach Ende des Kalten Kriegs eskalierenden NATO-Kampfeinsätze. Mit dieser Rechtfertigung einher ging auch eine retrospektive Entlastung Europas: Dadurch, dass die neuen Nazis im Orient ausgemacht wurden, dem nun nicht mehr bloß eine anti-demokratische, sondern eine faschistische Kultur unterstellt wurde, ließen sich gerade beginnende Diskussionen um koloniale Gewaltexzesse in eben diesen Regionen unterbinden beziehungsweise kanalisieren. Das Narrativ vom neuen Faschismus hatte natürlich eine besondere Wirkungsmacht im Land der Täter_innen, in der es, wie im letzten Kapitel gesehen, diskursiv die Überwindung der nationalsozialistischen Vergangenheit markierte. Dies war unter anderem nötig, um Deutschlands Integration in die wiedervereinte europäische Gemeinschaft vollständig zu machen. Anders ausgedrückt, sowohl globale Strategien – der »Krieg gegen den Terror« und »humanitäre« NATO-Interventionen – als auch intrakontinentale Diskurse, hier der Fokus auf Europas Muslim_innen als Gefahr für die kontinentale Stabilität, trugen zu einer Umdeutung des Zweiten Weltkriegs bei. Diese neue Lesart erlaubte es, Europa in seiner Gesamtheit als (historisch) antifaschistisch und Totalitarismus, mit seinem notwendigen Beiprodukt Antisemitismus, als quasi-natürlich mit dem historischen Feind des judeo-christlichen Europas, dem Islam, verbunden zu sehen.

Die problematische, aber anhaltend populäre Metapher der »Stunde Null« reflektiert die zwiespältige Rolle, die Nationalsozialismus und Zweiter Weltkrieg in der deutschen und allgemeiner der westlichen Erinnerungskultur spielen. Tiefpunkt europäischer Zivilisation, fest in der überwundenen Vergangenheit platziert, bleibt dieser Moment gleichzeitig zentraler Referenzpunkt in der Rechtfertigung anhaltender westlicher Dominanz: Für die USA belegt er, dass ihre Vormachtstellung nach dem *good war*, dem »guten Krieg«, auf einem antirassistischen Humanismus beruht, der die Welt von der faschistischen Bedrohung befreite.[15] Zeitgleich mit dem Nachkriegsaufstieg der USA zur Supermacht positionierte sich Westeuropa, primär durch die EU, als besonnene Mittelmacht, ohne globale Herrschaftsambitionen, aber gleichzeitig offensichtlich dazu prädestiniert, auf der Weltbühne mit gutem Beispiel voranzugehen; verkörpert die Union doch, laut internalistischem Narrativ, eine hochentwickelte, postnationale Gesellschaftsform, die andere Weltregionen noch zu erreichen anstreben. Für die Legitimierung dieser Weltordnung, in der der Westen als Modell globaler Entwicklung fungiert, ist es unabdingbar, dass westliche Überlegenheit nicht nur als Tatsache (und als positiv) bewertet wird, sondern auch als ohne strukturelle Verantwortung für eben jene Zustände, die ihn außerhalb seiner Grenzen zum Eingreifen zwingen, sei es politisch, ökonomisch oder militärisch, um ein System herzustellen, das seinem Entwicklungsmodell entspricht. Für Europa ist das Ende des Zweiten Weltkriegs also ebenfalls Startpunkt einer, wenn auch ambivalenteren, Erfolgsgeschichte: Der Krieg und in Folge die De-

15 | In seinem Vorwort zu Michael Adams' *The Best War Ever: America and World War II* fasst der US-Historiker Stanely Kutler den Mythos vom »guten Krieg« folgendermaßen zusammen: »Wir wollten diesen Krieg nicht, so glaubten wir. Stattdessen reagierten wir mit dem Pflicht- und Verantwortungsgefühl einer großen Nation. Wir kämpften, um die Demokratie zu verteidigen, waren aber auch von der größeren Verpflichtung zur Rettung der Menschheit getrieben. Das Kriegsende erfüllte diese Kriegsziele. Deutscher Faschismus und japanischer Militarismus waren völlig zerstört und deskreditiert und nachdem der Krieg vorbei war, half amerikanische Wohltätigkeit diesen Nationen aus den Scherben der Niederlage, formte sie nach unserem Modell der Demokratie, trug zu ihrem Wohlstand bei und ermutigte sie, globale Verantwortung zu übernehmen. Zuhause aktivierte der Krieg währenddessen Patriotismus und Eintracht. Zwölf Millionen Amerikaner_innen dienten im Militär, an der Heimatfront katapultierte der Krieg die Nation aus dem Sumpf der großen Depression. Amerikaner_innen folgten durch den Krieg geschaffenen Jobs in den Süden und Westen; Frauen und Schwarze fanden Arbeitsmöglichkeiten und die Geburtenraten schnellten nach oben. Kurz gesagt, Amerika gedieh zuhause, während es zur größten Weltmacht aufstieg.« (Kutler, in: Adams 1994, xi)

kolonisierung haben (West-)Europa die Gefahren eines ungezügelten Expansionismus gelehrt, seitdem hat es die Qualitäten, die letztlich zu seinem temporären Niedergang führten, zum Guten der Welt eingesetzt: Europa musste die vergangene Schuld verarbeiten, um seinen Platz in der neuen Weltordnung einnehmen zu können und hat dies erfolgreich getan. In den Worten des französischen Philosophen Pascal Bruckner:

»Dass es tatsächlich einen Fanatismus der Moderne gegeben hat, davon zeugt die gesamte Geschichte des 20. Jahrhunderts [...] Und doch wurden der Nationalsozialismus und nach ihm der Kommunismus von demokratischen Regierungen entthront, die ihre Inspiration aus der Aufklärung und der Philosophie der Menschenrechte bezogen und die auf Toleranz und Meinungsvielfalt beruhten [...] Schon seit langem übt die Moderne Selbstkritik, stellt ihre eigenen Ideale unter Verdacht und verurteilt die Anbetung einer Vernunft, die blind für die eigene Maßlosigkeit ist. Kurz, bis zu einem gewissen Grad kennt sie ihre Grenzen. Die Aufklärung hat sich als fähig erwiesen, auch ihre Irrtümer zu überdenken. Kritik an ihren zum Exzess getriebenen Begriffen ist ein weiterer Beweis der Treue zu ihr.« (Bruckner 2007, online)

Bezeichnend für die Grenzen der hegemonialen Selbstkritik fokussiert Bruckner ausschließlich auf europäisches Leiden und Heroismus, repräsentiert durch Faschismus, Kommunismus und den Kampf gegen beide. Europäischer Kolonialismus und seine Millionen Opfer außerhalb des Kontinents bleiben aus diesem Rückblick dagegen ausgeklammert: Westliche Entwicklung kann nicht kausal mit einer bewussten Unterentwicklung des Globalen Südens verbunden werden, sonst könnte der Westen nicht mehr als globales Entwicklungsmodell fungieren. Das heißt auch, dass »humanitäre Katastrophen« wie der Holocaust (und, weniger präsent im westlichen Bewusstsein, das transatlantische Sklavereisystem) nicht als Resultate westlicher Entwicklung interpretiert werden können, sondern als atypische Ausnahmen erscheinen müssen, als temporärer Rückfall in vormoderne – und letztlich »uneuropäische« – Barbarei, ohne Bezug oder Einfluss auf die europäische Nachkriegsgesellschaft. Um dieses scheinbar unlogische Ziel zu erreichen und den Westen im Zustand von Böröczs »Schon« und den der Rest der Welt im »Noch nicht« zu belassen, mussten die beiden Elemente westlicher Herrschaft nach Ende des Kalten Kriegs – US-amerikanische militärische Überlegenheit und europäisches Bekenntnis zur Wahrung der Menschenrechte – zunehmend verschmelzen, eine Tendenz die sich spätestens seit den frühen 1990ern beobachten lässt. Die »humanitäre« US-Intervention im Zweiten Golfkrieg und der Kosovo-Konflikt sowie das resultierende Tribunal in Den Haag und später der permanente internationale Gerichtshof produzierten eine Logik, in der Krieg und der Schutz von Menschenrechten sich nicht nur nicht ausschließen, sondern notwendig zusammengehören. Gleichzeitig reproduzierten und stärkten sie das oben dargestellte dominante Geschichtsbild: Die militärischen Interventionen wurden explizit als Neuinszenierungen des Zweiten Weltkriegs präsentiert und gänzlich unsubtil wurden Saddam Hussein mit Hitler und die Serben mit den Nazis gleichgesetzt (vgl. Kempf 1994).

II. Deutsche Normalisierung, Islamophobie und muslimischer Antisemitismus

Hitlers Wiedergänger oder der anthropologische Faschismus

Während George Bush Sr. wahrscheinlich als erster die »Saddam als Hitler«-Trope in die Debatte um den Zweiten Golfkrieg einbrachte, wurde der Vergleich schnell von Teilen einer deutschen Linken aufgegriffen, die sich nach dem Ende des europäischen Staatssozialismus und der Wiedervereinigung in einer tiefen Krise befand. Der scheinbar komplette Triumph von Kapitalismus und Konservativen und das Unbehagen mit dem neuen Status quo führten zu einer Hinwendung zum Schlüsselmoment der modernen deutschen Geschichte, der nationalsozialistischen Herrschaft. Ein Moment, der sowohl die moralische Überlegenheit der Linken als auch ihr größtes Versagen beinhaltet. Der Golfkrieg wurde so zum Hintergrund für die Neuorientierung der deutschen Linken und ihre Spaltung in zwei Lager, die beide ihre aktuelle Position durch die Referenz auf den Nationalsozialismus begründeten – und durch seine Projektion in die Gegenwart und außerhalb Europas (Schmid 2006). Proteste gegen die US-Intervention fanden unter dem Motto »Nie wieder Krieg!« statt, eine pazifistische Tradition referierend, die bis zum Ersten Weltkrieg zurück geht und in den Ostermärschen der sechziger Jahre wiederbelebt wurde. Unterstützer_innen der USA konterten mit »Nie wieder Auschwitz!«, indem sie den »Saddam ist Hitler«-Vergleich aufgriffen und die Zerstörung Israels als das eigentliche Endziel der Invasion Kuwaits identifizierten.[1] Dies ging über Bushs ursprüngliche Verwendung des

1 | Saddam Husseins Drohgebärden gegenüber Israel zielten primär auf ein arabisches Publikum: das Jerusalemer Tempelberg-Massaker im Oktober 1990, bei

Vergleichs hinaus, die darauf abgezielt hatte, das Eingreifen der USA durch den Verweis auf Saddam Husseins Kriegsverbrechen zu rechtfertigen. Nun war die Implikation, dass Saddam bewusst das Ziel verfolgte, Hitlers Plan der Vernichtung der Jüd_innen in die Tat umzusetzen (vgl. Bruhn/Ebermann 1991).

Die intensiven Debatten um die Frage der Legitimität des Golfkriegs führten nicht nur zur anhaltenden Spaltung der deutschen Linken in Anti-Imperialisten und Anti-Nationalisten, sondern popularisierten auch die Idee, dass das Ende des Kalten Kriegs und des Staatssozialismus ein Vakuum hinterlassen hatten, das in akuter Gefahr war, durch »neue Hitler« gefüllt zu werden, wenn der Westen nicht extrem wachsam blieb. Dieses Argument wurde wahrscheinlich am prägnantesten in dem Essay »Hitlers Wiedergänger« formuliert, das Hans Magnus Enzensberger im Februar 1991 im *Spiegel* veröffentlichte. Enzensberger, einer der einflussreichsten deutschen Literaten, definierte das Bestehen auf der Einzigartigkeit der nationalsozialistischen Verbrechen als nicht primär faktisch, sondern moralisch gerechtfertigt, indem es dazu beigetragen hatte, Vergleiche abzuwenden, die letztlich auf die Verharmlosung des Holocaust abzielten. Nun hatte sich aber eine Situation ergeben, in der ein Vergleich nicht nur angemessen, sondern unabdingbar war. Unter Verwendung einer eng begrenzten Anzahl von Kriterien führte Enzensberger sein Argument aus, indem er zunächst Saddam Hussein als »Feind des Menschengeschlechts« charakterisierte, zu totaler Zerstörung entschlossen, wenn nötig der gesamten Welt, sein eigenes Volk eingeschlossen. Das wiederum führte zu offensichtlichen Parallelen mit Hitler, Todfeind nicht nur von Jüd_innen, Russ_innen oder Amerikaner_innen, sondern letztlich auch der Deutschen. Dies brachte Enzensberger zu seinem zweiten Vergleichspunkt: die zeitgenössischen Iraker_innen als die Deutschen der Jahre 1933 bis 1945. Denn während Menschenfeinde überall existie-

---

dem israelische Soldaten 23 protestierende Palästinenser erschossen, bot die ideale Gelegenheit, statt als Besetzer eines arabischen Nachbarlandes als einziger arabischer Verteidiger der bedrängten Palästinenser_innen zu erscheinen. Dies war umso relevanter für den Irak, als der von den USA initiierten Koalition gegen ihn auch eine Anzahl arabischer Staaten angehörten. Im deutschen Diskurs, an dem Saddam kaum interessiert gewesen sein dürfte, wurde dieser explizite, jedoch nicht in das »Saddam als Hitler«-Narrativ passende Bezug jedoch weitgehend ignoriert (vgl. Schmid 2006).

ren, »[i]n die Geschichte kann ein Hitler, ein Saddam nur dadurch eintreten, daß ganze Völker ihr Kommen herbeiwünschen« (Enzensberger 1991, 27). Schnell den Irak mit der gesamten arabischen Welt gleichsetzend, identifizierte er eine aus historischen Kränkungen gespeiste »Todesenergie« in Letzterer und schloss:

»Der neue Feind der Menschheit verhält sich nicht anders als sein Vorgänger. Ungeachtet ihrer ganz verschiedenen Voraussetzungen sind die Regungen seiner Verehrer mit denen unserer Väter und Großväter identisch, und sie verfolgen das gleiche Ziel. Dieses Fortleben beweist, daß wir es nicht mit einer deutschen, nicht mit einer arabischen, sondern mit einer anthropologischen Tatsache zu tun haben.« (Enzensberger 1990, 28)

Enzensberger folgt hier buchstabengetreu dem internalistischen Narrativ, indem er Araber_innen der Gegenwart den Tiefpunkt der deutschen Geschichte durchleben lässt. Daraus leitet er die Fähigkeit der Deutschen ab, aus Erfahrung zu wissen, was in solch einem Fall am besten zu tun sei – oder genauer, die Verantwortung einer Minderheit unter den Deutschen, die die historischen Parallelen erkennt, sich gegen ein Appeasement zu wenden: »Keine denkbare Politik, wie klug, wie umsichtig sie auch wäre, kann es mit einem solchen Feind aufnehmen. Er bekommt am Ende immer, was er will: den Krieg.« (Ebd.) Quasi im Vorbeigehen führt Enzensberger ein weiteres Motiv ein, das schnell an Bedeutung gewinnen wird (und wie wir sehen werden, später explizit auf muslimische Jugendliche übertragen wurde): Da der neue Hitler die gleichen Ziele wie der alte hat, ist Unterstützung für die Sache der Palästinenser_innen strikt in diesem Kontext zu interpretieren, nämlich als Teil der »Restbestände des Faschismus«, als primär durch den Wunsch der schlussendlichen Vernichtung der Jüd_innen motiviert: »[W]enn ein erheblicher Teil der deutschen Jugend sich eher mit den Palästinensern identifiziert als mit den Israelis, wenn sie ihren Protest lieber gegen George Bush als gegen Saddam Hussein richtet, so ist das mit Ahnungslosigkeit kaum zu erklären.« (Ebd.) Es erscheint als völlig selbstverständlich, dass Weltgeschichte europäische Geschichte bleibt, dass das Schicksal der Palästinenser_innen, ebenso wie die Situation im Nahen Osten allgemein, nur im Kontext deutscher Geschichte wahrgenommen werden kann, ihr letztlich ebenso untergeordnet bleibt, wie es der Rest der Welt aus eurozentrischer Sicht notwendigerweise ist.

Die Abkehr von der These der Einzigartigkeit der deutschen Verbrechen, durch die Behauptung der Existenz einer offensichtlich vergleichbaren Konstellation gerechtfertigt (mit der deutlichen Implikation vergleichbar katastrophaler Folgen, wenn die Alliierten nicht schnell auf den neuen Hitler reagieren – und ein Versagen, dies zu tun, wäre noch verwerflicher als es 1938 war, da wir nun bereits um die Konsequenzen wissen), kann als weiterer wichtiger Schritt der Normalisierung des wiedervereinigten Deutschlands innerhalb einer kontinentalen Union betrachtet werden, die sich politisch und militärisch mit der verbleibenden Supermacht, den USA, verbündet hatte. Dass dies keinesfalls der letzte Schritt war, wurde spätestens während der Mobilisierung für die NATO-Intervention im Kosovo 1999 deutlich; eine Intervention, die erstmals mit deutscher militärischer Beteiligung stattfand. Der Diskurswandel seit dem Ersten Golfkrieg erlaubte es Entscheidungsträgern wie Joschka Fischer, dessen Position als erster grüner Außenminister den Einfluss der Friedensbewegung in Westdeutschland seit den 1980ern wiederspiegelte, den ersten Kampfeinsatz der Bundeswehr durch die explizite Verknüpfung von Zweitem Weltkrieg, Holocaust und serbischer Herrschaft im Kosovo zu rechtfertigen. Unter direktem Bezug auf die Spaltung der deutschen Linken in der Folge des Golfkriegs erklärte Fischer auf dem Außerordentlichen Parteitag der Grünen im Mai 1999: »Auschwitz ist unvergleichbar. Aber in mir – ich stehe auf zwei Grundsätzen: Nie wieder Krieg, nie wieder Auschwitz; nie wieder Völkermord, nie wieder Faschismus: beides gehört bei mir zusammen« (Fischer 1999, online). In diesem Fall, so Fischer, musste ein Grundsatz dem anderen untergeordnet werden, um – so zumindest implizit im »Auschwitz ist unvergleichbar. Aber…« – einen weiteren faschistischen Völkermord zu verhindern. Der Erfolg dieser Argumentationslinie war nicht unabhängig vom Ort des Geschehens: Der Status des Balkans als europäisch war nie unumstritten. Anhaltende Konflikte, sowohl ideologisch wie militärisch, um die Grenzen Europas, spielten sich oft hier ab. Die Befriedung der Region und ihre Integration in die Europäische Union und den Westen wurden so Voraussetzung für die fortgesetzte Fähigkeit des Kontinents, seine Dämonen zu kontrollieren und erfolgreich auf ein rassifiziertes Außen zu projizieren.

»Wir werden dieses Europa nicht wiedererkennen«

Während das ehemalige Jugoslawien sich streng genommen außerhalb der sowjetischen Einflusszone befand, wurde sein Zerfall symptomatisch für die Gefahr der »Balkanisierung« Osteuropas nach dem Ende der UdSSR, für das drohende Chaos, das außerhalb der Grenzen Europas lauerte – und in seiner Vergangenheit. Die zerfallende Region im Südosten des Kontinents repräsentierte beides: »Mit dem Ende des Kalten Kriegs ist eine ethnische Kriegsführung, ist eine völkische Politik zurückgekehrt, die Europa nicht akzeptieren darf. Wenn wir diese Politik akzeptieren, werden wir dieses Europa nicht wiedererkennen.« (Fischer 1999, online) Diese völkische Politik – Staatsgründungen, in denen existierende Bevölkerungen auf der Grundlage ethnonationaler Kriterien in »zugehörig« und »fremd« ausdifferenziert wurden – hätte in der Tat wiedererkennbar sein sollen, war sie doch die Grundlage der meisten europäischen Nationalstaaten, einschließlich Deutschlands. Ebenso vertraut war der Auslöser dieses Prozesses, das Zerfallen existierender Dominanzstrukturen, hier eine europäische und globale Ordnung, die durch die Ost/West-Dichotomie bestimmt worden war. Diese Vertrautheit hätte durchaus und berechtigterweise die Basis einer Kritik an den zunehmend eskalierenden Entwicklungen im ehemaligen Jugoslawien sein können, vielleicht sein müssen. Stattdessen konstituierte sich die NATO-Koalition, die schließlich zum ersten militärischen Auslandseinsatz der nun gesamtdeutschen Bundeswehr führte, jedoch um ein anderes Narrativ: »Balkanisierung« nicht als Ausdruck europäischer Tiefenstrukturen, sondern als Manifestation des Uneuropäisch-Seins dieser Region:

> »Wie im Falle des Orients fungierte der Balkan als Deponie negativer Eigenschaften gegen die ein positives und selbstgefälliges Bild ›Europas‹ und des ›Westens‹ konstruiert wurde. Mit dem Wiedererstarken von Osten und Orientalismus als unabhängigen semantischen Kategorien bleibt der Balkan abhängig von Europa, seine Anti-Zivilisation, alter ego, Schattenseite im Innern.« (Todorova 1997, 189)

Maria Todorova und andere haben die lange zurückreichende Rolle des Balkans als Europas »innerer Orient« untersucht und darauf hingewiesen, dass diese Positionierung schnell zum zentralen Erklärungsmodus für den Bürgerkrieg im ehemaligen Jugoslawien wurde.[2] Genauso wenig wie der Konflikt selbst schlicht einen Rückfall in vormoderne, »uneuropäische« Barbarei darstellte, war diese Reaktivierung des Balkans als Orient jedoch nur ein Rückgriff auf Vor-(Kalter-)Kriegs-Erklärungsmuster. Vielmehr war sie direkt motiviert durch die Nachkriegsrechtfertigung westlicher Dominanz, nun durch multikulturelle Toleranz vom »Menschenfeind« abgegrenzt:

»Ein wachsames Auge auf den Balkan zu haben, heißt nicht nur, dass der Westen den Balkan periodisch aus seinem endlosen Kreislauf der Gewalt befreit. Um den ›Westen‹ neu definieren zu können, muss vielmehr der ›Balkan‹ in der euro-amerikanischen Imagination stets wieder geschaffen werden. In den medialen, sowie den politischen und juristischen Diskursen, die die militärische NATO Intervention in Serbien und im Kosovo legitimierten, wurde die Balkanregion als Europas wilde und monströse geographische Grenze konstruiert, deren Stabilität zentral für eine postsozialistische Welt und die Sicherheit und Prosperität des vereinigten Europas ist. Indem der zweifelhaft europäische Balkan als Ursprung aller europäischen Gewalt des 20. Jahrhunderts imaginiert wurde, einschließlich Terrorismus und Nazitum, und indem der Balkan auf eine Geographie des ethnischen Konflikts und der ethnischen Säuberung reduziert wurde, distanzierte der politische und mediale Diskurs in den USA den zivilisierten Westen von seinem eigenen rassischen Denken und der rassistischen Gewalt, die konstituierend für das moderne Europa war. Mit anderen Worten, innerhalb des Westens wurde Rassismus als monströse Formation einer Vergangenheit produziert, die sich im Balkan der Gegenwart manifestierte.« (Atanasoski 2013, 131)[3]

2 | Vgl. Todorova 1997 und Atanasoski 2013. Wie eine Reihe anderer Autor_innen deutlich macht, war der Balkan nicht der einzige Fokus innereuropäischer Orientalismus-Diskurse, vielmehr wurden osteuropäische Jüd_innen lange als »ewige Orientalen« klassifiziert (wie gesehen im Falle der jüdischen Geflüchteten in der Weimarer Republik) (vgl. Shooman 2015, 125-156). Muslim_innen waren natürlich seit langem eine der Hauptprojektionsflächen des »externen« Orientalismus und in der Debatte um europäsche Muslim_innen vermischen sich beide Diskurse. Ebenso wie im Falle des Kolonialrassismus wurden rassifizierte Herrschaftsstrukturen niemals nur auf den außereuropäischen Raum projiziert, sondern wirkten sich auch im Innern aus.

3 | Die deutsche Presse war zumindest ebenso sehr wie die US-amerikanische an dieser Produktion beteiligt, etwa durch die ungeprüfte Verbreitung des soge-

Die Kontrolle dieser Wiederkehr eines (im Westen) schon überwunden historischen Moments wurde so wiederum symptomatisch für die neue, unilaterale Weltordnung, in der westlich-kapitalistische Dominanz Stabilität und Frieden garantierte. Die NATO-Mission im Kosovo erschien als idealtypisch für die Methoden und Werte des modernen US-Imperiums: chirurgisch präzise und daher »humane« High-Tech-Militäroperationen zur Verteidigung eines zivilen Multikulturalismus – der auch für die Transformation der eigenen Gesellschaft im Zuge der Bürgerrechtsbewegung stand – gegen den brutalen, barbarischen Proto-Faschismus der serbischen »ethnischen Säuberungen«.

Diese Interpretation des ersten NATO-Kriegs innerhalb Europas als gerecht und humanitär passte sowohl in das Nachkriegsnarrativ eines menschenrechtsorientierten Westeuropas als auch in das übergeordnete internalistische Geschichtsbild. Beide bauen auf den Kontrast zwischen moderner, zivilisierter, »sauberer« westlicher Technologie und chaotischer, brutaler, primitiver östlich-orientalischer ethnischer Gewalt – mit anderen Worten, auf ein Bild vom Balkan, das tief im westlichen Denken verankert ist.[4] Die so konstruierte Dichotomie erlaubte wiederum die diskursive Präsentation des Kosovo-Konflikts als Wiederholung des »guten

---

nannten Hufeisenplans, der angeblich die von langer Hand geplante Vertreibung der Kosovo-Albaner_innen bewies (und so die NATO-Bombardements als [Mit-] Ursache für die einsetzende Massenflucht ausschloss) (vgl. Moritz 2001). Diese Konstruktion einer archaischen Kultur, die Jahrhunderte von der westlichen Fähigkeit des toleranten multikulturellen Zusammenlebens entfernt ist, setzte sich auch schnell für andere Teile der »Zweiten« und »Dritten Welt« durch, die während des Kalten Kriegs noch als »entwicklungsfähig«, das heißt in den kapitalistischen Westen integrierbar, präsentiert wurde, am deutlichsten wahrscheinlich in Bezug auf Afghanistan.

4 | Vgl. die Stellungnahme des damaligen US-Präsidenten Bill Clinton zu Kriegsbeginn: »Der Kosovo ist ein kleines Gebiet, aber es liegt auf einer der zentralen Bruchlinien von Europa, Asien und dem Nahen Osten, am Schnittpunkt von Islam und des westlichen und orthodoxen Zweiges des Christentums [...] alle Zutaten für einen großen Krieg sind gegeben: traditionelle Konflikte, schwache Demokratien und, im Zentrum des Ganzen, ein Diktator in Serbien, der seit Ende des Kalten Kriegs nichts getan hat als neue Kriege zu starten und Öl auf das Feuer ethnischer und religiöser Spaltung zu gießen.« (»In the President's Words: ›We Act to Prevent a Wider War‹«, *New York Times* 1999, zit. in: Atanasoski 2013, 119)

Kriegs«, des Zweiten Weltkriegs, in dem die USA und das nicht mehr durch den Kalten Krieg geteilte Europa vereint gegen eine faschistische Bedrohung stehen, die endlich erfolgreich aus Europas Zentrum an seine Peripherie verdrängt wurde, wo sie innerhalb dieser diskursiven Logik »natürlicherweise« hingehört. Der Kosovo-Krieg fungierte so als Affirmation der aktuellen US-Dominanz, indem er sie gleichzeitig mit der ihrer europäischen Vorgängerin verband und sich von ihr distanzierte – wo ein mächtiges Europa im 20. Jahrhundert sich und die Welt in einen zerstörerischen Krieg stürzte, erstickt die pragmatische US-Supermacht solche Konflikte nun im Keim, unterstützt vom reformierten Europa. Dies war möglich, eben weil der Balkan sich – ebenso wie der Orient – als Ort historischer Kontinuität (oder Stagnation) präsentieren ließ und gleichzeitig als tabula rasa, auf dem die Geschichte entsprechend veränderter gegenwärtiger Konstellationen neu geschrieben werden kann. Der Kosovo-Krieg wurde so zum Symbol einer postsozialistischen Weltordnung, die geprägt ist von der Allianz zwischen einem wiedervereinten Europa und einer amerikanischen Supermacht, die sich angeblich einem humanitären Militarismus verschrieben hat, der verlässlich den Rückfall in jene Formen von Barbarei verhindert, die Europa im Zeitalter von Faschismus und Kommunismus befielen. Dieses hehre Ziel, das praktischerweise schon rückwirkend von der Geschichte als unzweifelhaft gerechtfertigt und notwendig bestätigt wurde, erlaubt so Militäroperationen auch ohne UN-Autorisierung, zumal letztere Organisation ihre Pflicht, global Menschenrechte zu verteidigen, wieder und wieder verfehlte (unter anderem Anfang der 1990er in Bosnien – auch wenn die Position von USA und EU zu diesem Konflikt noch radikal anders war).[5]

Statt dem vom Historiker Francis Fukuyama nach dem Fall der Sowjetunion postulierten »Ende der Geschichte« im Kapitalismus, dominiert

5 | Diese Strategie der gezielten, »chirurgischen« Attacken wurde inzwischen verfeinert im Drohnenkrieg in Pakistan, Jemen und Somalia: ohne Risiko für die eigenen Truppen, jedoch mit akzeptiertem »Kollateralschaden« von nichtweißen, nichtwestlichen Zivilisten. Trotz medialer Durchdringung der Welt bleibt die Öffentlichkeit von diesen inoffiziellen Kriegen erfolgreich ausgeschlossen, teilweise durch gezielte Angriffe auf neutrale Kräfte, wie *Ärzte ohne Grenzen*-Krankenhäuser im Jemen und Syrien, auch dies in den Kriegen der 1990er eingeführt, so in der US-Bombardierung von *Al Jazeera* im 2. Golfkrieg und der chinesischen Botschaft in Kosovo.

ein zirkuläres Narrativ, in dem sich Geschichte ständig wiederholt: Immer wieder kämpfen die westlichen Alliierten gegen den islamofaschistisch-kommunistischen Feind. Diese aktuellen Interventionen bestätigen scheinbar zudem, dass Europa seine Vergangenheit erfolgreich überwunden hat. Dies wird deutlich in Deutschlands drastisch veränderter Position, dieses Mal als Teil der alliierten Antifaschisten, zudem in einer zunehmend zentralen Rolle. Der Bundeswehreinsatz im Kosovo, der erste deutsche Kriegseinsatz nach Ende des Zweiten Weltkriegs, wäre vor der Wiedervereinigung und dem Ende des Kalten Kriegs aufgrund der Grundgesetzbestimmungen unmöglich gewesen. Aber ebenso unvorstellbar, wie es in der unmittelbaren Nachkriegszeit für Europäer_innen und Amerikaner_innen gewesen war, den Deutschen das Mittel für einen weiteren Angriffskrieg in die Hand zu geben, so unvorstellbar schien es jetzt, dass von dem vereinten Deutschland eine ernsthafte militärische Bedrohung Europas ausgehen könne. Konsequenterweise wurde den Deutschen das Recht der Teilhabe an Militäreinsätzen gegen jene zugesprochen, die nun diese Bedrohung verkörpern. Der alles andere als subtile Versuch, Europas tatsächlich ambivalente Reaktion auf den Aufstieg des Nationalsozialismus neu zu schreiben, als entschiedenen Eingriff der alliierten (NATO-)Kräfte, der eine humanitäre Katastrophe verhindert und exponierte Minderheiten schützt, war erfolgreich genug, um die Vorlage für ein dauerhaftes Konstrukt zu bieten, in dem der Westen gegen »neue Faschisten« kämpft, die potenziell schlimmer als die alten sind.

Islamofaschismus

Es läge nahe, den zunehmenden Fokus auf die angeblichen Übereinstimmungen zwischen Faschismus bzw. Nationalsozialismus[6] und Islamismus mit den Terrorattacken vom 11. September in den USA und dem sich anschließenden, in Europa oft kritisierten, »Krieg gegen den Terror« in

6 | Methodologisch ist nicht immer deutlich, ob es um den Vergleich mit Nationalsozialismus oder Faschismus geht, Antisemitismus als gemeinsames Merkmal wird allerdings von allen Vertreter_innen der Islamofaschismusthese hervorgehoben. Dies deutet bereits darauf hin, dass es primär um die Verbindung von Islamismus und Nationalsozialismus geht, da der Antisemitismus in anderen Spielarten des Faschismus weniger zentral war.

Verbindung zu setzen; dies umso mehr, da in Bosnien und im Kosovo Muslim_innen die (europäischen) Opfer der als »neuer Faschismus« beschriebenen Aggression waren (während die Tatsache, dass eine der Hauptopfergruppen des Nationalsozialismus, osteuropäische Rom_nja, hier ebenfalls attackiert wurde – und zwar von serbischer wie kosovo-albanischer Seite – kaum Resonanz in der deutschen Presse fand und kaum eine Rolle im Umgang mit gefüchteten Rom_nja spielte). Die aller späteren Rhetorik zum Trotz tatsächlich sehr zögerliche Reaktion auf den Völkermord in Bosnien und die Pionierrolle europäischer Intellektueller in der Charakterisierung des Islam als »Faschismus des 21. Jahrhunderts« deuten allerdings auf eine komplexe Situation und auf eine zentralere Rolle Europas hin. Der Ursprung des Begriffs »Islamofaschismus« ist nicht gänzlich klar; in einer seiner einflussreichsten Genealogien wird er von dem britischen Publizisten Christopher Hitchens auf den anglo-irischen Autor Malise Ruthven zurückgeführt, der ihn im Jahr 1990 erstmals verwendete (Hitchens 2007). Vielleicht nicht zufällig wurde das Konzept besonders schnell von französischen und niederländischen Intellektuellen wie Bernard-Henri Lévy und Leon de Winter aufgegriffen. Beide Nationen haben in den 1990ern verspätete, schwierige Auseinandersetzungen um Kollaboration mit den deutschen Besatzern durchlaufen.[7] Diese Auseinandersetzungen wurden jedoch zunehmend durch Debatten um den

7 | Die Niederlande waren zudem in eine tiefe Krise gestürzt, nachdem die mehr als zweifelhafte Rolle von *Dutchbat*, dem nationalen UN-Kontingent, im Fall von Srebrenica 1995 bekannt geworden war. Die niederländischen Truppen vertrieben tausende Bosnier_innen, die auf dem UN-Gelände Zuflucht gesucht hatten, direkt in die Arme der serbischen Einheiten, die über 8.000 Männer und Jungen ermordeten und tausende Frauen und Mädchen vergewaltigten. In der später von der niederländischen Regierung eingeleiteten Untersuchung wurde deutlich, dass die Soldaten sich nicht nur allein gelassen fühlten (die USA, Frankreich und Großbritannien hatten die angeforderte Luftunterstützung verweigert), sondern auch weitverbreitete Ressentiments gegenüber den muslimischen Geflüchteten verspürten (»Babys wurden geboren, es gab keine Toiletten, alles war voller Scheiße und es hatte 30 oder 35 Grad«, fasste einer der Soldaten die Situation später zusammen). Als Folge der Untersuchung trat die niederländische Regierung 2002 zurück. In den anschließenden Wahlen erzielte die explizit antimuslimische »List Pim Fortuyn« massive Erfolge (vgl. van der Veer 2006; Robinson 2015. Vergleiche auch Šejla Kamerićs öffentliches Kunstproject »Bosnian Girl«, basierend auf dem

sich angeblich unter der muslimischen Minderheit ausbreitenden neuen Faschismus verdrängt, während gleichzeitig rechtsextreme, islamfeindliche Parteien rasant an Boden gewannen.[8]

Die Anhänger_innen der Islamofaschismus-These neigen wie Enzensberger in seiner Theorie von Hitlers Wiedergängern dazu, eine Anzahl von Kriterien zu identifizieren, die angeblich die fundamentale Gleichheit von radikalem Islam und Faschismus beweisen. Anders als Enzensberger begründen sie diese Affinität aber nicht mit der menschlichen Natur, sondern mit der Natur des Islam. So zum Beispiel Hitchens:

»Beide Bewegungen basieren auf einem mörderischen Kult, der Tod und Zerstörung zelebriert und alles Geistesleben verabscheut (›Tod dem Intellekt! Lang lebe der Tod!‹, wie es General Francos Handlanger Gonzalo Queipo de Llano so prägnant formulierte). Beide stehen der Moderne feindlich gegenüber (außer es geht um Waffenkäufe) und beide trauern bitter verlorener Größe und verlorenen Reichen

Graffiti eines unbekannten niederländischen Soldaten in Srebrenica [»No teeth.? A moustache.? Smellike shit.? Bosnian Girl!«], vgl. Rizvev 2015).

8 | Frankreichs »Nationale Front«, von Jean-Marie Le Pen in den frühen 1970ern ursprünglich aus Protest gegen die Unabhängigkeit Algeriens gegründet, ist wahrscheinlich die erfolgreichste rechtsradikale Partei Westeuropas. Sie hält inzwischen die Mehrheit in zahlreichen Lokalparlamenten, die sie unter anderem für populistische Maßnahmen wie die Streichung des Schweinefleischersatzes in staatlichen Schulen nutzt, und beeinflusst zunehmend die nationale politische Landschaft. Unter Leitung von Le Pens Tochter hat die Partei sich von ihrem vormals expliziten Antisemitismus abgewandt, vertritt aber immer noch extrem islamfeindliche Positionen. In den Niederlanden gewann die explizit islamfeindliche »List Pim Fortuyn« in den frühen 2000ern schnell an Einfluss (ihr Gründer, der offen schwule Pim Fortuyn fiel 2002 einem Anschlag durch einen weißen Umweltaktivisten zum Opfer). Im letzten Jahrzehnt etablierte sich aber Geert Wilders' »Freiheitspartei« als führende ethnonationalistische Partei in den Niederlanden. Sie ist seit 2005 im Parlament vertreten (seit 2009 auch im Europaparlament) und verfolgt eine extrem islamfeindliche Position: Wilders setzt sich für ein komplettes Einwanderungsverbot für Muslim_innen ein und fordert ein Verbot des Koran, den er mit Hitlers *Mein Kampf* gleichsetzt. Die Freiheitspartei verneint die Existenz sozialer Probleme in den Niederlanden und sieht stattdessen ausschließlich ein »Marokkanerproblem«, das sich angeblich unter anderem in einem gegen die weiße Mehrheitsbevölkerung gerichteten Rassismus ausdrückt (vgl. van der Veer 2006; Quinan 2015).

hinterher. Beide sind besessen von realer oder eingebildeter ›Erniedrigung‹ und dürsten nach Rache. Beide sind chronisch mit dem Gift antijüdischer Paranoia infiziert (interessanterweise auch mit dessen milderem Verwandten, der Anti-Freimaurer Paranoia). Beide neigen zu Führerkult und dem ausschließlichen Vertrauen auf die Macht eines großen Buchs. Beide bauen auf sexuelle Repression – insbesondere die Unterdrückung jeder sexuellen ›Abart‹ – und ihrem Gegenstück, der Unterordnung von Frauen und der Geringschätzung alles Femininen. Beide verachten Kunst und Literatur als Zeichen von Degeneration und Dekadenz; beide verbrennen Bücher und zerstören Museen und Kunstschätze.« (Hitchens 2007, online)

Dieser »Beweis« der fundamentalen Affinität von Faschismus und Islam(ismus) macht so die völlig unterschiedliche Rolle von Religion in beiden Systemen ebenso nebensächlich wie die historische Tatsache des Faschismus als (christlich-)europäischem Phänomen. Die Frage, was in Europas Struktur ihn produzierte und welche dieser Elemente in der Gegenwart fortbestehen, erscheint als weit weniger relevant als der Kampf gegen einen Faschismus, der Europa längst verlassen hat (und dort auch nie wirklich zuhause war). Vielmehr werden Migration aus der islamischen Welt und muslimische Europäer_innen repräsentativ für die Gefahr seiner ansonsten unvorstellbaren Rückkehr nach Europa. Es ist natürlich kein Zufall, dass der politische Islamismus trotz augenfälliger Unterschiede ausgerechnet mit dem Faschismus und nicht mit anderen Formen extremistischer Bewegungen verglichen wird (etwa dem globalen Anstieg religiös-nationalistischer Gewalt).[9] Vielmehr ist sie Teil der Einordnung des sich

9 | Die Frage, warum religiöser Extremismus in den letzten Jahrzehnten global anwächst – grob zeitgleich mit dem Einsetzen massiver neoliberaler Umstrukturierungen in den frühen 1980ern – ist zweifellos eine der wichtigsten im gegenwärtigen Kontext. Dieser Extremismus, ob er christlich, jüdisch, islamisch oder hinduistisch motiviert ist, zeigt in der Tat viele der von Hitchens ausgemachten Kennzeichen, weshalb es Sinn machen würde zu hinterfragen, wo die Gemeinsamkeiten abseits der spezifischen religiösen Doktrin liegen. Weniger sinnvoll scheint es hingegen, diese Bewegungen pauschal als faschistisch zu klassifizieren, zumindest, wenn man dem Begriff nicht seine analytische und historische Spezifität nehmen will. Gänzlich ungerechtfertigt scheint es mir, den islamischen als einzigen religiösen Extremismus als faschistisch einzustufen, da sich dies nur durch ein Meta-Argument erreichen lässt, das die fundamentale Affinität von Islam und Faschismus behauptet.

nach Ende des Kalten Kriegs etablierenden westlichen Herrschaftssystems unter US-Führung in die Tradition der antifaschistischen Allianz des Zweiten Weltkriegs. Statt eines neuen, wird stets der alte, schlimmste Feind in neuen Variationen bekämpft, ohne dass gänzlich neue Rechtfertigungen etabliert werden müssten. Gleichzeitig bestätigt diese Struktur, dass trotz des unübersehbaren Einflussgewinns extrem rechter Parteien Faschismus innerhalb Europas kein Faktor mehr ist (außer er wird von außen hineingebracht).

Die Konstruktion des Islamofaschismus trifft in Deutschland aus offensichtlichen historischen Gründen auf einen speziellen Kontext. Eine besondere Aufmerksamkeit gegenüber zeitgenössischen Erscheinungsformen neonazistischer Bewegungen und Strukturen könnte durchaus als spezifisch deutsche Verantwortung betrachtet werden. Tatsächlich aber überschatten hier Debatten um »muslimischen Antisemitismus« zunehmend die seit der Wiedervereinigung vor 25 Jahren anhaltende Welle neonazistischer Gewalt, deren Opfer häufig Muslim_innen sind – obwohl der schwerste Terroranschlag im Nachkriegsdeutschland von (zumindest) einem Neonazi verübt wurde, obwohl eine Organisation, die sich *Nationalsozialistischer Untergrund* nannte ein Jahrzehnt lang Muslime ermordete, obwohl Pogrome hierzulande noch immer von der Mehrheitsbevölkerung und gegen Minderheiten verübt werden. Zumindest seit 1981 Sydi Koparan in Gündelbach von Rechtsradikalen erschlagen wurde, waren unter den Hunderten Opfern rassistischer Gewalt zahlreiche Menschen, deren Identifikation als Muslim_in für die Täter_innen Grund genug war, ihnen das Leben zu nehmen. Warum also werden Muslim_innen in Deutschland vornehmlich als Gefahr, nicht als gefährdet wahrgenommen? Die drastisch unterschiedliche Einschätzung und Rezeption des Gewaltpotenzials muslimischer Deutscher und rechtsradikaler Terrorgruppen wie dem NSU erklärt sich nicht (nur) aus dem tatsächlichen Bedrohungspotenzial – die IS ist eine international operierende Terrororganisation und es gibt keinen Grund zur der Annahme, dass Deutsche nicht für Anschläge rekrutiert werden, aber Deutschland ist ein Ziel unter vielen (und die Hauptziele liegen nach wie vor im Nahen Osten), nicht Hauptfokus der Gewalt, wie es Muslim_innen in Deutschland für den NSU waren.

Der einseitige Fokus auf die islamistische Bedrohung erklärt sich vielmehr aus einer Reihe anderer Faktoren, unter ihnen die verschiedenen Zielgruppen – nicht nur in der Auseinandersetzung mit der NSU hat sich überdeutlich gezeigt, dass es einen Unterschied macht, ob die potenziellen Opfer angehörige der Mehrheitsgesellschaft sind oder nicht, Jahr für Jahr bestätigen Studien, dass rassistische Gewalt in Deutschland nicht konsequent verfolgt oder auch nur wahrgenommen wird (Amnesty International 2016). Ein anderer Faktor ist die bereits bestehende Wahrnehmung von Muslim_innen als kulturell pathologisch. Ob der Fokus Beschneidung, Homophobie oder Hijab ist, Medien, Politiker_innen und die Öffentlichkeit tendieren dazu, Mehrheitspraktiken als die gesunde Norm zu bewerten, an der die muslimische Abweichung gemessen wird. Die Obsession mit muslimischem Versagen ersetzt die Notwendigkeit, sich kritisch mit dem Wahrheitsgehalt der postulierten eigenen Toleranz auseinanderzusetzen. Sie hilft so auch, die Krise des universalistischen Humanismus zu überwinden, die dadurch ausgelöst wurde, dass diejenigen, die jahrhundertelang unter Böröczs »noch nicht« fielen – Frauen, Queers, rassifizierte Gruppen – ihren Einschluss in die Kategorie »Mensch« verlangten. Dieser Prozess des Einschlusses ist ein ungleicher, der sich weitgehend an der bestehenden rassifizierten Raum-Zeit-Ordnung orientiert. Weiße westliche Frauen und Queers scheinen aufnahmebereit, während andere, hier Muslim_innen, als unwillig oder unfähig erscheinen, sich in ein kosmopolitisches, menschenrechtsorientiertes System einzupassen, das sowohl universell als auch westlich ist. Seit Beginn des Jahrtausends wurden sie stattdessen in jeden denkbaren Abschnitt der kontinentalen Geschichte projiziert, vom Mittelalter, in dem sie angeblich noch immer kulturell verfangen sind, bis hin zum Nationalsozialismus mit der Postulierung eines angeblichen eliminatorischen muslimischen Antisemitismus.

Diese Pathologisierung insbesondere des (jungen, urbanen) Muslims der zweiten und dritten Generation als kriminell, gewalttätig usw. ist ein Prozess, der wie gesehen bereits vor Jahrzehnten begann und kausal verbunden ist mit dem Ende der sozialen Marktwirtschaft in Westeuropa. In Osteuropa manifestierten sich die immensen politischen, sozialen und ökonomischen Umwälzungen, die dem Ende des Kalten Kriegs folgten, in ethnischen Konflikten bzw. der Platzierung rassifizierter Minderheiten in einer Sündenbockposition. Dies traf besonders Rom_nja, Schwarze und, vor allem im ehemaligen Jugoslawien, Muslim_innen, also genau die Gruppen, die auch im Westen rassifiziert und ausgegrenzt werden. Und trotz verbaler Abgrenzung und Verurteilung der rassistischen Gewalt im Osten des Kontinents durch den Westen, der diese Gewalt unisono als »Demokratiedefizit« und Nachwirkung der totalitären sozialistischen

Herrschaft interpretierte, wurde die nachsozialistische Transformation auch in Westeuropa durch die Ausgrenzung dieser Gruppen erleichtert. Der Fokus auf Muslim_innen hat entsprechend weniger mit ihrer angeblich inkompatiblen Wertordnung zu tun als ihrer marginalisierten sozio-ökonomischen Position als arbeitsmigrantische Altlast in einer postindustriellen Gesellschaft.

Wie der Historiker Volker Ulrich gezeigt hat, waren Auseinandersetzungen um die NS-Geschichte seit der sogenannten Fischer-Kontroverse in den frühen 1960ern Teil des bundesdeutschen Umgangs mit Gegenwartskonflikten, vom Ende der Adenaueräre bis zum Ende der sozialen Marktwirtschaft im wiedervereinigten Deutschland (Ulrich 2005).[10] Der deutsche Historikerstreit der 1980er – laut Ulrich eine Reaktion auf das Ende der sozialliberalen Ära – war der erste konzertierte Versuch, den Ursprung des Faschismus in den (asiatischen) Osten zu verschieben, damals noch durch die kommunistische Sowjetunion repräsentiert. Im Laufe der 1990er wurde er über den Umweg Balkan als quasi-anthropologisches Erbe des europäischen Orients situiert und scheint mit der Jahrtausendwende und den Diskussionen um Islamofaschismus endgültig im außereuropäischen Orient angekommen zu sein. Diese konsistente Verschiebung nach Osten war kompatibel mit sich wandelnden Feindbildern: von der totalitären Sowjetunion in Europas Osten zu den Islamofaschisten im Nahen Osten. Wie erwähnt, reagierte diese Strategie auch auf die verspätete und zögerliche Debatte um Kollaborationen in den im Zweiten Weltkrieg von Deutschland besetzten Nationen und um ihre Wurzeln in einem verbreiteten europäischen Antisemitismus. Auch hier zeigte sich eine Verschiebung zu einem explodierenden Interesse an Kollaborationen zwischen den Nazis und Muslimen. Die Trope des muslimischen Antisemitismus rekonfiguriert das weiße christliche Europa als Beschützer, nicht Verfolger der jüdischen Minderheit, was wiederum

10 | Anlass für Ulrichs Analyse war die Veröffentlichung von Götz Alys *Hitlers Volksstaat*, in dem er die These vertrat, der NS-Staat sei eine »Gefälligkeitsdiktatur« gewesen, die sich durch großzügige sozialstaatliche Maßnahmen, finanziert durch das Ausrauben des besetzten Europas und vor allem der jüdischen Bevölkerung, die Unterstützung der breiten Masse erkaufte. Das hier implizite liberale Misstrauen gegenüber den Massen fiel laut Ulrich wiederum im Kontext des Abbaus des bundesdeutschen Sozialstaates auf einen fruchtbaren Boden (vgl. Ulrich 2005).

das Narrativ einer judeo-christlichen europäischen Vergangenheit und Einheit stärkt. Europäischer Antisemitismus erscheint so nicht als strukturelles, anhaltendes Problem, sondern als historische, längst überwundene Abweichung. Dies setzt das Narrativ von Europa als durch externen Totalitarismus viktimisiert fort und rahmt so die neue interne Bedrohung durch »Islamofaschismus« und muslimischen Antisemitismus.

Die Lokalisierung des Letzteren innerhalb einer Bevölkerungsgruppe, die bereits weitgehend aus der Gesellschaft ausgeschlossen ist, erlaubt dieser Gesellschaft symbolische Verurteilungen, die die Mehrheit von aller Verantwortung freispricht und die Disziplinierung der Minderheit als einzig logische Gegenmaßnahme erscheinen lässt. »Muslimische Kultur« wird als so fundamental verschieden von »europäischer Kultur« konstruiert, dass kaum noch Gemeinsamkeiten bleiben (ebenso wenig wie zwischen Faschismus und europäischer Kultur). So werden nicht nur Jahrhunderte geteilter Geschichte negiert, es wird auch eine düstere Zukunft gezeichnet: »Europas Evolution von einer judeo-christlichen Zivilisation, mit wichtigen aufklärerisch-säkularen Elementen, in eine post-judeo-christliche Zivilisation, der Ideologie des Jihad unterworfen, die durch islamische Kräfte verbreitet wird« – so etwa Bat Ye'ors *Eurabia*, das eine Verschwörung zwischen führenden europäischen und arabischen Kräften zulasten Israels und der USA postuliert (Ye'or 2010). Während die Stellung europäischer Jüd_innen als legitimer Teil des Kontinents heute zweifellos weniger umstritten ist als vor dem Zweiten Weltkrieg, ist die zunehmend häufige Referenz auf die »judeo-christliche« Kultur des Abendlandes untrennbar von der Positionierung muslimischer Europäer_innen als außerhalb dieser Konstellation stehend, sie sogar gefährdend. Nicht zufällig erfolgt so auch eine Verharmlosung der Verfolgung und Unterdrückung der rassifizierten jüdischen Minderheit durch die christliche Mehrheit, die den Großteil dieser judeo-christlichen Vergangenheit charakterisiert.

Diese Kategorisierung von muslimischem Antisemitismus als aggressiver und verbreiteter als sowohl der historische europäische Antisemitismus als auch derjenige der heutigen Rechten beeinflusste etwa die Reaktion auf den brutalen Angriff auf den Berliner Rabbiner David Alter im August 2012. Das Opfer beschrieb die Angreifer später als »arabisch aussehende Jugendliche« (Kopietz/Schütze 2012) und Medienkommentare machten sich schnell an dieser Aussage fest. Annetta Kahane, die Direktorin der antirassistischen Amadeu Antonio Stiftung, schien die schnell stattfindenden Verallgemeinerungen mit Fakten belegen zu können: »Es gibt in letzter Zeit mehr körperliche Attacken gegen Juden als in den vergangenen Jahren – vor allem in Ballungsgebieten und Großstädten. Und leider sind es meist junge Migranten.« (N. N. 2012) Auch wenn sie sich hinzuzufügen beeilte, dass dies die Gesamtgesellschaft nicht von Verantwortung für den in Deutschland existierenden Antisemitismus freispreche, war der Ton vorgegeben (die *taz* beispielsweise betitelte ihren Bericht über den Angriff mit »Leider sind es meist Migranten«, N. N. 2012). Dies wurde erleichtert dadurch, dass Kahanes Aussage wie üblich migrantisierte Deutsche unter »Migranten« subsumierte, also Rassifizierte zu automatisch Nicht-Deutschen machte. Dies trug bedauerlicherweise direkt zu der von ihr kritisierten »Selbstentlastungstendenz« der (mehrheitsdeutschen) Gesamtgesellschaft bei und lieferte ein weiteres Beispiel der konsistenten Unfähigkeit auch der Linken zu begreifen, wie diese hartnäckige Fremdmachung Rassifizierter zum Erhalt eben jenes ethnonationalen Verständnisses des Deutschen beiträgt, das sie zu bekämpfen meint. »Junge Migranten« (was meist hieß: in Deutschland geborene und aufgewachsene Menschen) wurden als Hauptursache des Problems Antisemitismus ausgemacht, ungeachtet der Tatsache, dass die überwältigende Mehrheit antisemitischer Attacken, seien sie physisch, verbal oder symbolisch, von weißen deutschen Rechtsradikalen verübt wird, wie quartalsmäßig durch die von der Bundesregierung auf Anfrage der Linken zur Verfügung gestellten Statistiken bestätigt.[11]

Die öffentliche Reaktion auf die Gewalt gegen Rabbiner Alter war jedoch nicht von diesen Fakten geprägt, sondern von der verbreiteten Überzeugung, dass muslimischer Antisemitismus sowohl vergleichbar mit, das heißt, sich aus den gleichen Quellen speisend, als auch schlimmer, da um den Holocaust wissend, als der deutsche Antisemitismus des frühen 20. Jahrhunderts sei. Indem deutsche Muslime der Gegenwart zu den Nachfolgern der historischen deutschen Antisemiten gemacht werden, wird die deutsche Mehrheit von dieser Erbschuld befreit – und ebenso von der Verantwortung für die von Mehrheitsdeutschen verübten aktuellen antisemitischen Straftaten. Extremster Ausdruck dieser symbolischen Selbstentlastung waren wahrscheinlich die nach der Attacke auf Alter organisierten Kippa-Flashmobs – inspiriert von der Behauptung des Vorsitzenden der Jüdischen Gemeinde in Berlin, als Jüd_innen er-

11 | Die Anfragen der Fraktion sowie die Antworten der Bundesregierung sind auf der Website der Linken einzusehen (www.linksfraktion.de/kleine-anfragen/).

kennbare Menschen könnten sich in bestimmten – das heißt migrantischen – Vierteln nicht mehr sicher fühlen (Joffe 2012, zit. n.: Igr/dpa/AFP 2012, online). Die Flashmobs, Demonstrationen, in denen sich auch und gerade die nichtjüdischen Teilnehmer_innen durch das Tragen der Kippa mit Jüd_innen solidarisierten, waren oberflächlich eine Geste der Solidarität mit einer bedrohten Minderheit, das Exerzieren von Toleranz um intoleranten Fremden eine humanistische Lehre zu erteilen. Unter der Oberfläche zeigt sich allerdings auch eine gewisse kannibalistische Aneignung der Opferidentität durch eine mehrheitsdeutsche Bevölkerung, die das Stigma des Holocaust so weit hinter sich gelassen hat, dass sie ohne Schamgefühl die Verkörperung jüdischer Identität als antifaschistische Geste inszenieren kann. Dies unterstreicht die Rolle von Jüd_innen als Symbole, nicht reale Personen im deutschen Diskurs, hier noch einen Schritt weitergeführt, indem die jüdische Identität der Mehrheitsgesellschaft einverleibt und symbolisch ausagiert wird.[12]

So ist es kein Zufall, dass es keine Hijab-Flashmobs gibt, obwohl bekannt ist (oder sein sollte), dass Angriffe auf kopftuchtragende Muslim_innen zum gesamtdeutschen Alltag gehören. Ich behaupte nicht, dass Solidarität mit sich bedroht fühlenden Jüd_innen dadurch entwertet wird, dass andere bedrohte Gruppen nicht die gleiche Solidarität erfahren, sondern dass diese spezifische Geste der Solidarität durch Verkörperung sich nur aus der deutschen Tätergeschichte erklären lässt und zumindest teilweise eine jüdisch-christliche Äquivalenz gegenüber muslimischem Antisemitismus impliziert, die weder historische Gegebenheiten noch gegenwärtige Konstellationen akkurat widerspiegelt, sondern vor allem die Mehrheitsgesellschaft entlastet: Indem Muslim_innen der Part der Nazis zugewiesen wird, können Mehrheitsdeutsche in der anhaltenden Neuinszenierung des Zweiten Weltkriegs nicht nur die Rolle der Retter_innen sondern gleichzeitig auch noch die der Opfer einnehmen. Sei es durch die Identifizierung mit Jüd_innen oder den Diskurs von der Deutschenfeindlichkeit der Migranten, in jedem Fall markiert sich so das spätestens seit Walser vehement verlangte Ende des deutschen »Schuldkomplexes«.

12 | Wie Katrin Sieg (2002) ausführt, ist diese Verkörperung des rassifizierten Anderen ein beständiger und weitgehend unreflektierter Bestandteil der bundesdeutschen Nachkriegsgesellschaft (die Verkleidung als »Indianer« ist bekanntermaßen besonders populär, aber auch *blackface* ist anhaltend beliebt) und hatte immer ein Element der Entlastung von der Täterrolle durch Identifikation mit den Opfern.

Muslimischer Antisemitismus

Natürlich existiert Antisemitismus unter Muslim_innen in Deutschland, aber es gibt keine Belege dafür, dass dies stärker der Fall ist als unter Mehrheitsdeutschen/Nicht-Muslim_innen (vgl. Özyürek 2016). Es *gibt* Belege dafür, dass antisemitische Straftaten fast ausschließlich von Mehrheitsdeutschen verübt werden. Wenn also muslimischer Antisemitismus Mediendebatten dominiert, wenn zahlreiche Artikel behaupten, »viele« oder »die meisten« Muslim_innen seien antisemitisch (selbst wenn sie im nächsten Satz darauf hinweisen, dass es kaum Studien zum Thema gibt, vgl. Wagner 2007, Amira 2010), wenn der Vorsitzende der Berliner Jüdischen Gemeinde und der Vorsitzende des Zentralrats der Juden in Deutschland migrantische Viertel als diejenigen spezifizieren, in denen Jüd_innen nicht sicher seien, und wenn Letzterer gar die Beschränkung der Einreise von Geflüchteten aus arabischen Ländern fordert, um den ansonsten angeblich unvermeidbaren Anstieg von Antisemitismus zu verhindern (mxw/dpa/AFP 2015, tsch 2015), handelt es sich nicht nur um eine gezielte Stigmatisierung dieser Community, sondern um einen Rassismus, der als Teil einer größeren Struktur funktioniert. Mit der Identifizierung von Antisemitismus als »ethnischem Problem« arabischer Gesellschaften ist seine Relokalisierung in den Nahen Osten abgeschlossen, in der Gegenwart wie in der Vergangenheit.[13] Antisemitismus wird

13 | In Schusters Stellungnahme schwingen Echos von Enzenbergers anthropologischer Faschismustheorie mit: »Wenn ich mir die Orte und Länder in Europa anschaue, in denen es die größten Probleme gibt, könnte man zu dem Schluss kommen, hier handele es sich nicht um ein religiöses Problem, sondern um ein ethnisches.« (Zit. in: tsch 2015, online) Muslimischer Antisemitismus ist real, aber nicht so konstituierend für muslimische Gesellschaften wie er konstituierend für das christliche Europa war. Zeitgenössischer Antisemitismus in der islamischen Welt speist sich aus ethno-religiösem Fanatismus und dem Israel-Palästina-Konflikt, beide relativ neu und nicht vergleichbar mit der jahrtausendealten antisemitischen kulturellen Prägung Europas. Das macht ihn nicht zu einem harmlosen Phänomen, rechtfertigt aber kaum seine diskursive Konstruktion als inhärenter Bestandteil muslimischer Identität. Historischer Antisemitismus in der islamischen Welt ist nicht vergleichbar mit der Zentralität von Antisemitsmus in der christlichen Tradition. Die Debatte ignoriert zudem völlig den Zusammenhang zwischen westlichem Fortschrittsnarrativ, Kolonialismus, Rassismus und Antisemi-

so eine weitere der Gefahren, die von rückständigen muslimischen Migrant_innen in die deutsche Gesellschaft getragen werden.[14]

Das wiederum rechtfertigt Disziplinierungsmaßnahmen im Namen eines staatlichen Antirassismus, der sich auf eine bereits marginalisierte und disziplinierte Gruppe beschränkt (vgl. Haritworn 2010); auf eine Gruppe also, die bereits als eine identifiziert wurde, der nur mit Disziplinierung oder Strafmaßnahmen beizukommen ist, da sie auf Vernunftargumente dank kultureller Defizite nur bedingt reagieren kann. Allerdings gibt es für muslimische Jugendliche noch Erziehungs- bzw. Dekulturierungsprogramme, die ihnen westliche Werte nahebringen und Demokratietauglichkeit und Toleranz anerziehen sollen, etwa durch verschiedene staatlich geförderte »Anti-Antisemitismus«-Initiativen (vgl. Amira 2010, Patridge 2010, Özyürek 2016). Derartige Programme konzentrierten sich in den 1990ern zunächst auf eine andere Risikogruppe: ostdeutsche Jugendliche. Mit der Verlagerung des Diskurses auf den »neuen«, das heißt migrantisch-muslimischen, Antisemitismus verschob sich der Fokus im letzten Jahrzehnt jedoch zunehmend (vgl. Özyürek 2016). Während für beide Gruppen die Auseinandersetzung mit dem Holocaust als zentral erachtet wird, nimmt in den Programmen für muslimische Jugendliche auch der Israel-Palästina-Konflikt eine zentrale Rolle ein, steht dieser Konflikt und eine aus ihm resultierende »absolute Israelfeindschaft« doch im Zentrum der Definition des »neuen« Antisemitismus (vgl. Kiefer 2012).[15]

---

tismus. Sie alle wirkten zusammen im dominanten Dogma westlicher Überlegenheit, die kein Äquivalent in islamischer Geschichte hatte.

14 | Dies ist der Tenor der bisher umfangreichsten Studie des Bundesinneministeriums, 2011 veröffentlicht. Ezra Özyürek merkt zu dieser an: »Es ist bemerkenswert, dass der Report Immigration aus anderen Ländern mit verbreiteten antisemitischen Vorurteilen unerwähnt lässt, einschließlich Griechenlands (69 %), Polens (45 %), Bulgariens (44 %), Serbiens (42 %) und der Ukraine (38 %). Noch wichtiger, *Antisemitismus in Deutschland* ignoriert die relevanteste Quelle von Antisemitismus in Deutschland, nämlich rechtsradikale mehrheitsdeutsche politische Organisationen und Bewegungen [...].« (Özyürek 2016, 51) Diese eklatante Auslassung macht nochmals deutlich, dass das Narrativ vom »neuen« Antisemitismus notwendigerweise ein Ignorieren des »alten« weiter existierenden europäischen Antisemitismus verlangt.

15 | Laut dieser Theorie unterscheidet sich der »neue« Antisemitismus von seiner historischen Variante durch den Fokus auf Israel als Feindbild. Das heißt nicht zwin-

In der Arbeit der Berliner Initiative »Antisemitismus im Kontext von Migration und Rassismus« (Amira), aktiv von 2007–2010 (also während der Gaza-Invasion 2008/09), wird etwa anerkannt, dass hier ein Konfliktpotenzial besonders für muslimische und arabisch-deutsche Jugendliche liegt und Antizionismus wird nicht unbedingt mit Antisemitismus gleichgesetzt – er wird jedoch als fehlgeleitete Ideologie interpretiert, die durch das Vermitteln objektiver Fakten korrigiert werden kann. Ziel der Adressierung des Nahost-Konflikts durch Initiativen wie Amira ist es, Verständnis für die »andere Seite« herzustellen, unter anderem durch die Vermittlung der Geschichte jüdischer Verfolgung in Europa. Dass die Jugendlichen ihre eigenen Ausgrenzungserfahrungen im Lernen dieser Geschichte einbringen, ist durchaus erwünscht, gleichzeitig wird aber ihre sogenannte Opferkonkurrenz kritisiert:

»So verweist z. B. die Aussage: ›Muslime werden immer heruntergemacht und Juden werden voll verwöhnt‹ seitens eines Jugendlichen, dessen Selbstidentifikation als Moslem wesentlich aus einer Verteidigung gegen diskriminierende Fremddefinitionen herrührt, auf die Problematik einer muslimischen Selbstdefinition durch Negation und gleichzeitig auf eine der Mehrheitsgesellschaft konforme Unterordnung als Minderheit sowie auf eine antijüdische Fremdkonstruktion, welche die Konkurrenz unter Minderheiten beschwört.« (Amira 2010, 12)

---

gend, dass Antisemitismus und Antizionismus nicht voneinander zu trennen sind. Theoretisch wird unterschieden zwischen der Ablehnung Israels, weil der Staat eine Gruppe von Menschen, Jüd_innen, repräsentiert, denen man das Recht auf einen eigenen Staat oder das Existenzrecht an sich abspricht und der Kritik an Aspekten der israelischen ethnonationalistischen Kolonialpolitik gegenüber Palästinenser_innen. In der Praxis neigen die Vertreter_innen der These des neuen Antisemitismus jedoch dazu, nahezu alle Formen des Antizionismus als antisemitisch zu interpretieren (vgl. Küntzel 2011, Schellen 2014). So ergibt sich eine selbsterfüllende Prophezeiung, in der der neue Antisemitismus besonders unter Muslim_innen und anderen Menschen of color anzutreffen ist, da unter ihnen eine antizionistische Haltung verbreiteter ist als unter der Mehrheitsbevölkerung – dies wiederum allerdings nicht aufgrund eines verbreiteteren Antisemitismus, sondern eines verbreiteteren Antikolonialismus. Ebenso wichtig ist die langjährige Unterstützung des südafrikanischen Apartheidsstaates durch Israel, die das Land im Rest Afrikas isolierte und zweifellos entscheidend zu der Auseinandersetzung um Zionismus als Rassismus auf der UN-Weltkonferenz gegen Rassismus in Durban, Südafrika, 2001 beitrug.

Ziel ist es, diese »Opferkonkurrenz« zu überwinden und den Jugendlichen Wissen über sowohl den Holocaust als auch die Umstände der Entstehung Israels zu vermitteln (allerdings meines Wissens nicht über die längere Geschichte des deutschen Antisemitismus). Das ist natürlich durchaus sinnvoll, das Problem liegt in der Einseitigkeit des Prozesses: Weder wird es als nötig erachtet, jüdischen Jugendlichen Verständnis für die »andere Seite« zu vermitteln, noch wird die Rolle der Mehrheitsgesellschaft als vermittelnde, neutrale Instanz in Frage gestellt, obwohl die Jugendlichen selbst dies durchaus tun[16]. Ein erfolgreicher Prozess verlangt also die Überwindung dieses Misstrauens und die Akzeptanz der Mehrheit als offen für alle vernünftigen Positionen (was die Implikation einschließt, dass die von den Jugendlichen vertretenen Positionen unvernünftig sind): »Beispielsweise ist das Eintreten für die Unabhängigkeit Palästinas im Rahmen einer Zweistaatenlösung in der Mehrheitsgesellschaft völlig akzeptiert. Dagegen wirkt es ganz anders, wenn man sagt ›Ich bin gegen die Juden‹ oder ›Nieder mit dem Judentum‹.« (Ebd., 28) Ausgehend von diesem Beispiel ist die Mehrheitsgesellschaft rational und tolerant und die Jugendlichen sind deutlich im Unrecht, aber diese Konstellation ist natürlich nicht unbedingt eine Reflexion der Realität, sondern erst einmal die Konstruktion, von der aus Amira mit den Jugendlichen interagiert. Komplexere Konstellationen, in der die Standpunkte nicht so klar verteilt sind und die Mehrheitsgesellschaft möglicherweise irrationale oder einseitige Positionen vertritt, tauchen ebenso wenig auf wie die Möglichkeit, dass sich die Interessen der verschiedenen Gruppen

16 | »Viele Jugendliche sind misstrauisch gegenüber ›deutschen‹ bzw. ›westlichen‹ Darstellungen des Konflikts, die von den medialen Darstellungen ihres Herkunftskontextes abweichen.« (Amira 2010, 13) Unklar bleibt, was genau die medialen Darstellungen des »Herkunftskontexts« sind. Allerdings weist Özyürek (2016) darauf hin, dass Amiras erster Report sich mit Antisemitismus in der Türkei auseinandersetzte, in der Annahme, dass nur so das Grundwissen um muslimischen Antisemitismus in Deutschland geschaffen werden könne. Dies wiederum impliziert erstens, dass Türkisch-Deutsche vornehmlich doch Türk_innen sind, dass sie, zweitens, ihren Antisemitismus aus der Türkei importiert haben und drittens, dass die Türkei eine antisemitische Nation ist. Der mangelnde Erfolg dieses Ansatzes deutet laut Özyürek darauf hin, dass die türkisch-deutschen Jugendlichen sich eben nicht primär in einem türkischen, sondern einem deutschen ideologischen Kontext bewegen.

womöglich nicht vereinen lassen. Das Problem ist also, dass Zielvorgabe und Norm von Anfang an feststehen und im Laufe des Prozesses nicht in Frage gestellt werden können. So ist das Resultat die erneute Betonung der kulturellen Defizite der Jugendlichen, dem Konsens der gesamten Debatte um Muslime und andere Rassifizierte folgend: Sie haben nichts, das die deutsche Gesellschaft voranbringt, halten sie nur zurück und müssen endlich lernen, mehr so zu werden wie die Mehrheit.[17]

Dies ignoriert, dass zu einem toleranten Zusammenleben eine gleichberechtigte Auseinandersetzung gehört. Da angenommen wird, man wisse schon, was die Jugendlichen aufgrund ihres Hintergrundes mitbringen – Machotum, Homophobie und Antisemitismus – kann solch eine Auseinandersetzung nicht stattfinden. Der erstrebte Konsens besteht aus der Übernahme der dominanten Position, die als nicht oder nur marginal verbesserungswürdig empfunden wird (nicht perfekt, aber besser als alle anderen). Die blinden Flecken der Mehrheitsgesellschaft reproduzieren sich, statt von der Minderheit benannt und gemeinsam bearbeitet werden zu können. Der Prozess ist kein gegenseitiger, die Vorstellung, dass mehrheitsdeutsche Jugendliche (und Erwachsene) systematische, staatlich geförderte Hilfe dabei erhalten, ihre Vorurteile zu konfrontieren und die »andere Seite« (sagen wir, diejenige, die die deutsche Gesellschaft als strukturell rassistisch erlebt) zu verstehen, erscheint mehr als utopisch, obwohl sie sich aufgrund der Logik der staatlichen Programme für »Risikogruppen« eigentlich aufdrängt. Das Füllen mehrheitsdeutscher Wis-

17 | In seiner Ethnographie eines derartigen Programms für migrantische, das heißt muslimische, Jugendliche beobachtete Damini Patridge eine mehrheitlich abweisende Haltung der mehrheitsdeutschen Lehrer_innen und Jugendarbeiter_innen gegenüben den Jugendlichen: »Was ich in diesem Prozess realiserte war, dass im akuellen deutschen Diskurs um Rassismus, der sich in Formeln wie unüberwindbare ›kulturelle Gegensätze‹ oder ›gescheiterte Integration‹ ausdrückt, etwas fehlte: Bescheidenheit und Liebe. Es gab und gibt vielleicht Spuren von Antisemitismus bei manchen dieser jungen Leute […] Aber so ein Antisemitismus könnte vielleicht am ehesten durch die Konstruktionen eines geschützten Raumes überwunden werden, in dem diesen jungen Menschen nicht nur etwas beigebracht wird, sondern in dem auch von ihnen gelernt und auf ihre Erfahrungen eingegangen wird.« (Patridge 2010, 847) Für einen Ansatz, der die Zentrierung der mehrheitsdeutschen Position vermeidet, vergleiche das Schulprojekt des Palästinensers Mohamed Ibrahim und des Israelis Shemi Shabat (Shohat 2014).

senslücken etwa bezüglich der Geschichte von Antiziganismus und Kolonialismus erscheint dringend nötig. Tatsächlich aber zeigen Versuche in dieser Richtung, dass es hier nicht, zumindest nicht nur, um Wissen oder Wahrheit geht, sondern um Definitionsmacht.

Das Bestreben des wiedervereinigten Deutschlands, sich von der zentralen Identifikation mit Schuld zu befreien, wird nicht verbunden mit der Einbindung einer minorisierten Bevölkerung, deren Ursprung tatsächlich die Abwesenheit dieser (biographischen, wenn nicht historischen) Schuld beinhaltet – und die eine andere Tradition einbringen könnte, die jahrhundertelang ein weit friedlicheres und gleichberechtigteres Zusammenleben von Muslim_innen, Jüd_innen und Christ_innen praktizierte – um so das Potenzial neuer, konstruktiver Formen des Umgangs mit der anhaltenden deutschen Verantwortung für den nationalsozialistischen Völkermord zu eröffnen.[18] Im Gegenteil, die historische Schuld wird genau auf diese Gruppe projiziert. Dies sagt einiges aus über die Unfähigkeit der Mehrheitsgesellschaft, Minorisierte als (normalen, gleichberechtigten) Teil der deutschen Bevölkerung zu begreifen. Es zeigt auch, dass eine konstruktive Auseinandersetzung mit der Schuldfrage, mit der Frage, wie mit der Verantwortung für diese Vergangenheit umgegangen wird, nun da sie mehr als zwei Generationen zurückliegt, nicht wirklich stattgefunden hat, stattdessen wird sie als Schuld der Anderen rekonfiguriert.

Die Annahme, dass Antisemitismus unter der zweiten und dritten Generation »migrantischer« Jugendlicher auf ihrem »fremden«, das heißt muslimischem, kulturellen Hintergrund beruht und daher ein Ausdruck gescheiterter Integration ist, ignoriert antisemitische Strukturen innerhalb der Dominanzgesellschaft und ihren potenziellen Einfluss auf diese

18 | Es geht nicht darum, die islamische Geschichte zu idealisieren, wie die jeder expansionistischen Ideologie ist sie voll von Gewalt und Unterdrückung. Das ist ebenso unbestreitbar wie die Tatsache, dass die islamischen Reiche jahrhundertelang weit weniger von religiöser Intoleranz geprägt waren als die christlichen. Diese Tradition ist in diesem Kontext relevant und sollte gelehrt werden – sowohl der Mehrheitsgesellschaft als auch Muslim_innen und anderen Minorisierten. Insbesondere da der angeblich traditionelle muslimische Antisemitismus in den deutschen Medien inzwischen ständig beschworen wird und insbesondere da das Eingeständnis, dass die Mehrheit von der Minderheit lernen kann, ebenso schwer wie wichtig ist.

Jugendlichen. Ebenso ignoriert sie die Verbindung zwischen Antisemitismus und anderen Formen von Rassismus, einschließlich denjenigen, von denen die Jugendlichen selbst betroffen sind. Die Positionierung von Jüd_innen und Muslim_innen als antagonistisch, mit Mehrheitsdeutschen und dem Staat in der Vermittlerrolle, negiert die Gemeinsamkeiten in der Rassifizierung von Religion, die beide Gruppen als nichtchristliche Minderheiten erfahren – ein diskursiver Fokus auf diesen Prozess würde die Ursache des Problems aus der Peripherie in die Mitte der (christlich/christlich-säkularen) Gesellschaft verlagern. Er würde auch die Tatsache ins Zentrum der Debatte stellen, dass Antisemitismus, Rassismus und Islamophobie in ganz Europa im Ansteigen sind und gewöhnlich gemeinsam auftreten. Statt die kontinentweit zunehmende Normalisierung rassistischer Überzeugungen und Taten zu problematisieren, wird jedoch die Krise des neoliberalen Multikulturalismus innerhalb jener Bevölkerungsgruppe lokalisiert, die bereits ökonomisch marginalisiert, politisch entrechtet und am Rande, wenn nicht ganz außerhalb der Gemeinschaft der Deutschen positioniert ist.

Die Dritte Welt im Zweiten Weltkrieg

Wie sehr historische Erinnerung von gegenwärtigen Konstellationen abhängt, zeigte sich 2009 im Zuge der Ausstellung »Die Dritte Welt im Zweiten Weltkrieg«, die im September in der Berliner Werkstatt der Kulturen gezeigt werden sollte. Ursprünglich ein 2005 veröffentlichtes Buchprojekt des *Rheinischen Journalist_innenbüros*, ging es den Initator_innen explizit darum, eine in Deutschland (und dem Westen allgemein) weitgehend ignorierte Geschichte ins gesellschaftliche Bewusstsein zu rücken, nämlich, wie im Titel angedeutet, die Auswirkungen des Zweiten Weltkriegs auf den Globalen Süden und Menschen of color im Westen. Für die mehrheitsdeutschen Autor_innen war das Thema neu, es wurde ihnen jedoch schnell deutlich, dass es sich hier um eine kulturspezifische, keine globale Wissenslücke handelte:

»Bei unseren Recherchen stellten wir fest, dass das Thema anderswo wesentlich präsenter ist als hierzulande. Fast überall fanden wir Augenzeugenberichte, biographische Zeugnisse von KriegsteilnehmerInnen oder auch Studien über die Auswirkungen des Kriegs für die Zivilbevölkerung der jeweiligen Region. In Westafrika, um ein Beispiel zu nennen, gibt es fast in jeder größeren Stadt ein ›Maison des ancients combattants‹, in dem sich Veteranen treffen, die für ihre europäischen Kolonialmächte Kriege geführt haben, und bis heute für die Anerkennung ihrer Einsätze sowie für eine Gleichbehandlung bei den Pensionen und Renten eintreten.« (Rössel, in: Inou 2007, online)

Der Journalist Karl Rössel und seine Kolleg_innen trugen reichhaltiges Material aus vier Kontinenten zusammen und zeigten so unter anderem Deutschlands vielfältige Verwicklungen in diese außereuropäische Kriegs- und Kolonialgeschichte, von den in Libyen durch deutsche Truppen vergrabenen Landminen, die noch heute Menschen töten, über die Situation auf den ehemals von Deutschland kolonisierten Inseln im Pazifik und den Kriegsschauplatz Nordafrika zum Schicksal Schwarzer Deutscher im Nationalsozialismus. In ihrer Aufarbeitung lassen die Autor_innen keinen Zweifel daran, warum dieser wichtige Aspekt des schließlich so genannten Weltkriegs in westlichen Darstellungen sowohl im akademischen wie im populären Kontext abwesend ist:

»Die Auseinandersetzung mit dieser Geschichte wurde und wird gescheut, weil sie Konsequenzen haben könnte bzw. müsste, z. B. in Form von Entschädigungszahlungen oder – dort wo der Krieg ausgetragen wurde – Reparationsleistungen. Die Anerkennung dessen, was die Kolonisierten im Krieg geleistet haben, müsste auch einen anderen Umgang mit ihnen und ihren Nachfahren in der Gegenwart zur Folge haben. Tatsächlich jedoch verfolgt die EU eine rassistische Abschottungspolitik, die z. B. Kindern und Enkeln von Afrikanern, die dafür gekämpft haben, Europa vom Faschismus zu befreien, die Einreise grundsätzlich verweigert.« (Ebd.)

Die in dem mehr als vierhundert Seiten starken Buch versammelten Quellen enthielten auch reiches Bildmaterial, sodass die Idee einer (Wander-)Ausstellung sich förmlich aufdrängte. Ebenso logisch schien eine Kooperation mit der Berliner Werkstatt der Kulturen, eine der bundesweit bekanntesten »interkulturellen Zentren«, vor allem durch den von ihr organisierten Karneval der Kulturen. Die Werkstatt wurde im Oktober 1993 in einer ehemaligen Neuköllner Brauerei eröffnet, als »eine vom Berliner Senat geförderte sozial-kulturelle Einrichtung zur Förderung der kulturübergreifenden Verständigung und des Abbaus sozialer Ausgrenzung und Diskriminierung von ethnisch-kulturellen Minderheiten.« (Werkstatt der Kulturen 1993, 6) Unter direktem Bezug auf die seit der

Wiedervereinigung ansteigende rassistische Gewalt wurde die Werkstatt als Begegnungsstätte konzipiert, in der die Angst vor dem Fremden durch Kennenlernen überwunden werden konnte. So adressierte sie zunächst deutlich ein mehrheitsdeutsches Publikum:

»Insbesondere wendet sich die Werkstatt der Kulturen in Berlin an:

- Jugendliche und Erwachsene aller Bevölkerungsgruppen, die gemeinsam mit anderen über ihre Ängste, Vorbehalte und Aggressionen gegenüber dem ›Anderen‹ sprechen und nachdenken möchten, ohne deswegen gleich ausgegrenzt zu werden.
- Erzieher, Lehrer und Ausbilder, die mit ihren Gruppen und Klassen die Arbeit und das Programm des Hauses kennenlernen und daran teilnehmen möchten.
- Multiplikatoren, Mitarbeiter von staatlichen und nichtstaatlichen Organisationen, die Hilfestellung für die Erarbeitung eigener Handlungsmodelle suchen.
- Einzelpersonen, Gruppen, Initiativen, Vereine, Institutionen und Organisation, die sich ihrer gesellschaftlichen Verantwortung bewußt sind und aus Motiven des persönlichen Engagements (nicht, weil das Thema »Fremdenfeindlichkeit« eine interessante Marktlücke ist) ihre Kenntnisse, Fähigkeiten, Erfahrungen oder Leistungen zur Verfügung stellen.« (Ebd., 11)

Die Werkstatt bot Fortbildungsangebote und Veranstaltungsräume (so etwa für den seit 1991 von der Initiative Schwarze in Deutschland (ISD) organisierten *Black History Month*, der für mich wie für viele andere Schwarze aus ganz Deutschland der erste Berührungspunkt mit der Werkstatt war). Das Hauptaugenmerk galt aber der Präsentation Berlins zahlreicher nicht mehrheitsdeutscher Communitys. Der von 1996 bis 2014 durch die Werkstatt organisierte Karneval der Kulturen war bei weitem die erfolgreichste Veranstaltung dieser Art und gehört mit jährlich bis zu 1,5 Millionen Besucher_innen zu Berlins Tourismusattraktionen.[19] Ein Projekt wie »Die Dritte Welt im Zweiten Weltkrieg«, das der Mehrheitsbevölkerung die kaum gewürdigten Beiträge der »Anderen« zur eigenen Gesellschaft nahezubringen versuchte, schien also wie gemacht für die Werkstatt der

19 | Laut einer Studie der Investitionsbank Berlin aus dem Jahr 2011 brachte der Karneval der Stadt jährlich ein Vierfaches der investierten Gelder ein (Investitionsbank Berlin 2011), dennoch erhöht die Behörde für Integration ihre Zuschüsse trotz steigender Kosten jahrelang nicht, was letztlich zur Übernahme der Organisation durch einen neuen Träger führte (vgl. Kappe 2014, Djijaleu 2016).

Kulturen. Dennoch kam es kurz vor der geplanten Ausstellungseröffnung zum 1. September 2009 zum Eklat zwischen Organisator Rössel und der Leitung der Werkstatt und zur Verlegung in einen anderen Veranstaltungsort. Über die genauen Gründe blieben sich die zerstrittenen Parteien bis zum Ende uneinig, der zugrundeliegende größere Konflikt wurde jedoch schnell ebenso deutlich wie die Tatsache, dass er einen gesellschaftlichen Nerv traf.

Laut Rössel weigerte sich die Leiterin der Werkstatt, Philippa Ebéné, die Ausstellung zu eröffnen, wenn nicht drei der insgesamt 96 Schautafeln entfernt würden, nämlich die, die arabische Kollaboration mit den Nazis thematisierten und besonders jene, die sich auf den Mufti von Jerusalem bezog:

»Und das scheint die Tafel zu sein, die Frau Ebéné besonders stört. Al-Husseini war ja ein überzeugter Faschist, ein fanatischer Antisemit, der den Nazis schon 1933 zur Machtübernahme gratuliert hat, der später einen profaschistischen Putsch im Irak mitinszeniert hat, von 1941 bis zum Ende des Zweiten Weltkriegs in Deutschland im Exil war, eine Residenz hier in Berlin hatte in einem ›arisierten‹ jüdischen Haus, Zehntausende muslimische Freiwillige auf dem Balkan für die Waffen-SS rekrutierte. Und er war am Holocaust beteiligt.«[20] (Rössel, in: Beier 2009, online)

---

20 | Amin al-Husseini stammte aus einer einflussreichen Jerusalemer Familie, die schon mehrere Muftis gestellt hatte, und durchlief eine für die lokale Elite typische Karriere, zunächst im ottomanischen, dann im britischen Kolonialapparat, durch den er 1921 zum Mufti, das heißt religiösen Oberhaupt, ernannt wurde. Im Folgenden nutzte er seine Position zu antizionistischer Agitation, kulminierend in seiner führenden Rolle im Aufstand von 1936. Um einer Verhaftung durch die Briten zu entgehen, floh al-Husseini zunächst in den Irak, dann nach Italien und schließlich Deutschland. Sein Hauptziel blieb es, jüdische Einwanderung nach Palästina unter allen Umständen zu verhindern und sich die Unterstützung der Achsenmächte für ein arabisches Palästina unter seiner Herrschaft zu sichern. Von 1941 bis 1945 verhinderte er diverse Versuche, europäischen Jüd_innen die Ausreise in die Türkei oder nach Palästina zu ermöglichen, und trug entscheidend bei zur Rekrutierung bosnischer Muslime in die Waffen-SS (zwei der drei Einheiten mit muslimischen Soldaten rebellierten 1943 und 1944 und wurden teilweise in das KZ Neuengamme deportiert, vgl. Fava 2007), während er gleichzeitig arabisch-sprachige Nazipropaganda produzierte. Nach Kriegsende floh er nach Frankreich, wo ihn die Regierung mehr als ein Jahr lang vor der Auslieferung an

Rössel sah die Position Ebénés als Teil des größeren Problems,

»dass es in diesem Land eine erschreckend starke Lobby von Leuten gibt, die ich als internationale Geschichtsrevisionisten bezeichnen würde. Die einfach versuchen, einen Teil der Geschichte auszuklammern, auszublenden, umzudeuten, umzuschreiben und so zusammenzuflicken, dass sie auch aktuelle Diskussionsprozesse nicht negativ tangieren kann. Das ist ja die Befürchtung, die die Leute bei Palästina haben.« (Ebd.)

Auf Nachfrage stellte Rössel zwar klar, dass er nicht wisse, welche Tafeln Ebéné beanstandet hatte und lediglich vermute, es habe sich um diejenigen zur arabischen Kollaboration gehandelt (eine Annahme, die durchaus in seiner Wahrnehmung der »Geschichtsrevisionisten« begründet sein könnte[21]), aber diese Vermutung wurde in den Medien – und dann auch

---

die Briten schützte, da sie sich von ihm Hilfe bei der Abwendung arabischer Unabhängigkeitsbestrebungen erhoffte. Nach seiner Rückkehr in den Nahen Osten gelang es al-Husseini schnell, eine einflussreiche politische Stellung zurückzugewinnen, diesmal unter ägyptischem Protektorat. Die von Ägypten eingesetzte und von ihm geleitete palästinensische Exilregierung verlor nach 1948 allerdings schnell an Bedeutung und wurde 1959 offiziell aufgelöst. Al-Husseini ging daraufhin in den Libanon, war jedoch weitgehend isoliert von der in den dortigen Flüchtlingslagern entstehenden Bewegung und stellte sich explizit gegen die PLO. Als er 1974 starb war er weitgehend ohne politischen Einfluss (vgl. Novick 1999, Wien 2012, Nordbruch 2012).

21 | Tatsächlich hatte Rössel schon in Mai 2009 in der Zeitschrift *iz3w* einen Schwerpunkt zum Thema außereuropäische Kollaboration mit den Nationalsozialisten verfasst. Drei der fünf Artikel zeichneten die Geschichte dieser Kollaboration nach, die beiden anderen beschäftigten sich mit deren deutscher Rezeption, jeweils mit einem Fokus auf arabische Kollaborateure. Rössel wies zurecht darauf hin, dass Kollaborationen mit den Deutschen auch außerhalb Europas nicht pauschal als rein taktische Maßnahme eingestuft werden könne, zumal die sehr verschiedenen Positionierungen antikolonialer Bewegungen auf den existierenden Entscheidungsspielraum hindeuten. Im Folgenden lässt er aber dann genau diese Differenzierungen hinter sich und kommt zu diffamierenden und historisch falschen Behauptungen wie »Hitler galt in Palästina als ›König der Herzen‹« (Rössel 2009, 26) und der Erklärung diktatorischer Herrschaftsverhältnisse in postkolonialen Nationen durch die Regierungsübernahme von Nazi-Sympathisanten (ebd., 38). Es scheint, als ob sich hier genau das Problem zeigt, das Rössels Aus-

von Rössel – schnell als Tatsache kolportiert (und entsprechend war al-Husseini der einzige Nazi-Kollaborateur, dessen Rolle in der Presse ausführlich diskutiert wurde, vgl. Posener 2009, Wierth 2009, Oehmsen 2013).

Aus dieser Perspektive verlief der Konflikt klar zwischen denen, die ohne Tabus über internationale Solidarität, insbesondere mit Palästina, und über arabische Kollaboration mit den Nazis sprechen und jenen, Linken und Muslim_innen, die das verhindern wollen.[22] Philippa Ebéné, die die Leitung der Werkstatt der Kulturen im Vorjahr übernommen hatte, skizzierte den Konflikt allerdings als einen grundsätzlich anderen: »Von unserer Seite war eine Hommage geplant an alle Schwarzen und anderen Nicht-Weißen, die im Zweiten Weltkrieg zur Befreiung vom Nationalsozialismus beigetragen haben.« (Amadeu Antonio Stiftung 2009, online) Die Behauptung, es sei ihr insbesondere um die Darstellung arabischer Kollaboration gegangen oder es habe Druck aus der arabischen Community gegeben, wies sie zurück, sie habe vielmehr ein grundsätzliches Problem mit allen 18 der Kollaboration gewidmeten Schautafeln gehabt (Wierth 2009): »Es geht hier um Menschen, deren Beitrag 70 Jahre lang nicht zur Kenntnis genommen wurde.« Die gleichzeitige Präsentation von Kollaboration sei daher relativierend und besser in einer separaten Ausstellung zu behandeln: »Es überfordert die Besucher, wenn die Opfer im Nahen Osten, in Afrika und Asien in einem Atemzug mit Kollaborateuren und japanischen Aggressoren genannt werden.« (Vgl. Atamann 2009, Wierth 2009[2]) Ebéné ging es also laut Eigenaussage primär darum, die vernachlässigten Verdienste der außereuropäischen und nichtweißen Kämpfer_innen gegen den Faschismus herauszustellen. Unterstützung für ihre Position erhielt sie weniger in der mehrheitsdeutschen Presse, die ihr Geschichtsrelativierung und sogar Antisemitismus vorwarf, als von Organisationen rassifizierter Gruppen wie der ISD, ADEFRA (Schwarze Deutsche Frauen und Schwarze Frauen in Deutschland), der schwarzen Media-Watch-Gruppe *Der braune Mob*, Shermin Langhoff,

---

stellungs- und Buchprojekte kritisierten, nämlich mangelnde Kenntnis und mangelndes Interesse an außereuropäischen Verhältnissen, die diese zu einer idealen Projektionsfläche für innereuropäische Konflikte machten.

22 | Obschon Rössel dies nicht explizit behauptet hatte, berichteten diverse Zeitungen und auch der Neuköllner Bürgermeister, die Veranstaltung sei auf Druck arabischer Gruppen abgesagt worden (vgl. N. N. 2009).

damals noch Leiterin des Theaters Ballhaus Naunynstraße, dem Berliner Migrationsrat und der Amadeu Antonio Stiftung.

Hier wird schon deutlich, dass hinter dem Konflikt weniger eine unterschiedliche Positionierung zu der Frage der Kollaboration Nicht-Weißer mit den Nationalsozialisten steht als die unterschiedliche Positionalität der Beteiligten innerhalb der deutschen Gesellschaft: Auf der einen Seite standen Rössel und andere Mehrheitsdeutsche, wie die Verfasser_innen nahezu aller zu der Kontroverse in der Tagespresse erschienenen Artikel oder der Historiker Götz Aly, auf der anderen Ebéné und andere Rassifizierte und Migrantisierte. Philippa Ebéné war und ist die einzige schwarze Frau und eine der wenigen Menschen of color, die eine deutsche kulturelle Institution von vergleichbarer Größe leitet, einschließlich jener Institutionen, die sich explizit der »Multikulturalität« widmen (alle Leiter der Werkstatt der Kulturen vor Ebéné waren weiße Männer). Das ist ihr nicht nur bewusst, sie stellt es ins Zentrum ihrer Arbeit:

»[W]as uns nach wie vor von anderen Häusern unterscheidet, ist, dass wir eine Perspektive einnehmen, die eine andere ist als die, die für gewöhnlich durch den Mainstream führt. Das heißt, bei uns sitzen in aller Regel schwarze Menschen, People of color und Migranten auf der auf der Bühne, die migrationspolitische Themen aus ihrer Sicht beleuchten.« (Ebéné, in Djialeu 2016, online)

Dies galt nicht nur auf, sondern auch hinter der Bühne, wie Ebéné zu ihrem Amtsantritt erklärte (und schnell in die Tat umsetzte):

»Die Werkstatt soll künftig verstärkt als kulturelles Kompetenzzentrum in Sachen Transkulturalität, Migration und postmigrantische Entwicklungen wahrgenommen werden. Dafür braucht es natürlich Repräsentantinnen und Repräsentanten, die über ihre Biografie, ihre Arbeits- und Forschungsfelder und ihre Sprachkenntnisse die nötigen Kompetenzen mitbringen, die eine solche Re-Positionierung möglich machen.« (Ebéné, in: Wierth 2008, online)

Das bedeutete einen radikalen Richtungswandel, der unter anderem Weißheit aus ihrer Unsichtbarkeit holte: Der veränderte Fokus und seine Annahme durch ein verändertes Publikum zeigen, dass von Weißen für Weiße gemachte Kultur und Politik nicht universal oder neutral ist, sondern systematisch ausschließt. Ebénés explizite Selbstpositionierung auch in der Auseinandersetzung mit Rössel – »Ich bin die Einzige, die biografische Bezüge zu dem Thema Kolonialisierung hat« (in: Atamann 2009, online) – und mehr noch der daraus abgeleitete Kompetenzanspruch, war ein Tabubruch in deutschen Debatten, in denen es angeblich stets ganz neutral um »historische Wahrheit«, »Fakten« und andere hehre Konzepte geht, die durch die Positionalität der sie Vertretenden unberührt bleiben. Wie schon in der Einleitung angedeutet, läuft diese »farbenblinde« Haltung praktisch immer wieder auf die Reproduktion gesellschaftlicher Machtstrukturen hinaus (weswegen es zum Beispiel noch immer möglich ist, Debatten über Rassismus exklusiv unter Weißen zu führen, vgl. Gastautor_in 2013). Abweichung von der gesellschaftlichen Norm wird noch immer meist mit der Unfähigkeit für die Allgemeinheit (und oft für sich selbst) zu sprechen: Ein rassifizierter Status und die in mehrheitsdeutschen Debatten postulierte »Objektivität« schließen sich per definitionem aus. Ebénés Entscheidung gegen das Ausstellungskonzept priorisierte die Position von Rassifizierten und behandelte deren Interessen als primär relevant und machte so die normalisierte Privilegierung weißer Positionen deutlich.

Entgegen etwa der Ansicht Götz Alys, der Ebéné »antiaufklärerische Einseitigkeit« vorwarf (vgl. Posener 2009), trafen in der Auseinandersetzung um die Ausstellung zur »Dritten Welt im Zweiten Weltkrieg« zwei subjektive Positionen aufeinander, beide a priori gleichermaßen ohne Wahrheits- oder Objektivitätsanspruch. Allerdings waren beide nicht gleichermaßen marginalisiert. Das Thema der arabischen Kollaboration mit den Nationalsozialisten kann nicht gerade als unerforscht betrachtet werden, seit den 1990ern und dann noch einmal vermehrt nach dem 11. September 2001 stieg das Interesse an der Erforschung des Einflusses der Nationalsozialisten auf die arabische Welt sprunghaft an (vgl. Wien 2012). Die meisten Veröffentlichungen fokussieren auf die Rolle des Muftis von Jerusalem. Al-Husseini war zweifellos der wichtigste Nazi-Propagandist und Kollaborateur in der arabischen Welt, die Bedeutung, die im zugemessen wird, hängt jedoch direkt davon ab, wieviel Einfluss ihm auf die arabische und muslimische öffentliche Meinung und Politik während und nach dem Zweiten Weltkrieg zugeschrieben wird.[23] Die Vermutung, dass der

23 | Rössels eigene Position zu Palästina: »[D]er Antizionismus von Organisationen wie Hamas und Hizbollah heute haben dasselbe Ziel wie der Antisemitismus der Nazikollaborateure von damals: die Vertreibung und Vernichtung der Juden.« (Rössel 2009[2], online) Verallgemeinernd lässt sich sagen, dass die auf den ara-

Mufti nicht nur eine Rolle in der historischen, sondern auch der aktuellen Auseinandersetzung um Palästina spielt, drängt sich auf, zumal von christlichen Arabern unter Nazieinfluss in den 1930ern gegründete und bis in die Gegenwart aktive Organisationen wie die syrische Sozialnationalistische Partei oder die libanesischen Falangisten in der Forschung weitgehend ignoriert werden (vgl. Herf 2009).

Diese Instrumentalisierung al-Husseinis zeigte sich in ihrer krassesten Form 2015 in einer Rede des israelischen Premiers Netanjahu auf dem 37. Zionistischen Kongress:

»[E]r hatte eine zentrale Rolle in der Herausbildung der Endlösung. Er floh nach Berlin. Hitler wollte die Juden zu diesem Zeitpunkt nicht auslöschen, er wollte sie ausweisen. Und Haj Amin al-Husseini ging zu Hitler und sagte: ›Wenn ihr sie ausweist, kommen sie alle hierher.‹ ›Was sollen wir dann mit ihnen machen?‹ fragte er. Er sagte: ›Verbrennt sie.‹« (Netanjahu 2015)

Zwar wurde Netanjahus Behauptung von Historiker_innen einhellig als falsch verurteilt, jedoch ist sie nicht in einem Vakuum entstanden, sondern kommt aus dem Kontext der Islamofaschismusdebatten und deren Versuch, Faschismus als originär »orientalisch« und uneuropäisch zu rekonfigurieren (vgl. Achcar 2015). Diese Konfiguration wiederum wird immer mehr Teil von Mainstream-Debatten. Es fragt sich allerdings, welchen konstruktiven Effekt diese Überbewertung der Rolle des Muftis haben kann. Selbstverständlich sollte über palästinensische, arabische oder muslimische Kollaboration im Zweiten Weltkrieg offen gesprochen werden. Aber solch eine offene Diskussion wird nur möglich sein, wenn palästi-

bischen Raum spezialisierte Forschung al-Husseini deutlich weniger Einfluss zuschreibt als die Holocaust-Forschung (vgl. Novick 1999, Herf 2009, Wien 2012, Nordbruch 2012). Die Aufmerksamkeit, die ihm in Letzterer gewidmet wird, ist bemerkenswert: So stellt Peter Novick fest, dass die 1990 von der Gedenkstätte Yad Vashem herausgegebene (und 1995 auf deutsch erschienene) Enzyklopädie des Holocaust »ihm eine Hauptrolle zuweist. Der Aufsatz zum Mufti ist mehr als doppelt so lang wie die Einträge zu Goebbels und Göring, länger als Aufsätze zu Himmler und Heydrich zusammengenommen, länger als der Eintrag zu Eichmann – von allen biographischen Aufsätzen wird er nur, knapp, von einem an Länge übertroffen: dem Eintrag zu Hitler.« (Novick 1999, 158) Das scheint disproportional, unabhängig davon, wie hoch man den tatsächlichen Einfluss al-Husseinis einschätzt.

nensische, arabische oder muslimische Geschichte in ihrer Komplexität zumindest annähernd begriffen wird. Ansonsten drängt sich der Verdacht auf, dass es eigentlich erneut um die Disziplinierung einer als rückständig und unterlegen konfigurierten Gruppe geht. So stand der Mufti etwa 2004 auf dem Lehrplan der pädagogischen Arbeit der Gedenkstätte Neuengamme und wurde dort als »Oberhaupt aller Araber und Muslime« charakterisiert, eine grobe und gefährliche Fehleinschätzung der tatsächlichen Gegebenheiten (vgl. Fava 2005), während gleichzeitig muslimische Antifaschist_innen wie Noor Inayat Khan, die 1944 in Dachau ermordet wurde (vgl. Dalton 2012), weitgehend unbekannt bleiben (sie kommt auch in Rössels Ausstellung nicht vor). Mehr noch, dieser einseitige Fokus droht alle anderen Auseinandersetzungen mit den Auswirkungen des Nationalsozialismus auf den Globalen Süden zu überschatten, wie der ISD in seiner Stellungnahme betonte:

> »Die mediale und politische Kontroverse, die durch Philippa Ebénés konsequente und couragierte Entscheidung ausgelöst wurde, macht deutlich, dass anstelle einer sachlichen Debatte versucht wird, eine polemische und allzu simple, generalisierende Verbindung zwischen Muslimen und den nationalsozialistischen Verbrechen zu konstruieren. Wie unter den oben genannten Voraussetzungen People of Colour, die bisher in der Geschichtsschreibung des Zweiten Weltkriegs ignoriert werden, in ihrer Rolle als BefreierInnen geehrt werden sollen, bleibt unklar.« (ISD/ADEFRA 2009)

Deutschlands Position zum Israel-Palästina-Konflikt ist keine neutrale, nicht nur dank der 1959 begonnenen Waffenlieferungen an Israel, und kann es dank seiner besonderen historischen Verantwortung auch kaum sein. Die so gegebene schwierige Position insbesondere für Palästinensisch-Deutsche kann aber nicht durch deren Dämonisierung gelöst werden. Der Historiker Peter Wien stellt zum Nahost-Konflikt fest: »Das Ignorieren entscheidender Wendepunkte historischen Bewusstseins – der Holocaust für Jüd_innen, die Nakba für Palästinenser_innen – repräsentiert eine epistemologische Kluft, die populistische und pseudowissenschaftliche Debatten anfacht, in denen die Regeln öffentlicher Meinungsmache mit historischen Fakten verwechselt werden.« (Wien 2012, 2)

Wenn die Erinnerung an die Vertreibung von hunderttausenden Palästinenser_innen nur als Zelebrierung des Wunsches der Vernichtung Israels wahrgenommen werden kann, ist die Perspektive kaum neutral. Genauso unmöglich ist es allerdings, die Situation in Israel/Pälestina auf deutsche Verhältnisse zu übertragen.[24] Die spezifisch deutsche Konstellation ist vielmehr davon gekennzeichnet, dass sich die Debatte fast ausschließlich unter der Mehrheitsbevölkerung abspielt und deren Blick auf Holocaust wie Nakba bleibt so von einer mehrheitsdeutschen Perspektive bestimmt.

Entsprechend war die Auseinandersetzung um die Ausstellung aus Rössels Sicht primär eine innerhalb der weißen deutschen Linken. Das Projekt zur Dritten Welt im Zweiten Weltkrieg war schließlich aus einem Buch zur bundesdeutschen Dritte-Welt-Solidaritätsbewegung entstanden und Rössels schnell als Gewissheit imaginierte Vermutung über Ebénés Beweggründe geht explizit auf seine Einschätzung dieser Bewegung zurück, die Vorstellung, dass es noch eine andere, nicht mehrheitsdeutsche Position geben könne, kam ihm wohl nicht. Dabei hatte er den ersten Impuls für das Projekt zum Zweiten Weltkrieg so charakterisiert:

»[Es] fiel uns auf, dass alle Formen der Solidaritätsarbeit, die es in der Nachkriegszeit hierzulande mit Bewegungen in der sogenannten ›Dritten‹ Welt gab, zuvor bereits in umgekehrter Richtung und von Menschen in Ländern der ›Dritten‹ Welt im Kampf gegen den Faschismus und für die Befreiung Europas vom Terrorregime der deutschen Nationalsozialisten praktiziert worden waren: von Boykottkampagnen gegen deutsche Waren, wie es sie in den dreißiger Jahren in Lateinamerika gab, über antifaschistische Kultur-Veranstaltungen und Kongresse bis hin zu Brigaden, die – anders als die Nicaragua-Solidarität der achtziger Jahre – nicht nur Kaffee

24 | Es lohnt sich darauf hinzuweisen, dass Palästinenser_innen die vielleicht einzige Bevölkerung sind, für die die Symbolfunktion, die Jüd_innen routiniert zugewiesen wird, nicht relevanter ist als die Präsenz und Aktionen der realen jüdischen Bevölkerung. Ihre Erfahrungen mit Jüd_innen ist nicht die Erfahrung mit einer Minderheit, sondern mit einer Mehrheit. Jüd_innen im israelisch-palästinensischen Kontext sind nicht die Anderen, sondern die Norm, das heißt die Gruppe, die die gesellschaftliche Macht hat, Andere zu produzieren. Antijüdische Ressentiments unter Palästinenser_innen sind primär Ressentiments gegen eine dominante politische Macht und ihre konkreten Herrschaftsstrategien und nicht vergleichbar mit dem europäischen gegen die jüdische Minderheit gerichteten Antisemitismus. Genauso muss sich Antizionismus in Deutschland allerdings dieses Unterschieds bewusst sein, um nicht bestehende antisemitische Strukturen zu stärken.

pflückten, sondern – im Spanischen Bürgerkrieg – auch mit der Waffen in der Hand gegen den europäischen Faschismus gekämpft hatten.« (Inou 2007, 1)

Das Projekt des Rheinischen JournalistInnenbüros war darauf ausgerichtet, diese »Solidaritätsarbeit in umgekehrter Richtung« in Deutschland bekannt zu machen; das hieß wiederum: auf ein mehrheitsdeutsches Publikum ausgerichtet. Hier sahen Ebéné und ihre Unterstützer_innen das Problem mit der Konzeption der Ausstellung: Das Zielpublikum der Werkstatt unter ihrer Leitung sind diejenigen, deren Geschichte normalerweise nicht repräsentiert wird, es geht dort nicht mehr, wie unter weißer deutscher Leitung, um die Aufklärung des mehrheitsdeutschen Publikums, sondern das Einbringen der Positionen von Menschen of color. Mit diesem Fokus fiel Ebéné aus dem Rahmen, ihr Außenseiterstatus machte sich schon an ihrer Wortwahl fest: Begriffe wie »PoCs« oder »transkulturell« positionierten sie außerhalb des mehrheitsdeutschen Konsensus, den Rössel nie verließ, und markierte sie als Anders: »people of colour und [...] Communities (so der Sprachgebrauch dieser Leute)« (Posener 2009).

Der Historiker Götz Aly, von der Amadeu Antonio Stiftung zu einer öffentlichen Diskussion zum Thema geladen, verließ diese wutentbrannt ob des dort vorherrschenden »Übermaß[es] an Gesinnungsethik« (ebd.).[25] Allerdings nicht ohne vorher noch erklärt zu haben, dass nicht nur »die in der Ausstellung gefeierten schwarzen Truppen der Briten und Franzosen ›unfreiwillige Befreier‹ gewesen seien, sondern auch, dass ›jedes Dorf in Südwestdeutschland von Vergewaltigungen durch schwarze Soldaten‹ berichten könne, die ›nicht anders als die Russen‹ gehaust hätten.« Als Historiker sollte Aly sich der Implikationen des rassistischen Stereotypes vom schwarzen Vergewaltiger bewusst gewesen sein;[26] dass er es dennoch in die Debatte einbrachte, ist charakteristisch für den aggressiven Ton der

25 | Einige Monate später schwadronierte Aly in einem überspannten Artikel für die *Berliner Zeitung* (»Straßenschänder in Kreuzberg«) die Umbennung des Berliner Gröbenufers in May-Ayim-Ufer, für das schwarze Organisationen jahrzehntelang gekämpft hatten, in eine in der Tradition des faschistischen und kommunistischen Totalitarismus stehende »Gesinnungstat« um (Aly, 2010).

26 | Dieses Stereotyp spielte auch in der deutschen Geschichte eine wichtige Rolle, von der Rechtfertigung des Verbots von »Mischehen« in der Kolonialperiode über die Kampagne gegen die »Schwarze Schmach« im Rheinland nach dem

Auseinandersetzung vor allem von mehrheitsdeutscher Seite – statt wie Anetta Kahane auf der gleichen Veranstaltung vorschlug, »einfach mal zuzuhören« und die überfällige Auseinandersetzung mit deutschem Rassismus beginnen zu lassen (Wierth 2009). Genau dieses Zuhören fällt immer noch sehr schwer, wenn es um Kritik Rassifizierter an ihrer (gut gemeinten) Repräsentation durch Angehörige der Mehrheit geht. Letztere sind noch immer keinen Widerspruch gewohnt, er wird schnell als Zensur wahrgenommen, was wiederum einen rechtschaffenen Zorn produziert, in dem auch schon mal rassistische Klischees aktiviert und der Vorwurf des (antiweißen) Rassismus oder Antisemitismus präsentiert werden.

Das hatte sich so ähnlich schon 2002 in der Kontroverse um eine andere Ausstellung zu rassifizierten Menschen unter nationalsozialistischer Herrschaft gezeigt: »Besondere Kennzeichen Neger«, finanziert von der UNESCO und organisiert von einer ausschließlich weiß besetzten Forscher_innengruppe um den Historiker Peter Martin, anerkannter Experte in schwarzer deutscher Geschichte mit notorisch angespanntem Verhältnis zu seinen Forschungssubjekten (die er als Forschungsobjekte begreift). Die schon vor der Eröffnung an der Ausstellung formulierte Kritik der ISD bezog sich sowohl auf die mangelnde Beteiligung schwarzer Wissenschaftler_innen als auch die Titelgebung, in beiden sah sie hegemoniale Machtstrukturen repliziert, die die schwarzen Subjekte der Ausstellung, ebenso wie die schwarze Community insgesamt, auf einen Objektstatus reduzierten (vgl. Claussen 2006).[27] Martins überzogene Reaktion auf die Kritik des ISD und anderer stand der Alys in Polemik kaum nach, er empfand sie als »eine intellektuelle Art ethnischer Säuberung« (zit. in: Claussen 2006, 94). Es könnte scheinen als ob mehrheitsdeutsche Historiker an einer besonders heftigen Form der Opferkonkurrenz leiden. Allerdings hat die jüngste dieser Debatten, um Rassismus in Kinderbüchern, gezeigt, dass ihnen Feuilletonist_innen um weniges nachste-

Ersten Weltkrieg zur von Aly beschworenen Zweiten Weltkriegspropaganda (vgl. El-Tayeb 2001).

27 | Nach der Ausstellungseröffnung in NS-Dokumentationszentrum Köln im November 2002 wurde auch die Präsentation selbst kritisiert, unter anderem der mangelnde Kontext, etwa durch die Ausklammerung der deutschen Kolonialgeschichte, und in der Folge eine Tendenz zur simplen Reproduktion rassistischer Stereotype ohne ausreichende historische Einordnung. Peter Martin distanzierte sich von der Präsentation, wies aber jede inhaltliche Kritik zurück (vgl. Grosse 2002).

hen. Das Problem ist in jedem Fall das Ungleichgewicht von (historischer und sozialer) Kompetenz und Diskursdominanz, das unter der Mehrheit kaum vorhandene Wissen über koloniale Geschichte oder die Auswirkungen des alltäglichen Rassismus, kurz, das fehlende »Verständnis für die Befindlichkeiten von schwarzen Deutschen oder Menschen mit Migrationshintergrund«, wie der Soziologe Mark Terkessisdis es im Kontext der Amadeu Antonio Pressekonferenz bemerkenswert zurückhaltend formulierte (zit. in: Wierth 2009).[28]

28 | Dieses Verständnis hätte sich an Fragen wie den Folgenden festmachen können: Ist die Kollaboration von Kolonisierten das Gleiche wie Kollaboration von Menschen in den besetzten europäischen Ländern? Was ist der Unterschied zwischen der Art, wie die japanischen Truppen die Niederländer_innen in Indonesien behandelten (im »Ausnahmezustands« der Besatzung) und der Art, wie die Niederländer_innen die kolonisierten Indonesier_innen behandelten (im »Normalzustand« des Kolonialismus)? Wo lag für Kolonisierte der Unterschied zwischen Frankreich und England auf der einen und Deutschland und Italien auf der anderen Seite? Was bedeutete »Befreiung« vom Faschismus für Menschen, die in koloniale Ausbeutung oder die segregierten USA oder Australien zurückkehrten? Es dauerte noch Jahrzehnte, bis in diesen demokratischen westlichen Nationen die legalisierte Rassentrennung endete, systematische Diskriminierung, Kriminalisierung und struktureller Rassismus setzen sich bis in die Gegenwart fort (und zur Erinnerung: die Nachkriegspläne zur kontinentalen Vereinigung schlossen die europäischen Kolonialgebiete ein). Im Westen wurde die Beteiligung von Menschen of color am Kampf gegen den Faschismus im Westen sechs Jahrzehnte weitgehend ignoriert, sie blieb unerwähnt in Gedenkveranstaltungen, Filmen, Lehrbüchern, es fehlte an Unterstützung sowohl für die ehemaligen Kolonialsoldaten als auch die betroffenen Nationen insgesamt, seien es die Spätfolgen von Giftgaseinsätzen in Äthiopien oder deutschen Landminen in Libyen. Angesichts dieses Nachkriegsschweigens fragt es sich, ob es wirklich nötig oder angebracht war, die *erste* Veranstaltung, die diese lange unterdrückte (nicht nur vergessene) Geschichte würdigt, mit der Geschichte der Kollaboration zu verbinden.

Schluss

Tatsache ist [...], dass Europa sich weder gegenüber dem Standard der »Vernunft« noch dem des »Gewissens« rechtfertigen kann; und dass es sich zunehmend in eine Heuchelei flüchtet, die umso abstoßender ist, als sie weniger und weniger überzeugen kann.
Aimé Césaire, 1950, S. 31

Wir werden in Netzwerke von Gesprächen, von Erzählungen hineingeboren, von Familien- und Geschlechter-Geschichten hin zu linguistischen und zu den übergeordneten Erzählungen kollektiver Identität. Uns wird bewusst, wer wir sind, indem wir an diesen Gesprächen teilhaben. Nichtsdestotrotz, ebenso wie sich aus dem Erlernen der grammatikalischen Regeln einer Sprache die Fähigkeit zur Bildung einer unbegrenzten Anzahl korrekter Sätze ergibt, so begrenzen Sozialisation oder Akkulturalisierung nicht die Lebensgeschichte eines Individuums oder seine oder ihre Fähigkeit, neue Aktionen oder neue Sätze in die Konversation einzubringen.
Seyla Benhabib, 2002, S. 15

Das ist das neue Deutschland. Es handelt sich und seine nationale Identität gerade postmigrantisch neu aus.
Naika Foroutan, 2014, online

Ich habe diesen Text mit dem Argument begonnen, dass der Umgang mit deutscher Identität von sich regelmäßig wiederholenden, krisenhaften Auseinandersetzungen mit einem »Fremden« bestimmt wird, das genau in diesen Auseinandersetzungen erst immer wieder neu konstruiert wird. Unsere Reise begann im Jahr 1989, in einem Moment des scheinbar radikalen Umbruchs, in dem nichts sicher schien, die alten Grenzen, materiell und immateriell, durchlässig wurden und sich plötzlich viele potenzielle Zukünfte öffneten. Während dieser Moment der Potenzialität für manche anhielt, wurde für andere schnell klar, dass ihnen keine aktive Rolle in der Gestaltung dieser neuen Welt zugestanden wurde, dass vielmehr die Zukunft derer, die sich als neue Norm setzten, genauso wenig Raum für Pluralität ließ wie die alten Ordnungen. Statt etwas radikal oder auch nur marginal Neues zu produzieren, brachte der Umbruch eine Fülle von altbekannten Strategien und Feindbildern zurück, in der die Abgrenzung vom Fremden, vom Undeutschen, wie gehabt eine zentrale Rolle spielte. Seit den frühen 1990ern hat ein stabiles Aggressionslevel rassistische Gewalt normalisiert – während Pogrome, Brandanschläge und tödliche Attacken temporär Lichterketten und andere Solidaritätsbekundungen mit »Ausländern« hervorriefen, waren die langfristigen politischen Folgen, wie etwa die Verschärfung des Asylrechts, eine De-facto-Anerkennung des rechtsradikalen Narrativs von der Flut der Fremdheit, die Europa zu überrollen droht, wenn es sich nicht mit aller Macht zur Wehr setzt.

Seit ich dieses Projekt vor zwei Jahren begann, hat genau dieses Narrativ wieder rasant an Einfluss gewonnen, wieder scheinbar unvermittelt und als Reaktion auf chaotische, unkontrollierbare Ereignisse, deren Ursprung wie immer außerhalb der Kontrolle der normierten Mitte liegt und die daher angeblich unbeeinflusst sind von der Reaktion auf die letzte sogenannte Krise – und so wird die gleiche Reaktion scheinbar ohne Wissen um die Folgen erneut wiederholt: Abschottung gegen Flüchtende; die Entdeckung von Rassifizierten als innerer Feind; politische Zugeständnisse an erstarkende nationalistische und rechtsextreme Bewegungen, die sich durch Gewalt Gehör verschaffen; das Umschlagen von Willkommenskultur in restriktive Asyl- und Integrationsgesetze, die »Fremde« wieder primär als Bedrohung definieren ... kurz, Europa scheint sich wieder einmal erfolgreich gegen ein chaotisches Außen abgeschirmt zu haben. Das internalistische Narrativ hat die Erfolgsgeschichte vom steten kontinentalen Fortschritt erneut rekonstituiert, indem alle Faktoren, die dieses Fortschrittsnarrativ in Frage stellen, außerhalb Europas projiziert wurden, sei es auf die, die nicht mithalten können – der Globale Süden und ewig rückständige Rassifizierte – oder die, die nicht wollen, wie im Falle des Brexits, getrieben von postkolonialer Nostalgie für ein mächtiges, weißes, christliches Großbritannien. In all der europäischen Empörung über die britische Entscheidung wird allzu leicht vergessen, dass europäische Wähler_innen gegen Europa stimmen, wann immer sich ihnen die Gelegenheit bietet (wie zuletzt in den Niederlanden, als es um das Assoziationsabkommen mit der Ukraine ging).

Was die sich gleichbleibenden Reaktionen offensichtlich nicht tun, ist, durch Ursachenbekämpfung zu einem Ende des Kreislaufs der Krisen beizutragen. Die UNHCR hat gerade ihre neuesten Zahlen veröffentlicht: Es sind mehr Menschen auf der Flucht als je zuvor und noch immer erreichen die wenigsten von ihnen Europa. Noch immer ist das Mittelmeer die global tödlichste Grenze, das EU-Abkommen mit der Türkei und die Kooperationen mit südlichen Mittelmeerländern wie Libyen, Marokko oder Algerien, nun angeblich »sichere Drittstaaten«, sind darauf ausgerichtet, flüchtende Menschen aus Europa herauszuhalten, nicht das Sterben zu beenden. Die EU gratuliert sich, den Fluchtweg nach Griechenland effektiv abgeschnitten zu haben, die Flüchtenden, die Europa noch auf dem Seeweg über Nordafrika erreichen, können wie gehabt als »Wirtschaftsflüchtlinge« eingestuft und legitim »abgewehrt« werden (Saure 2016). In den Nachrichten geht es währenddessen täglich um »kriminelle Schlepperbanden«, als seien sie die Ursache, nicht das Symptom einer Katastrophe, die nicht durch polizeiliche oder militärische Maßnahmen beendet werden kann. Gleichzeitig genehmigt die Bundesregierung mehr Waffenexporte als je zuvor und das TTIP-Abkommen sichert die Fortsetzung einer Politik der eskalierenden ökonomischen Ungleichheit (rtr, dpa, spo 2016). Keine Überraschungen also, sondern alles wie gehabt.

Der von mir versuchte Überblick der letzten 27 Jahre – und mehr, wie die Exkurse ins frühe 20. Jahrhundert zeigen – sollte deutlich gemacht haben, dass hier eine Dynamik am Werk ist, die mindestens seit 1989 erkenn- und erklärbaren Mustern folgt, die also nicht aus dem Nichts kommt oder spontan auf unvorhersehbare Entwicklungen reagiert, sondern in der Tiefenstruktur der europäischen und deutschen Gesellschaft verankert ist. Wenn diese Muster sichtbar und vorhersehbar sind, können sie aber auch bewusst beeinflusst und bestenfalls aufgebrochen werden. Das verlangt allerdings eine wirkliche, ehrliche Auseinandersetzung. Stattdessen hält Deutschland unvermindert an seinem Selbstbild als Hort von Zivilisation und Menschenrechten fest; werden »Krisen« noch immer als anderswo produziert und dann nach Europa hineingetragen begriffen; werden Rassifizierte und Migrantisierte noch immer nicht als Teil der Bevölkerung, geschweige denn des »Volkes« betrachtet, vielmehr misstrauisch beobachtet, ihr Verhalten ständig nach Anzeichen von Extremismus und Andersartigkeit untersucht, mit sofort damit verbundenen Sanktionsforderungen. Währenddessen bleibt die Mehrheit komfortabel in ihrer Ignoranz, struktureller Rassismus wird negiert oder beschönigt und gleichzeitig steigt die gesellschaftliche Gewalt stetig an. Dies wiederum ist nur möglich durch die Aufrechterhaltung des Krisennarrativs, das es erlaubt, eskalierende verbale und physische Aggressionen gegen Minorisierte als (verständliche, wenn nicht entschuldbare) Panikreaktion darzustellen, motiviert durch Angst, nicht Egoismus und Feindseligkeit.

Erklärungsversuche für rechte Bewegungen in Europa berufen sich gern auf die »Verunsicherung« der Bürger_innen. Es fragt sich, welche Verunsicherung hier gemeint ist: Deutschland befindet sich nicht in der Krise – wer Menschen in einer Krise sehen will, sollte nach Syrien schauen. Und diese »Verunsicherung« gab es in den 1980ern, den 1990ern, den 2000ern – wenn sie überhaupt als Erklärung taugt, dann müssen wir von einer strukturellen Krise sprechen. In Diskussionen um die angebliche Anfälligkeit des Islam für totalitäre Formen geht es selten um die Verunsicherung der muslimischen Bürger_innen, sondern um ethnokulturelle Defizite – wenn die Bürger_innen, denen es besser geht als allen anderen, regelmäßig selbstmotiviert in rassistische Krisen geraten, gibt es vielleicht auch hier ein ethnokulturelles Problem, das benannt werden muss: Rassismus als systemimmanente Strategie, mit gesellschaftlichem Wandel umzugehen.

Besorgte Bürger_innen und das Recht auf Sicherheit

Das Recht, sich »sicher« zu fühlen, ist ein zentrales Element in den Debatten um die Zukunft der deutschen Gesellschaft und die Herausforderung der »Integration« von Geflüchteten ebenso wie von migrantisierten Deutschen: Mehrheitsdeutsche fühlen sich nicht sicher angesichts der zu Tausenden ankommenden Geflüchteten, die womöglich in ihrer direkten Nachbarschaft untergebracht werden; Jüd_innen fühlen sich nicht sicher angesichts der Tatsache, dass diese Geflüchteten mehrheitlich aus arabischen Ländern fliehen, Frauen fühlen sich nicht sicher angesichts der muslimischen patriarchalen Kultur, der sie zunehmend ausgesetzt sind. Dass der Staat auf dieses verbreitete Gefühl der Verunsicherung reagiert, scheint verständlich, gar notwendig, schließlich ist es eine seiner Hauptaufgaben, die Sicherheit seiner Bürger_innen zu garantieren. So sehen wir jetzt Gesetzesverschärfungen, Integrationspflicht und Diskussionen um den Einsatz der Bundeswehr im Inneren (vgl. Braun/Hickmann 2016). Die Frage bleibt, wie gesellschaftliche Gefährdung gemessen wird – und wie das Gefühl der Bedrohung. Gibt es klar definierte Grenzen des Akzeptablen?

In der Zivilgesellschaft werden diese Fragen heftig diskutiert – mit den gleichen blinden Flecken, die auch frühere Debatten zu diesem Thema kennzeichneten. Aus offensichtlichen Gründen: Auch heute noch sind Medien und Meinungsträger fast ausschließlich weiß, christlich (sozialisiert) und männlich.[1] Die punktuelle Anwesenheit von Migrantisierten und Rassifizierten im Vergleich zu ihrer kompletten Abwesenheit vor 20 Jahren macht zweifellos einen gewissen Unterschied, ist allerdings kaum genug Grund zum Optimismus, da sich die Strukturen nicht wirklich geändert haben, Deutschland ist noch immer eine heteronormative, segregierte Gesellschaft. Der systematische Einschluss anderer Stimmen in diese Debatten würde vor allem eines deutlich machen: Das Recht auf Sicherheit und das Recht, sich sicher zu fühlen, gilt nicht für alle und die Grenzen des Akzeptablen sind flexibel, je nachdem, wer betroffen ist und je nachdem, wie weit die Betroffenen von der Norm entfernt sind. Ohne dramatisieren zu wollen, die Vorstellung, dass ich als Schwarze, lesbische Frau mich in Deutschland sicher fühlen könnte, ist absurd, das ist schlicht nicht und war nie Teil meiner Lebensrealität hier – oder anderswo. Menschen wie mir wird täglich deutlich gemacht, dass unser Leben

---

1 | Und Kritik daran kommt immer noch fast ausschließlich von rassifizierten Journalist_innen (vgl. Sander 2016), während die für ihre Dominanz kritisierten weißen Männer sich umgehend als Hauptopfer einer global außer Kontrolle geratenen Zensurkampagne der PC-Polizei ausmachen oder gleich den, wie gesehen, schon seit den 1990ern beliebten »Rassismus der Antirassisten« ins Spiel bringen (vgl. Chervel 2016). Letzterer ist ein weitgehend sinnentleerter Begriff, der als exzessiver Fall der von Pädagog_innen und Psycholog_innen in Bezug auf Muslim_innen ausgemachten Opferkonkurrenz betrachtet werden könnte: Der weiße Mann ist auf alle Fälle immer der, zu dem alle ungestraft am gemeinsten sind. Zum Glück hat er wenigstens noch Kontrolle über die Medien, um sich öffentlich darüber beklagen zu können.

in den Augen der Mehrheit (wie auch immer diese sich gerade definiert) wenig Wert hat.[2]

Es geht mir nicht darum, individuelle Gewalterfahrungen zu hierarchisieren oder meine eigenen natürlich vorhandenen Privilegien zu verleugnen, sondern darum, auf die Mechanismen hinzuweisen, durch die

2 | Ich schreibe dies kurz nach dem Massenmord in dem queeren Club *The Pulse* in Orlando, Florida, verübt von einem muslimischen Amerikaner, der den Club vielleicht selbst häufig besucht hatte und sich in einem Anruf bei der Polizei zum IS bekannte: In US-amerikanischen und europäischen Medien wird der Angriff mehrheitlich als Attacke auf »uns alle«, auf westliche Freiheit und Toleranz durch einen fanatischen Muslim dargestellt. Zumeist queere Kritiker_innen weisen darauf hin, dass Orlando nicht wirklich ein Angriff auf uns alle, sondern auf eine spezifische, auch in »unserer« Gesellschaft ausgegrenzte Gruppe war. Was kaum ein Bericht in europäischen Medien erwähnt, obwohl die Information bekannt und relevant ist: Fast alle an diesem Abend in *The Pulse* Anwesenden waren Menschen of color, vor allem Latin@s. Die USA, besonders, aber nicht nur im Süden, sind noch immer extrem klassen- und rassengetrennt. Der Täter wusste, dass er einen Ort angriff, in dem sich hauptsächlich präkarisierte, rassifizierte Menschen aufhielten, dieselbe Gruppe, die er in seinem Job als Wachmann in einem privatisierten Gefängnis kontrollierte. Warum ist es für westliche Medien so ungemein schwierig, in einem Fall wie diesem von »uns allen« zu »queeren Menschen« zu »queeren Menschen of color« zu spezifizieren? Der Grund ist der gleiche, aus dem zwischen »Deutschen« und einer endlosen Aufzählung von undeutschen Abweichungen (Muslime, NdH, Deutschafrikaner, Bürger_innen mit migrantischem Hintergrund) differenziert wird: Nur die Norm kann für die Allgemeinheit stehen, jede Abweichung entsolidarisiert. Niemand, in den USA oder in Deutschland, denkt »queere Menschen of color« wenn »von uns allen« die Rede ist. Was diese Berichterstattung gleichzeitig zu verbergen versucht und überdeutlich macht, ist, dass der Täter, obwohl er ein Muslim war, obwohl er sich zum IS bekannte, so amerikanisch war wie Apfelkuchen: rassistisch, sexistisch, homophob, ein autoritätsgläubiger Waffenfanatiker, der liebend gerne Polizist geworden wäre – damit fiel er wohl kaum auf in Florida, einem der Hauptzentren des politischen Widerstands gegen die graduelle Gleichberechtigung von LGBT-Menschen in den USA. Das alles macht seine Tat offensichtlich nicht besser, aber es macht sie Teil einer Logik, die intern, nicht extern ist, weil es »uns alle« nur dann gibt, wenn ein externes Feindbild geschaffen werden muss; ein Feindbild, das es dann erlaubt, die Tat zu verurteilen und gleichzeitig die Politik fortzusetzen, die sie möglich machte, indem Identität über Norm und Abweichung konstruiert wird.

diese Erfahrungen der Gewalt und Verunsicherung lesbar werden – oder eben nicht. Das Recht auf Sicherheit ist strukturell ungleich verteilt und es ist kein Zufall, dass zum Beispiel meine spezifische Positionierung dieses Recht ausschließt. Es geht auch nicht darum, das der Mehrheit zu erklären und ihr zu zeigen, dass wir uns schon so fühlen, wie sie sich jetzt zu fühlen beginnt. Der Punkt ist vielmehr: Die Sicherheit der Mehrheit wird strukturell mit der Unsicherheit derer erkauft, die nie »wirklich« dazugehören. Privilegien neigen dazu, unsichtbar zu sein, wenn man sie hat, und unübersehbar, wenn sie einem fehlen. Ohne gewisse Privilegien wie das Recht auf Sicherheit zu leben, heißt auch, zu lernen, in einem Umfeld zu navigieren, das immer potenziell feindlich ist, in dem der eigene Anspruch auf Sicherheit nie selbstverständlich und unhinterfragt Priorität ist, die eigene Sicherheit immer abhängig ist von der Haltung der Mehrheit – und deren vorherrschende Passivität ist nicht neutral, sondern trägt aktiv zu dieser Unsicherheit bei. Gewalt gegen Frauen wird nur untragbar, wenn sie von Rassifizierten verübt wird, und Gewalt gegen Rassifizierte gilt nicht als staatsgefährdend – ganz im Gegenteil, staatliche Gewalt gegen Rassifizierte ist der Normalfall.

Antischwarzer Rassismus und das staatliche Gewaltmonopol

Rassistische Polizeigewalt, insbesondere gegen Schwarze Männer, gehört zur Normalität des wiedervereinigten Deutschlands.[3] Auch dies ist eine Tatsache, die punktuell in die Öffentlichkeit gerät, aber dann wieder vergessen wird, sodass die eigentlich offensichtliche Schlussfolgerung – diese Gewalt ist strukturell, nicht der Ausnahmefall – nie gezogen wird. Ansonsten würden sich weitere Fragen aufdrängen, etwa nach den Ursachen und Auswirkungen des spezifischen antischwarzen Rassismus, der sich in diesen Taten, aber nicht nur in ihnen, ausdrückt. Polizeigewalt, der Missbrauch des staatlichen Gewaltmonopols, ist von besonderer Tragweite, wenn es um die Frage geht, wer sich zugehörig und sicher fühlen darf, als Teil jenes Volkes, zu dessen Wohle dieses Monopol angeblich praktiziert wird. In den zahlreich dokumentierten Fällen von Polizeige-

3 | Ich habe an anderer Stelle ausführlich zu antischwarzem Rassismus und dem Aktivismus Schwarzer Deutscher geschrieben (El-Tayeb 2001, 2011 [2015]).

walt gegen Schwarze ebenso wie im Umgang mit diesen Fällen in der Öffentlichkeit zeigt sich das Zusammenspiel von Präkarisierung und einem Kolonialrassismus, der Schwarze als aggressiver, triebgeleiteter, körperlich stärker und weniger schmerzempfindlich charakterisiert, um so den extrem brutalen Umgang mit ihnen zu rechtfertigen:[4] Afrikanische illegalisierte Migranten erfahren auch in Deutschland die brutalste Form von Polizeigewalt.

Hier nur ein Beispiel von vielen aus dem Amnesty International Bericht zum sogenannten Hamburger Polizeiskandal 1994, der erstmals eine breite Reaktion hervorrief:[5]

> »Ein Hamburger Polizist, der von seinen insgesamt 17 Dienstjahren die beiden letzten auf der Polizeiwache 11 verbracht hatte, stellte sich im Zusammenhang mit den Ermittlungen der Staatsanwaltschaft als Hauptzeuge zur Verfügung. Der Beamte sagte aus, er habe beobachtet, wie ein Kollege sechs festgenommene Afrikaner zwang, sich nackt auszuziehen, und sie dann in eine Zelle steckte. Anschließend habe der Beamte den gesamten Inhalt einer Tränengas-Spraydose in die Zelle entleert und in großer Eile die Tür verschlossen. Bei einem anderen Vorfall – so der Zeuge – habe er gesehen, wie ein Polizeibeamter einen nackten Häftling mit einem Desinfektionsspray besprüht hätte. In der Fernsehsendung [die den Fall publik machte] wurde aus einer Warnung des Herstellers zitiert, das Spray könne schwere Hautverätzungen verursachen. Der Zeuge berichtete weiter, er habe die Prahlereien von Beamten mitangehört, sie hätten einen festgenommenen Afrikaner am Hamburger Hafen einer Scheinhinrichtung unterzogen. Wie es hieß, hatten die Polizisten den Festgenommenen gezwungen, sich nackt auszuziehen. Dann hatte einer von ihnen dem Mann eine Waffe an die Schläfe gedrückt, während ein anderer einen Schuss in die Luft abfeuerte. Das Opfer habe sich vor Angst ›fast bepisst und beschissen.‹« (Amnesty International 1995, online)

4 | Noch in diesem Jahr zeigte eine US-Studie, dass weiße Medizinstudent_innen mehrheitlich annehmen, dass es biologische Unterschiede im Schmerzempfinden weißer und Schwarzer Menschen gibt – was wiederum erklärt, warum weiße Ärzt_innen weißen Patient_innen eher Schmerzmittel verschreiben als Schwarzen (was ebenfalls durch zahlreiche Studien belegt ist) (vgl. Somashekhar 2016).

5 | Unter anderem initiierte der Hamburger Senat einen internen Report, der die Vorwürfe auf mehreren tausend Seiten bestätigt und dokumentiert. Dies führte letztlich zum Rücktritt des Hamburger Innensenators Werner Hackmann, der uns bereits aus seiner Auseinandersetzung mit der *Rom und Cinti Union* bekannt ist.

Amnestys Folgeberichte 2004 und 2016 ebenso wie der diesjährige Report des *European Network Against Racism* (ENAR) zeigen, dass antischwarzer Rassismus in Deutschland, ebenso wie im übrigen Europa, weit verbreitet bleibt (ENAR 2016). Charakteristisch für diese Form des Rassismus bleibt die Wahrnehmung von Schwarzen als biologisch grundsätzlich verschieden von »normalen« Menschen. Diese Konstante des antischwarzen Rassismus lässt sich durch die deutsche Geschichte zurückverfolgen. Etwa zu dem bis weit in die 1970er im deutschen Sprachgebrauch normalen pejorativem Suffix »Neger-«, um Aktivitäten oder Objekte Schwarzer Akteure zu definieren: Negerkellner, Negerstaat, Negerlied ... oder die heute noch populäre Negerarbeit. Schwarze Menschen wurden so klar durch ihr »Negersein« aus größerer Menschengemeinschaft ausgeschlossen (und wie erwähnt, löste der potenzielle Abschied von diesem Wort noch 2013 eine nationale [oder zumindest Feuilleton-]Krise aus). Eine quantitative psychologische Studie zum Status von Schwarzen »Mischlingskindern« befragte 1960 200 Kinder, ihre Eltern, Lehrer_innen, Nachbar_innen und Sozialarbeiter_innen (Eyferth et al. 1960). Besonders erschreckend und von weitreichender Konsequenz ist die Tatsache, dass es sich bei der Bevölkerungsgruppe, die die am meisten verfestigten Vorurteile aufwies, um die befragten Lehrer_innen handelte. Mehr als andere Gruppen begründeten sie zudem ihre ablehnende Haltung mit »wissenschaftlichen« Theorien, die angeblich eine geringe Intelligenz, Triebstärke und Primitivität der »Mischlinge« belegten (ebd., S. 66). Diese Überzeugung, die von fast allen der befragten 200 Lehrer_innen geteilt wurde, wirkte sich sowohl konkret auf die afrodeutschen Kinder aus (so wurden beispielsweise nur drei von 100 für eine weiterführende Schule empfohlen), prägte aber natürlich auch die Einstellung der weißen Kinder, sodass gerade die Pädagog_innen als effektive Multiplikatoren rassistischer Überzeugungen wirkten.

In den 1920ern richtete sich eine internationale Kampagne gegen nordafrikanische Kolonialtruppen, die mit der französischen Armee im besetzten Rheinland stationiert waren. In der Propaganda der deutschen Regierung gegen die »Schwarze Schmach am Rhein« wurden die Nordafrikaner, ohnehin bestenfalls »minderwertig«, vollends zu Bestien – Hauptthema der Kampagne, die internationale Unterstützung fand, war der entfesselte Schwarze Vergewaltiger, dem weiße deutsche Frauen hilflos ausgeliefert waren (vgl. El-Tayeb 2001).[6] Ein Jahrzehnt zuvor hatte der Reichstag über die Legalität von »Mischehen« in den deutschen Kolonien debattiert. Kolonialstaatssekretär Wilhelm Solf erklärte:

»Ich bitte Sie, einfach die nackten Tatsachen auf sich wirken zu lassen. Sie senden Ihre Söhne in die Kolonien: wünschen Sie, daß sie Ihnen schwarze Schwiegertöchter ins Haus bringen? Wünschen Sie, daß sie Ihnen wollhaarige Enkel in die Wiege legen? Aber noch viel schlimmer: Die Deutsche Kolonialgesellschaft gibt jährlich 50.000 Mk. dafür aus, daß weiße Mädchen nach Südwestafrika geschickt werden. Wollen Sie, daß diese weißen Mädchen mit Herero, mit Hottentotten und Bastards zurückkehren als Gatten? [...] Die ganze deutsche Nation wird Ihnen Dank wissen, wenn Sie keine andere Erwägung haben als die: Wir sind Deutsche, wir sind Weiße und wollen Weiße bleiben.« (Stenographisches Protokoll der Reichstags-Sitzung vom 2.5.1912, in: El-Tayeb 2001, 128)

Dass antischwarzer Rassismus nicht staatsgefährdend ist, stimmt also, seit die deutsche Nation besteht, und das ist noch immer so – wie stört der Ausschluss, die Ausgrenzung, Beleidigung, Gewalt gegen Rassifizierte die deutsche Normalität? Gar nicht, sie sind deutsche Normalität – das heißt nicht, dass sie es bleiben sollten oder könnten, aber um Rassismus »staatsgefährdend« zu machen, muss sich das Selbstbild des deutschen Staates und der deutschen Nation endlich ändern. Schwarze Deutsche nehmen in diesem Selbstbild eine besondere Position ein, indem sie die landläufigen Vorstellungen davon, was deutsche Identität angeblich ausmacht, in Frage stellen. Laut Studien zu diesem Thema, zuletzt die schon zitierte BIM-Studie zu postmigrantischer deutscher Identität, sind

6 | Der schwedische Premier schloss sich dem Protest ebenso an wie der französische Nobelpreisträger Romain Rolland, und auch der Papst intervenierte bei den alliierten Regierungen, um einen Truppenabzug zu erreichen. Initiativen gegen die »Schwarze Schmach« existierten in Holland, Frankreich, England, Italien, Schweden, Dänemark, Ungarn, der Tschechoslowakei, Polen, Norwegen, Neuseeland, Peru, Argentinien und den Vereinigten Staaten. Die involvierten Gruppen deckten nahezu das gesamte politische Spektrum ab. Während die Aktionen in den USA, u. a. eine Demonstration im Madison Square Garden, von konservativen Südstaatler_innen und Vereinigungen deutschstämmiger Amerikaner_innen getragen wurden, war in Frankreich die sozialistische Partei Hauptträgerin der Proteste (ebd.).

»Kriterien des Deutschseins offen und exklusiv zugleich. Deutschsein kann heutzutage erlernt und erworben werden, im Vergleich dazu spielen angeborene Merkmale eine geringere Rolle: Wichtig ist vor Allem die Fähigkeit, deutsch sprechen zu können (97 Prozent) sowie der Besitz der deutschen Staatsangehörigkeit (79 Prozent). Trotzdem finden immerhin 37 Prozent der Bevölkerung weiterhin, dass deutsche Vorfahren wichtig sind, um Deutscher sein zu können.« (Foroutan et al. 2014, 6)

Auf die meisten Schwarzen Deutschen treffen alle drei Kriterien zu, mit der Akzeptanz als Deutsche sollte es also eigentlich kein Problem geben. Es gibt aber eines, wie zuletzt die Frage um Jérôme Boatengs potenzielle Rolle als Nachbar gezeigt hat (wen er gerne als Nachbarn hätte, spielte dabei keine große Rolle). Hautfarbe wurde in der Studie nicht als Kriterium genannt, wurde höchstwahrscheinlich nicht abgefragt und wäre vielen Antwortenden wahrscheinlich als für sie entscheidendes Kriterium nicht bewusst – und wie können unbewusste Überzeugungen abgefragt werden? Zum Beispiel, indem diejenigen gefragt werden, denen diese Prozesse zwangsläufig bewusster sind. Weiße Deutsche, die in bestimmter, gleichförmiger Weise auf Schwarze Deutsche reagieren (»Wo kommst du her? Nein, ich meine wo kommst du *wirklich* her?«, »Sie sprechen aber gut Deutsch«, ungefragt über Reisen nach Afrika berichten etc.), tun das unreflektiert und wenn sie darauf hingewiesen werden, begreifen sie dieses Verhalten meist nicht als problematisch und symptomatisch. Schwarze Deutsche, denen diese Verhaltensmuster tagtäglich entgegengebracht werden, können sie ganz anders einordnen: Wir sind zeitlebens als unfreiwillige und unbezahlte Statistiker_innen in Sachen Deutschsein unterwegs. Ich kann ganz gut einschätzen, ob mir eine bestimmte Reaktion zum ersten, hundertsten oder tausendsten Mal entgegengebracht wird. Das lässt gewisse Rückschlüsse darüber zu, wie Mehrheitsdeutsche Deutschsein definieren.

Es häufen sich gerade Medienberichte, die verkünden, dass der Alltagsrassismus in Deutschland zunimmt. Das ist gut möglich, aber für mich hört sich das alles recht bekannt an. Es scheint mir wahrscheinlicher, dass wir gerade wieder einmal eine Phase durchlaufen, in der die Existenz von Rassismus von der Mehrheit wahrgenommen und als Realität konstatiert wird. In der Folge setzt dann vielleicht eine Debatte ein, in der erst einmal lange über die Verunsicherung der Bürger_innen angesichts der Fremden diskutiert wird. Es wird sicher einen kleinen Lerneffekt geben, aber bevor es zu einer wirklichen Konfrontation mit den rassistischen Tiefenstrukturen kommt, sind dann schon wieder andere Themen interessant beziehungsweise wird die Nabelschau irritierend, man fühlt sich unverdient in eine Ecke gedrängt und von den rassistischen Antirassisten ob der eigenen Fähigkeit zur selbstkritischen Reflexion ausgebeutet. In zehn Jahren wird dann der deutsche Rassismus von Mehrheitsdeutschen wieder neu entdeckt werden und der gleiche Prozess beginnt wieder von vorne, als ob man ihn noch nie durchlaufen hätte.

»Europa und die Mittelmeerregion« revisited

Dass sich heute fast im Detail die Entwicklung von vor 20 Jahren wiederholt, macht deutlich, dass Deutschland noch immer an einem Bild der Normalität festhält, das Resultat sowohl von künstlicher Abschottung als auch Geschichtsklitterung ist: Rassifizierte Populationen, die schon seit Jahrhunderten Teil Europas sind, insbesondere Rom_nja und Jüd_innen, wurden für einen Großteil der gemeinsamen Geschichte durch ein System von diskriminierenden Bestimmungen kontrolliert und ausgegrenzt, von einer gleichberechtigten Position konnte kaum die Rede sein. Gleiches galt für koloniale Bevölkerungen, deren Länder als Teil Europas betrachtet wurden, wenn es um ihre ökonomische Ausbeutung ging, nicht aber bei der Freizügigkeit der Bevölkerung. Der idealisierte Zustand des »Vorher« – bevor Flüchtlinge unkontrollierbar ins Land drängten, bevor der Islam europäische Grundwerte gefährdete, bevor der Multikulturalismus die Leitkultur unterwanderte – ist also einer, in der rassifizierte Gruppen zwar präsent, aber nicht gleichberechtigt waren und sich Europa gegen Immigration von Außen abschirmte, während es gleichzeitig die eigenen wirtschaftlichen und sozialen Spannungen durch Emigration abbaute (dies trifft insbesondere für Deutschland zu, das bis vor 100 Jahren Europas größte Auswander_innenbevölkerung stellte).

Die Externalisierung der absehbaren negativen Konsequenzen seiner globalen Herrschaftsstrukturen kann als zentraler Bestandteil des Aufstiegs des modernen Westens betrachtet werden. Dieser Prozess funktioniert nun nicht einmal mehr für diejenigen, die von ihm profitieren sollen, die Zukunft, in die die Folgen ökologischer und ökonomischer Zerstörung projiziert wurden, ist zur Gegenwart geworden, und während der Globale Süden noch immer die Hauptlast dieser Zerstörung trägt, kann sich Europa immer weniger von den aus dieser Situation flüchtenden Menschen abschotten, immer weniger so tun, als seien die kontinentalen Grenzen real und unüberwindbar. Dass europäische Expert_innen und Regierungen trotz zahlreicher Anzeichen von Entwicklungen auf der anderen Seite des Mittelmeeres, vom »Arabischen Frühling« zur »Flüchtlingskrise«, weitgehend unvorbereitet getroffen wurden, zeigt, wie sehr das internalistische Narrativ noch immer die Wahrnehmung der Realität bestimmt. Es zeigt aber auch zunehmend drastisch, dass das Narrativ an Nützlichkeit auch für Europa verliert. Statt permanenter Nabelschau unterbrochen von akutem und planlosem Krisenmanagement muss Europas Involviertheit in globale Entwicklungen und seine Teilverantwortung für diese Krisen nicht nur in der Gegenwart, sondern auch historisch, anerkannt werden. Eine Abkehr vom Internalismus zeigt auch, dass fließende Grenzen immer existierten, immer Alternativen schufen und das noch tun. Die globale Finanzkrise traf den Süden Europas besonders hart und hatte wirtschaftspolitische Auflagen zur Folge, die sonst nur Nationen des Globalen Südens abverlangt werden. Dieser Süden, insbesondere das von Spanien, Griechenland und Italien nur durch das Mittelmeer getrennte Nordafrika, lieferte nicht nur das Modell einer gnadenlosen »Sanierungspolitik«, sondern auch Modelle von Widerstandspraktiken, die sich gegen Austeritätsmaßnahmen zur Wehr setzten. Sie inspirierten die spanische *indignado*-Bewegung ebenso wie die Gezi-Park-Proteste gegen die neoliberale türkische Regierungspolitik oder das Geflüchtetencamp auf dem Berliner Oranienplatz.

Die europäische Unterstützung der Demokratie-Bewegungen in einem Teil der Welt, der als kulturell eng mit Europa verbunden gilt, wenn es für den Kontinent opportun ist, hielt sich, trotz Lippenbekenntnissen zu Freiheit und Demokratie, in Grenzen. Die Rückkehr zum angeblichen orientalischen Normalzustand, despotische Herrscher, die grausam über ein unterdrücktes, doch zugleich fanatisches Volk herrschen,[7] wurde dagegen fast mit Erleichterung wahrgenommen und umgehend durch wiederauf-

7 | Edward Saids Standardwerk *Orientalismus*, das bereits 1981 ins Deutsche übersetzt wurde, zeichnet nach, wie das westliche Konzept des Orients eine übergeordnete Logik schuf, die kulturelle, politische und soziale Repräsentationen der so gefassten Regionen bestimmte und noch weitgehend bestimmt. Für Untersuchungen eines deutschen Orientalismus siehe Zantop 1997, Berman 1997 und Kontje 2004.

genommene ökonomische und militärische Beziehungen sanktioniert, sind diese Regime doch ein verlässlicherer Partner, als es unberechenbare Demokratien je sein könnten. In der globalen Ordnung hat jede Region ihren Part zu spielen und der Orient soll Orient bleiben. Dieser Orientalismus ist nötig, um Europa klar von seinen Nachbarn im Süden und Osten abzugrenzen – und süd- und osteuropäische Staaten, zuletzt Griechenland, drohen in diesem Narrativ immer wieder in orientalische Zustände abzugleiten, wenn sie sich nicht strikt am (nordwestlich) europäischen Vorbild orientieren. Tatsächlich sichert dieser »Normalzustand« eines autoritär beherrschten, pro-westlichen Nordafrikas und Nahen Ostens das Fortbestehen einer ungleichen, neokolonialen Ordnung, die westliche Interessen auf Kosten des Globalen Südens privilegiert und Grenzen so undurchlässig wie möglich macht.

Europa muss sich damit auseinandersetzen, dass seine stabilen Wohlstandsdemokratien mit der Entmenschlichung und Ausbeutung von Kolonisierten und Versklavten erkauft wurde, deren Leben immer noch deutlich weniger wert, weniger betrauerbar, auslöschbarer ist. Kolonialismus war nicht nur darauf ausgerichtet, den Kolonisierten ihre Unabhängigkeit in der Gegenwart zu nehmen und die Möglichkeit einer selbstbestimmten Zukunft zu verhindern, sondern genauso sehr darauf, ihnen ihre Vergangenheit zu rauben, im wortwörtlichen Sinne, wie in der »außereuropäischen« Kunst, die europäische Museen füllt, und in der Produktion einer Wurzellosigkeit, einer Geschichtslosigkeit, die Kolonisierten der Werkzeuge beraubte, die es ermöglicht hätten, die westliche evolutionäre Temporalität in Frage zu stellen. Dieser Versuch scheiterte letztlich, wie er scheitern musste, noch kein System hatte es geschafft, Menschen jegliche Ausdrucksform zu nehmen, und wo es diese Möglichkeit zum Ausdruck gibt, gibt es Widerstand. Aber wir sollten nicht vergessen, dass die kulturelle, ökonomische und physische Zerstörung, die Europa in seinen Kolonien anrichtete zwar nicht total, aber dennoch extrem war.

Es scheint kaum zufällig, dass Belgien und Frankreich im Zentrum islamistischer Gewalt stehen – insbesondere wenn nicht nur nach dem »Hintergrund« der Täter gefragt wird (also danach, wo sie »wirklich« herkommen), sondern danach, wo sie zuhause sind – in den Pariser und Brüsseler Gettos, die ein System widerspiegeln, das koloniale Hierarchien nie konfrontiert, geschweige denn überwunden hat. Belgien und Frankreich unterhielten extrem brutale Kolonialregime, die Millionen von Menschen, insbesondere im Kongo und Algerien, das Leben kosteten – wie genau sollte ein jahrhundertelang implementiertes System, das notwendigerweise von der grundsätzlichen Minderwertigkeit von Rassifizierten ausging und daraus das Recht ableitete, sie systematisch zum Vorteil Europas auszubeuten, dieses Europa darauf vorbereitet haben, Schwarze oder arabischstämmige Bürger_innen als gleichwertig oder auch nur gleichberechtigt auffassen zu können? Insbesondere ohne eine kritische Auseinandersetzung mit dieser Geschichte? Die Aufstände in den französischen Vorstädten vor zehn Jahren zeigten überdeutlich das Ausmaß der Hoffnungs- und Perspektivlosigkeit rassifizierter Jugendlicher und riefen doch keinerlei konstruktive Reaktionen hervor, sondern eine neue Welle der (sowohl materiellen als auch erinnerungsgeschichtlichen) Repression. Das neue Europa ist nun beinahe eine Generation alt, das heißt auch, es gibt eine neue Generation von Europäer_innen of color, die ebenso wie die Generationen vor ihnen in dem Bewusstsein aufwuchs, niemals Teil dieser Gemeinschaft werden zu können (die plötzliche Sensibilität kontinentaleuropäischer Medien für einen britischen Rassismus, der sich gegen weiße EU-Migrant_innen richtet und als symptomatisch für den drohenden Rückfall in Vor-EU-Nationalismus gelesen wird, erscheint aus dieser Perspektive mehr als zynisch). Solange Europas unverarbeitete Kolonialgeschichte nicht konfrontiert wird, wird sie die kontinentale Gegenwart bestimmen – wenn Europa wirklich glauben wollte, es könne diese Geschichte und ihre anhaltenden Folgen ignorieren, ist das jetzt wirklich nicht mehr möglich. Ebenso unmöglich sollte es sein, diese Entwicklung als unabhängig von europäischem Rassismus zu sehen. Europa muss seine koloniale Vergangenheit konfrontieren, um die anhaltende Gewaltspirale zu unterbrechen. Das bedeutet, dass die Perspektive derjenigen Europäer_innen, deren Geschichte Kolonialisierung aus Opfersicht beinhaltet, einen Platz im europäischen Narrativ erhalten muss.

Analysemodelle wie Totalitarismustheorien klammern diese Geschichte systematisch aus, indem sie eine künstliche Dichotomie zwischen modernen autoritären Regimen, das heißt Faschismus und Kommunismus, auf der einen Seite und westlicher Demokratie auf der anderen Seite konstruieren. Demokratie ist, wenn Totalitarismus nicht ist, und umgekehrt, dies ungeachtet der Tatsache, dass schon Hannah Arendt, auf die sich alle Totalitarismusforscher mehr oder weniger beziehen, explizit auf die Rolle kolonialer Herrschaft in der Konstruktion europäischer Denk- und Herrschaftsstrukturen hinwies. Die Theorie war ursprünglich darauf ausgerichtet, das Spezifische von Faschismus und Bolschewismus zu greifen.

Heute werden diese beiden Systeme, insbesondere Nationalsozialismus und Stalinismus, zunehmend als »Extremformen« wenn nicht »Ausnahmen« totalitärer Herrschaft definiert. Letztere wird so immer vager als Gegenstück zu Demokratie verstanden:

»Vom Standpunkt der liberalen Demokratie können die totalitären Regime auf gleiche Distanz gebracht werden, jedoch sagt die herrschaftstypologische Einordnung nichts über den politisch-ideologischen Herrschaftszweck aus, weshalb aus dem totalen Herrschaftsanspruch keine Identität der totalitären Regime abgeleitet werden kann. Die Wertgebundenheit des Totalitarismusbegriffs stellt jedoch keine analytische Schwäche dar, sondern markiert den fundamentalen Unterschied zwischen Demokratie und Diktatur.« (Vollnhals 2006, online)

Dass sich der inhaltliche Fokus ändert, je nachdem, welches System gerade als Antithese zum demokratischen Westen begriffen wird, sollte also nicht überraschen und ebenso wenig, dass sich gegenwärtig die Aufmerksamkeit auf Islamismus als totalitäre Herrschaftsform richtet. In seiner wichtigen Abhandlung zu den *Bloodlands* – dem osteuropäischen Raum, in dem innerhalb kürzester Zeit Millionen von Menschen ermordet wurden, definiert Timothy Snyder die Fähigkeit, bestimmte Menschengruppen des Rechts zu berauben, als menschlich betrachtet zu werden, als Schlüssel zum Verständnis von sowohl Nationalsozialismus als auch Stalinismus (Snyder 2010, 386). Was heißt es aber, wenn dieses Charakteristikum sich auch als Schlüssel zum Verständnis europäischer demokratischer Nationen definieren lässt? Kolonialismus ist ohne Rassenwahn undenkbar, insbesondere Afrikaner_innen wurden als endlose Ressource behandelt, individuelles Leben zählte nichts. Snyder stellte fest: »Sowohl in der Sowjetunion als auch in Nazi-Deutschland ging es um die Erschaffung einer Utopie, die, nachdem sie durch die Realität gehemmt wurde, durch Massenmord in die Tat umgesetzt wurde« (Snyder 2010, 387). Wie sehr das auch für die europäische Utopie eines aufklärerischen Humanismus zutrifft, hat Aimé Césaire schon vor mehr als einem halben Jahrhundert analysiert.[8]

8 | Die belgische Kolonialherrschaft kostete innerhalb von 20 Jahren zehn Millionen Kongoles_innen das Leben. Der deutsche Völkermord in Namibia wird zunehmend (und nach wie vor kontrovers) diskutiert, die Hundertausende, die im gleichen Zeitraum von den deutschen Kolonialherren in Ostafrika bewusst verur-

Totalitarismus lässt sich bestens mit Demokratie vereinen, und das lässt sich nur ignorieren, wenn man Rassismus und Rassifizierte externalisiert. Rassistischer Terror und Demokratie können gleichzeitig existieren – mehr noch, bisher hat Demokratie noch nie ohne Rassismus existiert. Da Kolonialismus und transatlantische Sklaverei untrennbar vom wirtschaftlichen Aufstieg und anhaltenden Reichtum des Westens sind, ist es noch eine offene Frage, ob westliche Demokratie ohne diesen strukturellen Rassismus existieren kann. Diese beiden Systeme existierten nicht widersprüchlich nebeneinander, sondern bedingten sich: ohne koloniale Ausbeutung kein europäischer Wohlstand. Deutschland war Teil dieses Prozesses, der zahlreiche Spuren im Alltag hinterließ, von Edeka zur Mohrenapotheke zum »Kanaken«, und profitiert noch heute ebenso von ihm wie der Rest des Kontinents.

Der Versuch des vereinten Europa, zu einer kollektiven postfaschistischen und postsozialistischen Erinnerung zu kommen, bestand darin, beide als letztlich »uneuropäisch« zu externalisieren. Im Europa nach dem Ende des Kalten Kriegs erfüllt die Totalitarismustheorie so zunehmend eine Entlastungsfunktion, indem sie den Kampf zwischen Demokratie und (faschistischer) Diktatur zum roten Faden der Geschichte des letzten Jahrhunderts erklärt und gegenwärtige politische Konflikte in diesen Kontext stellt. Das so geschaffene Erklärungsmuster funktioniert wieder einmal über Externalisierung und evolutionäre Zeit: Faschisten sind immer die anderen. Diesen anderen wird aber gleichzeitig das Recht auf eine eigene Geschichte genommen, wer sie sind und was sie tun, erklärt sich immer nur durch den Bezug auf die europäische Vergangenheit. Ein solcher theoretischer Rahmen erklärt weder interne Gewalt, z. B. Rassismus, als kompatibel mit westlichen Demokratien, noch eine koloniale Gewalt, die der von totalitären Regimen entfesselten in nichts nachstand. Nötig ist ein Ansatz, der es erlaubt, sich kritisch mit demokratischen westlichen Systemen auseinanderzusetzen und ihre Verquickung mit Strukturen aufzuzeigen, die gerne als charakteristisch für Totalitarismus – und daher abwesend in Demokratien – angesehen werden. Ein

sachten Hungersnöten zum Opfer fielen, finden dagegen noch immer wenig Beachtung. Auch die Tatsache, dass afrikanische Sklav_innen auf haitianischen und jamaikanischen Plantagen eine durchschnittliche Lebenserwartung von sieben Jahren hatten, zeigt, dass in Kolonialismus und Sklaverei Unterwerfung und Auslöschung Hand in Hand gingen.

postkoloniales Gedächtnis kann also nicht einfach in das bestehende Erinnerungsmodell integriert werden, das Verständnis von Europa als postkolonialem Kontinent verlangt vielmehr auch eine Neubewertung seiner faschistischen und sozialistischen Vergangenheit. Wie das aussehen kann wird deutlich, wenn sich Europa von seiner internalistischen Geschichte und dem evolutionären Zeitmodell abwendet und beginnt, von seinen »Anderen« zu lernen.

Deutschland intersektional und postmigrantisch

Die Naturalisierung des despotischen, primitiven Orients als völlig verschieden von der anderen Seite der Mittelmeerregion geht Hand in Hand mit der Naturalisierung der Affinität von Islam und Gewalt. Im europäischen Diskurs stehen muslimische und insbesondere nordafrikanische Männer für endemische, unkontrollierbare Aggression. Die richten sie gegen ihre eigene Gemeinschaft, als tyrannische Patriarchen, gewalttätige Ehemänner und ehrenmordende Brüder, ebenso wie gegen die Gesamtgesellschaft, in der sie als Terroristen, jugendliche Straftäter und religiöse Fanatiker agieren. Weibliche Selbstbestimmung wird in dieser stereotypen und homogenisierenden Wahrnehmung muslimischer Gemeinschaften ebenso zur Unmöglichkeit wie die Auseinandersetzung mit einer toxischen Maskulinität, die sich nicht auf Islamisten beschränkt, sondern sich sicher auch in den Interventionen des angeblich aufgeklärten Westens im »Orient« zeigt, in denen menschlicher Kollateralschaden schon längst zur akzeptierten Routine gehört. Gleichzeitig normalisiert sich so die Vorstellung, dass der Islam grundsätzlich unvereinbar mit modernen Gesellschaften ist und schafft eine oberflächliche Einheit europäischer Nationen. Dies sowohl was deren Verhältnis zueinander als auch ihre internen Strukturen betrifft, indem sie weitgehend unhinterfragt als die erstrebenswerte Norm gesetzt werden, an die sich defizitäre Muslim_innen anzupassen haben.

Die Wahrnehmung etwa von muslimischem Antisemitismus als exzessiv, selbst gegenüber der weit gewalttätigeren rechtsradikalen Variante, deutet darauf hin, dass die Anwesenheit von Muslim_innen an sich bereits als Exzess empfunden wird. Nach dem Angriff auf Rabbiner David Alter fragte sich die deutsche Gesellschaft ob Jüd_innen hier noch sicher seien (vgl. Bauer 2014), ebenso wie sie sich nach den Attacken der Silvesternacht in Köln fragte, ob Frauen hier noch sicher seien. So wird eine falsche Dichotomie konstruiert: ohne Muslime kein gewalttätiger Antisemitismus und Sexismus, ohne Muslime sind Jüd_innen und Frauen sicher in Deutschland. Dass sie es nicht sind, ist eigentlich nicht wirklich umstritten, es sind vielmehr gerade Debatten um den Zustand der mehrheitsdeutschen Gesellschaft, die diese Externalisierung attraktiv machen.[9] Von Problemen, mit denen die Gesellschaft zu leben hat, an denen sie kollektiv arbeiten muss, werden Sexismus und Antisemitismus zu Problemen, die gemeinsam mit den Muslim_innen externalisiert werden können. Die Debatte zeigt auch die anhaltenden Effekte des europäischen Kolonialismus und die fatalen Folgen der Verbannung desselben aus dem kollektiven Gedächtnis, indem sie eine Kommunikationsunfähigkeit über kontemporäre Konflikte offenbart, die auf divergenten Erinnerungsdiskursen beruht. Kolonialrassismus und seine Spätfolgen in den ehemals kolonisierten Nationen wie in der Metropole sind zentral für die zweite und dritte Generation von »Migrant_innen« (das heißt Europäer_innen, die nicht weiß und/oder christlich sozialisiert und daher ewige Außenseiter_innen sind); und zwar sowohl, was das Verständnis ihrer eigenen Marginalisierung betrifft als auch ihre Interpretation internationaler Konflikte wie des israelisch-palästinensischen. Die Negierung dieser Wahrnehmung innerhalb der Mehrheitsgesellschaft und das Insistieren auf einem europäisches Geschichtsbild, in dem Kolonialismus permanent außen vor, unwichtig bleibt, verschärft den Konflikt, anstatt ihn zu lösen.

Der Haupteffekt der Debatte um die Kölner Attacken war nicht eine gesellschaftliche Sensibilisierung für Sexismus, unter Muslimen, Nordafrikanern oder im Allgemeinen, sondern eine gesellschaftliche Entsolidarisierung, das Ausspielen Marginalisierter gegeneinander, das bestätigte, was die Mehrheit ohnehin schon wusste, und das es der dominanten

9 | Aktuelle Erhebungen zeigen, dass rassistisches Denken unter der Mehrheitsbevölkerung (im Westen wie im Osten) verbreitet bleibt und dass Rechtsextreme zunehmend gewaltbereiter werden (Decker/Kiess/Brähler 2016). Letztere sehen zwar in Muslim_innen, Schwarzen und Rom_nja ihre Hauptfeinde, sind aber auch für die überwältigende Mehrheit antisemitischer Straftaten verantwortlich. Auch in Deutschland wächst die ökonomische Ungleichheit, während die Einkommensdifferenz zwischen Männern und Frauen ebenso bestehen bleibt wie die Abwesenheit Letzterer in Führungspositionen (vgl. Brinkmann 2014, Heuser 2014).

Gruppe erlaubte, ihre Position als Wahrer von Recht und Ordnung zu zementieren. Weiße Frauen wiesen auf die Ironie hin, dass weiße Männer nun von Tätern zu Beschützern werden konnten ohne ihr eigenes Verhalten reflektieren oder ändern zu müssen (ebenso wie Mehrheitsdeutsche in der Antisemitismus-Debatte und die heteronormative Dominanzgesellschaft in der Debatte um muslimische Homophobie). Auch das ist nicht gerade neu und wurde schon ausführlich analysiert, vor allem aus einer Gruppe heraus, die in der Debatte fast gänzlich ignoriert wurde, als ob sie zu alledem nichts zu sagen hätte: Frauen of color. Die Debatte um Köln zeigte nicht nur die Interaktion von Rassismus und Sexismus – sowohl in der Wahrnehmung rassifizierter Männer als sexuell aggressiv (und damit als Gefahr für weiße Frauen, die daher von weißen Männern beschützt/kontrolliert werden müssen) als auch in der Geschlechterhierarchie als Mittel rassifizierter Männer Autorität zurückzugewinnen –, sondern auch im Zusammenspiel struktureller Hierarchien, die rassifizierte Frauen als Akteurinnen undenkbar machen.

Intersektionalität ist ein politisches Analysemodell, das Machtstrukturen analysiert und Widerstandsstrategien sowohl theoretisiert als auch produzieren will – und zwar aus einer situierten Perspektive, in der die unterschiedlichen Machtpositionen innerhalb möglicher Koalitionen adressiert werden. Diese Perspektive wiederum nutzt die marginalisierte Position von rassifizierten Frauen als analytischen Fokus. So etwa Angela Davis: »[D]as spannendste Potenzial von Frauen of color Formationen liegt in der Möglichkeit der Politisierung dieser Identität – nicht eine Politik, die auf identitären Positionen beruht, sondern Identität die aus politischer Positionierung entsteht« (Davis 1995, 318). Der Begriff Intersektionalität selbst wurde von der Juristin und Rechtsphilosophin Kimberlé Crenshaw entwickelt und hatte so von Anfang an einen Praxisbezug, der sich direkt aus der Abschaffung der legalen rassistischen Diskriminierung in den USA ergab: Gegen diese vormals staatlich sanktionierte Praxis konnte nun in bestimmten Fällen geklagt werden, wenn Benachteiligung aufgrund von Rasse (und wenig später auch Geschlecht) nachgewiesen werden konnte.

Auch wenn das sicher nicht in der Absicht der Gesetzgebung lag, zeigte sich schnell, dass die Zugehörigkeit zu mehr als einer benachteiligten Kategorie einen Schutz vor Diskriminierung faktisch unmöglich machte: Sammelklagen von Schwarzen Frauen wurden regelmäßig abgewiesen, da andere Angehörige der relevanten Gruppen (nämlich weiße Frauen und Schwarze Männer) nicht von den gleichen Benachteiligungen betroffen waren. Diese paradoxe Situation machte deutlich, dass eine an der dominanten Vorstellung des Normativen orientierte Auffassung von Gruppenidentität (weiße Frauen als repräsentativ für Frauen im allgemeinen, Schwarze Männer als repräsentativ für Schwarze usw.) Diskriminierung nicht nur nicht verhindern konnte, sondern sogar reproduzierte. Stattdessen, so Crenshaw, war ein juristischer wie gesamtgesellschaftlicher Ansatz nötig, der berücksichtigte, dass Gruppenidentität nie homogen ist, sondern sich aus komplexen Intersektionen gesellschaftlicher Machtvektoren – wie Rasse, Klasse und Geschlecht, aber etwa auch Religion, Sexualität oder Staatsangehörigkeit – ergibt. Gleichzeitig machte Crenshaw deutlich, dass diese Komplexität von Gruppenidentität nicht die Nutzlosigkeit von kollektivem Handeln impliziert:

»Intersektionalität kann allgemeiner als Mittel genutzt werden, die Spannung zwischen der Anerkennung multipler Identitäten und der anhaltenden Notwendigkeit von gruppenbezogenem Handeln zu regulieren [...] Zu sagen, dass Kategorien wie Rasse oder Geschlecht sozial konstruiert sind, heißt nicht, die Wirkung dieser Kategorien in unserer Welt zu verleugnen. Im Gegenteil, ein großes, anhaltendes Projekt für unterdrückte Menschen – eines, für das postmoderne Theorien sehr hilfreich waren – ist das Nachdenken darüber, wie Macht sich um bestimmte Kategorien konzentriert und gegen andere gerichtet wird. Dieses Projekt versucht das Sichtbarmachen dieser Prozesse der Unterordnung und der verschiedenen Formen, in denen sie erlebt werden von denjenigen, die untergeordnet sind und denjenigen, die sie privilegieren.« (Crenshaw 1991, 1296 f.)

Crenshaws Theorie fasste eine Praxis zusammen, die ihre Wurzeln in Jahrzehnten von US-amerikanischem Frauen of color-Feminismus hatte und untrennbar war sowohl von den Befreiungsbewegungen der 1960er als auch Theoretisierungen durch postkoloniale und Critical Race Studien. Während in der deutschen Rezeption von Intersektionalität meist auf Crenshaw's einführenden Text von 1989, »Demarginalizing the Intersection of Race and Sex«, Bezug genommen wird, in dem sie Intersektionalität am Beispiel der Positionierung Schwarzer Frauen erklärt, gibt das zwei Jahre später veröffentlichte »Mapping the margins: Intersectionality, identity politics, and violence against women of color« einen tieferen Einblick in ihre Theorie. Gleichzeitig entkräftigt der Text eine Reihe häufig vorgebrachter Kritikpunkte, etwa jenen, dass Intersektionalität in ihrer ursprünglichen Form auf die US-amerikanische Schwarz-Weiß-Dichotonomie fixiert sei. Tatsächlich stellt Crenshaw in diesem Text die Gruppe der »Frauen of color« in den Mittelpunkt, dies selbst bereits eine Kategorie, die von zahlreichen, nicht immer kompatiblen Positionalitäten gekennzeichnet ist (wie sie unter anderem am Beispiel des Faktors Aufenthaltsstatus erläutert). Mit diesem Fokus analysiert Crenshaw genau den komplizierten, frustrierenden und dennoch nötigen Prozess der Koalitionsbildung rassifizierter und marginalisierter Communitys, der auch in Deutschland stattfindet. Intersektionalität adressiert multiple, nicht binäre, Identitätskonstruktionen und Machtstrukturen und deren Interdependenz (sodass eine auf Crenshaw aufbauende »Interdependenztheorie« nur reproduziert, was bereits vorhanden ist).

Im Vergleich zur mehrheitsdeutschen Rezeption, die erst in den 2000ern erfolgte und noch immer eher oberflächlich bleibt, ist Intersektionalität in den USA Teil eines breiteren politischen und intellektuellen Diskurses. Sie hat beispielsweise Eingang in die Holocaustforschung gefunden durch Autoren wie Michael Rothberg, dessen Ansatz der »multidirektionalen Erinnerung« nachzeichnet, wie die Erfahrung von Holocaust und Kolonialismus sich im Denken von Theoretiker_innen des 20. Jahrhunderts wie Aimé Césaire, Hannah Arendt und W. E. B. DuBois verbanden, und der argumentiert, dass »Holocaust Erinnerung im Dialog mit den dynamischen Transformationen und komplexen Auseinandersetzungen entstand, die die Ära der Dekolonisierung charakterisieren« (Rothberg 2009, 7). Rothbergs Ansatz situiert nicht nur die historischen Ereignisse selbst, sondern vor allem die Formen ihrer Erinnerung als multidirektional und intersektional und versucht so Dichotomien aufzubrechen, die durch binär vergleichende und hierarchische Perspektiven etwa in der Totalitarismusforschung konstruiert werden.

Es geht nicht darum, europäischen Kolonialismus als weiteres Beispiel totalitärer Herrschaft zu entlarven, sondern darum, die Dichotomie von (westlicher) Demokratie und (östlich/orientalischem) Totalitarismus in Frage zu stellen. Unbequeme Debatten und wichtige historische Analysen werden mit der Behauptung unterbunden, dass Faschismus kompatibel mit allen Systemen außer Demokratie sei; Demokratie wiederum wird als originär westlich begriffen, als westlicher Wert, den Europäer_innen quasi im Blut haben, den »Migrant_innen« aber mühsam lernen müssen (etwa durch Zwangsintegrationsprogramme). Diese Dichotomie muss aufgebrochen werden, um eine komplexere Beziehung sichtbar zu machen, die mit Sicherheit nicht behauptet, Demokratie und Totalitarismus seien austauschbar, die es aber unmöglich macht, totalitäre Elemente wie strukturellen Rassismus schlicht a priori als inkompatibel mit demokratischen Systemen zu setzen. Stattdessen muss auch hier ein intersektionaler Ansatz verfolgt werden, der die Verbindungen von Post/Faschismus, Post/Sozialismus und Post/Kolonialismus verdeutlicht. Hier sind gerade diejenigen gefragt, die sich hauptberuflich mit diesen Strukturen beschäftigen. Stattdessen tragen diese Expert_innen aber zu oft dazu bei, die dominante, internalistische Position zu verteidigen – wie gesehen besonders in meiner Zunft der Historiker_innen, von Eberhard Jäckels Belehrungen an Rom_nja und Sint_ezze als diese gegen ihre Benennung als »Zigeuner« auf dem ersten nationalen Mahnmal des deutschen Völkermords an ihnen protestierten, über Hans-Ulrich Wehlers Konstruktion des »Türkenproblems« und dem kategorischen Ausschluss des Islam aus Europas Vergangenheit, Gegenwart und Zukunft, zu Götz Alys Tirade auf die Schwarzen Vergewaltiger bei gleichzeitiger Einschätzung der Zwangssterilisierung Schwarzer Deutscher im Nationalsozialismus als »Bagatelle« (Posener 2009).

Das Versagen der sogenannten Expert_innen reflektiert ein breiteres Problem: Die Unwissenheit der Mehrheit und die damit verbundene Weigerung von Minorisierten zu lernen, verdeutlicht auch, dass es für Ignoranz keine Entschuldigung gibt, sie ist gewollt und wird wie hier dargestellt immer wieder künstlich erzeugt. Demgegenüber steht der jahrzehntelange Aktivismus von Geflücheteninitiativen wie The Voice, von den seit nunmehr 30 Jahren bestehenden Schwarzen Initiativen ISD und ADEFRA, der *Rom und Cinti Union*, IniRromnja, der akademischen Arbeit Rassifizierter, die im Mainstream benutzt, aber nicht gewürdigt wird.[10] Das Problem ist nicht nur, dass diese Gegendiskurse noch immer im Mainstream ignoriert werden, sondern dass sie ihn wenn überhaupt meist gefiltert erreichen, in einer Form, die sie für die Mehrheit leichter verdaulich machen und eine Öffnung für und Auseinandersetzung mit bestehenden breiten Diskursen, sei es in Form von Aktivismus oder Wissensfeldern wie Critical Race Studies, vermeiden. Stattdessen wird kriti-

10 | Die US-amerikanische queere Theoretikerin Jasbir Puar nennt das »citational violence«, Zititerungsgewalt, durch die immer wieder exklusiv weiße (und meist heteronormative) Genealogien hergestellt werden, in die die Arbeit rassifizierter Theoretiker_innen als Rohmaterial einfließt, aber nicht referiert wird.

sche Information punktuell in den Mehrheitsdiskurs integriert, der so als einzig relevanter wiederhergestellt wird. Trotz der wertvollen Arbeit, die kritische Mehrheitsdeutsche, wie etwa die Initiator_innen des »Die Dritte Welt im Zweiten Weltkrieg«-Projekts, leisten, müssen sie sich mit dieser Kritik auseinandersetzen und ihre eigene Positionierung hinterfragen, sich in der Kunst des Zuhörens und Zurücknehmens üben – eine nahezu unbekannte Position für eine mehrheitsdeutsche Linke, die sich noch immer nicht als Teil des Problems begreift.[11]

Stattdessen ist die Reaktion oft Abwehr, das Gefühl statt für gute Arbeit anerkannt, übermäßig kritisiert zu werden und das Bestehen darauf, »die Wahrheit« gegen Partikularinteressen zu verteidigen. Die altbekannte Reaktion auf konkurrierende Interpretationen der Vergangenheit – Durchsetzung des hegemonialen Diskurses als normativ und neutral durch das Ignorieren und Deligitimieren der Erfahrungen marginalisierter Gruppen – lokalisiert die Ursachen für die Kommunikationskrise bei Letzteren und wälzt ihre Folgen auf sie ab. Das ist sicher nicht immer die Intention, vielmehr ist das Insistieren auf der eurozentrischen Position oft getragen vom Glauben an deren Objektivität, an Eurozentrismus als universalistischer Repräsentation eines Humanismus, unter dessen Schirm alle Menschen Platz haben, wenn sie nur wollen. Ziel ist es daher, Marginalisierte oder »Fremde« in dieses allumfassende Modell zu integrieren, und wenn sich dabei Schwierigkeiten ergeben, wird nicht die Tragfähigkeit des Models, sondern die Motivation der Unintegrierbaren in Frage gestellt. Auch

11 | »Die Dritte Welt im Zweiten Weltkrieg« war zweifellos ein wichtiges, engagiertes Projekt. Gleichzeitig ignoriert es allerdings weitgehend die Arbeit von Menschen of color. Rössel erklärte: »Erst sechs Jahrzehnte nach Kriegsende begann in Deutschland – mit Ausstellungen und historischen Forschungsarbeiten – eine ernsthafte Auseinandersetzung mit diesem verdrängten und verschwiegenen Aspekt der Geschichte« (Inou 2007). Aber natürlich hatte diese Auseinandersetzung etwa innerhalb der Schwarzen Community schon wesentlich früher begonnen. Von marokkanischen Kolonialtruppen, der Zwangssterilisierung Schwarzer Deutscher oder der Ermordung von zehntausenden algerischen Zivilisten am 8. Mai 1945 durch französische Truppen wusste ich schon vorher, weil es unabhängige Diskurse und Wissensproduktionen gibt, die schon seit langem aufarbeiten, was von Mehrheitsdeutschen, auch Linken, lange ignoriert wurde – weil es unsere Geschichte ist.

hier zeigt sich immer mehr, dass dieser repressive Ansatz nur konflikteskalierend wirken kann.

Welche Erkenntnisse ein »subjektiver« Blickwinkel, eine Zentrierung der Erfahrung und Forschung Marginalisierter vermitteln könnte, ist eine Frage, die noch immer viel zu selten gestellt wird. Dennoch: Die Debatten um eine Vergangenheit, in der sich das angeblich Eigene und das angeblich Fremde nicht effektiv trennen lassen – sei es das Mahnmal für die ermordeten Rom_nja und Sint_ezze, die Ausstellung zur Dritten Welt im Zweiten Weltkrieg oder das Humboldt-Forum – kann auch als Zeichen des Fortschritts gewertet werden, als notwendigerweise konflikthafte Auseinandersetzung mit sich wandelnden Geschichtsbildern, Gegenwarts- und Zukunftsmodellen. Versuche, diese Auseinandersetzungen zu unterdrücken, sind nicht nur unproduktiv, sondern sinnlos. Räume wie die Werkstatt der Kulturen repräsentieren etwas anderes als das alte Modell multikultureller Begegnungsstätten und ihr Erfolg zeigt, dass ein wachsender Teil der Gesellschaft sich diesen Auseinandersetzungen zumindest nicht mehr gänzlich verschließt, auch wenn regelmäßig mehrheitsgesellschaftliche Regressionen zu beobachten sind, wenn Druck zur Veränderung zu groß wird. Ein Ziel dieses Buchs ist es, dieses Regressionsmuster sichtbar und damit angreifbar zu machen. Diese Muster zeigen sich konkret gerade in der Streichung der Förderung der Werkstatt der Kulturen durch den Berliner Senat, begründet damit, dass Programm und Publikum der Werkstatt die Diversität der Berliner Bevölkerung nicht ausreichend widerspiegelten. Wenn dieser Maßstab allen staatlich geförderten Institutionen angelegt würde, müssten wahrscheinlich 90 Prozent von ihnen zumachen, einschließlich etwa der Museumsinsel – nur dass in diesen anderen Fällen das Pendel eben in eine andere, nach wie vor akzeptable Richtung ausschlägt, zu viel, nicht zu wenig, mehrheitsdeutsche Weißheit ... Der Versuch, der Werkstatt die Förderung zu entziehen, referiert »echte« Deutsche in einer ihrer beliebtesten Formen, nach den besorgten Bürger_innen, nämlich als Steuerzahler_innen. Staatliche Gelder zu erhalten, bringt die Erwartung mit sich, etwas für das Volk relevantes zu produzieren: Die Kritik an der Werkstatt der Kulturen zeigt erneut, dass bestimmte Gruppen nicht als wirklich deutsch begriffen werden, im allerbesten Fall passen sie manchmal mit unter den großen Hut, während sie bei anderen Gelegenheiten wieder aus dem Deutschen herausfallen.

Andererseits ist Repression vor allem da nötig, wo Widerstand sichtbar und effektiv wird. Das von der Werkstatt verkörperte Modell des Deutschen ist gefährlich, weil es eine dezidiert »neudeutsche«, postmigrantische Position vertritt. »Postmigrantisch« in diesem Sinne ist sowohl eine Zustandsbeschreibung als auch eine Handlungsaufforderung, eine Aufforderung zur Auseinandersetzung mit dem neuen Deutschland, »die fundamentale Aushandlung von Rechten, von Zugehörigkeit, von Teilhabe und von Positionen« (Foroutan, zit. n.: Widmann 2014). Dazu gehört ein Durchbrechen des destruktiven Kreislaufs von Ausgrenzung und Verleugnen, den ich hier beschrieben habe und der gerade wieder an Kraft zu gewinnen droht.

Literatur

Achcar, Gilbert (2010), »Blame the Grand Mufti: Many Israelis and Palestinians would like peaceful coexistence, but myths, propaganda and denial have a habit of getting in the way«, Le Monde diplomatique, Oktober, http://mondediplo.com/2010/05/14blamethemufti

Adams, Michael C. C. (1994), The best war ever: America and World War II, Baltimore: JHU Press

afp (2015), »So funktionierte ›Mare Nostrum‹«, Handelsblatt, 20. April, www.handelsblatt.com/politik/international/eingestellte-rettungs mission-so-funktionierte-mare-nostrum/11660108.html

Aidi, Hishaam D. (2006), »The Interference of al-Andalus: Spain, Islam, and the West«, Social Text 87 24/2, 67–88

Aly, Götz (2003), Rasse und Klasse: Nachforschungen zum deutschen Wesen, Frankfurt a. M.: Fischer

—: (2010), »Straßenschänder in Kreuzberg«, Berliner Zeitung, 2. Februar, www.berliner-zeitung.de/von-goetz-aly--historiker-strassenschaender-in-kreuzberg-15173222

Amadeu Antonio Stiftung (2009), »Auseinandersetzung um Ausstellung ›Die Dritte Welt im Zweiten Weltkrieg‹: Rassismusdebatte gefordert«, http://www.amadeu-antonio-stiftung.de/aktuelles/2009/ausstellung-die-dritte-welt-im-zweiten-weltkrieg-rassismusdebatte-gefordert/ 15.07.2016

Amira (2010), Pädagogische Ansätze zur Bearbeitung von Antisemitismus in der Jugendarbeit: Die Ergebnisse des Modellprojekts ›amira – Antisemitismus im Kontext von Migration und Rassismus‹, amira – Antisemitismus im Kontext von Migration und Rassismus c/o Verein für demokratische Kultur in Berlin e. V. (Hg.), Berlin

Amnesty International, Hg., (2016), Leben in Unsicherheit: Wie Deutschland die Opfer rassistischer Gewalt im Stich lässt, London: Amnesty International

—: (2004), Erneut im Fokus: Vorwürfe über polizeiliche Misshandlungen und den Einsatz unverhältnismäßiger Gewalt in Deutschland, London: Amnesty International

—: (1995), Ausländer als Opfer: Polizeiliche Misshandlungen in der Bundesrepublik Deutschland, London: Amnesty International

apa/afp (2011), »Auch Sarkozy erklärt Multikulturalismus für gescheitert«, Der Standard, 11. Februar, http://derstandard.at/1297216081044/Nach-Merkel-Auch-Sarkozy-erklaert-Multikulturalismus-fuer-gescheitert

ap/oc (2009), »Das zweite geheime Gesicht der Nofretete«, Die Welt, 31. März, www.welt.de/wissenschaft/article3477870/Das-zweite-geheime-Gesicht-der-Nofretete.html

Ataman, Ferda (2009), »Neuköllner Kulturwerkstatt bekräftigt Kritik«, Der Tagesspiegel, 4. September, www.tagesspiegel.de/berlin/umstritttene-ausstellung-neukoellner-kulturwerkstatt-bekraeftigt-kritik/1593706.html

Atanasoski, Neda (2013), Humanitarian Violence: The U.S. Deployment of Diversity, Minneapolis: University of Minnesota Press

Bade, Klaus J. (1992), Deutsche im Ausland – Fremde in Deutschland: Migration in Geschichte und Gegenwart, München: Beck

Baeck, Jean-Philipp (2015), »›Verfolgung geht von der Polizei aus‹: Ein Urteil bestätigt politische Verfolgung einer Romni in Mazedonien. Für Pro Asyl ein Beleg für die Unsicherheit ›sicherer Herkunftsländer‹«, 11. November, www.taz.de/!5247855/

Bakirdögen, Ayhan (2003), »Streit um Text auf Mahnmal für Sinti und Roma«, Berliner Morgenpost, 6. Oktober, www.morgenpost.de/printarchiv/berlin/article102461867/Streit-um-Text-auf-Mahnmal-fuer-Sinti-und-Roma.html

Balibar, Etienne/Immanuel Wallerstein (1991), Race, Nation, Class: Ambiguous Identities, London: Verso Publications

Barth, Ariane (1991), »Hier steigt eine Giftsuppe auf«, Spiegel Redakteurin Ariane Barth Über Konflikte mit Roma-Kindern im Hamburger Karolinenviertel, Der Spiegel, 14. Oktober, www.spiegel.de/spiegel/print/d-13491498.html

Battiste, Marie, Hg., (2000), Reclaiming Indigenous Voice and Vision, Vancouver: University of British Columbia Press

Bauer, Elisabeth (2014), »Sind Juden hier noch sicher?«, die tageszeitung, 5. August, www.taz.de/!5036158/

Bax, Daniel (2014), »Geteilte Erinnerung: Ostdeutsche und Migranten haben vieles gemein. Aber Einwanderer und ihre Kinder waren die eigentlichen Wendeverlierer«, die tageszeitung, 8. November, www.taz.de/!5029206/

Behrens, Paul (1986), »Nur geduldet, nicht respektiert«, Die Zeit, 21. März, www.zeit.de/1986/13/nur-geduldet-nicht-respektiert

—: (1986), »›Vollzigeuner‹ und ›Mischlinge‹: Die ehemalige Rassenforscherin Ruth Kellermann verteidigt ihren Ruf«, Die Zeit, 7. Februar, www.zeit.de/1986/07/vollzigeuner-und-mischlinge

Beier, Bernd (2009), »Die Ausstellung gibt es ganz oder gar nicht«, Jungle World, 3. September, http://jungle-world.com/artikel/2009/36/38805.html

Benhabib, Seyla (2002), The Claims of Culture: Equality and Diversity in the Global Era, Princeton: Princeton University Press

Berman, Nina (1997), Orientalismus, Kolonialismus und Moderne: Zum Bild des Orients in der deutschsprachigen Kultur um 1900, Stuttgart: Metzler

Blumer, Nadine (2011), From Victim Hierarchies to Memorial Networks: Berlin's Holocaust Memorial to Sinti and Roma Victims of National Socialism, Dissertation, University of Toronto, http://hdl.handle.net/1807/31694

von Boddien, Wilhelm/Hartmut Engel, Hg., (2000), Die Berliner Schlossdebatte – Pro und Contra, Berlin: Berliner Wissenschafts-Verlag

Böröcz, Josef (2006), »Goodness is Elsewhere: The Rule of European Difference«, Comparative Studies in Society and History 48/2, 110–37. http://dx.doi.org/10.1017/s0010417506000053

Brakebusch, Lydia (2010), »Schulwahl: Flucht vor Multikulti«, zitty, 25. August, www.zitty.de/flucht-vor-multikulti/

Braun, Stefan/Christoph Hickmann (2016), »Einsatz der Bundeswehr im Inneren soll erleichtert werden«, Süddeutsche Zeitung, 12. April, www.sueddeutsche.de/politik/sicherheit-einsatz-der-bundeswehr-im-inneren-soll-erleichtert-werden-1.2945279

Bravo, David (ohne Datum), »›Volkspalast‹: Experimental Cultural Centre«, Public Space, www.publicspace.org/en/works/d208-zwischenpalastnutzung-volkspalast

Brinkmann, Bastian (2014), »Reiche sind viel vermögender als gedacht«, Die Zeit, 23. Oktober, www.sueddeutsche.de/wirtschaft/gewerkschaftsnahe-studie-reiche-sind-viel-vermoegender-als-bisher-gedacht-1.2186716

Brubaker, Rogers (1992), Citizenship and Nationhood in France and Germany, Cambridge (MA): Harvard University Press

Bruckner, Pascal (2007), »Fundamentalismus der Aufklärung oder Rassismus der Antirassisten?«, Perlentaucher, 24. Januar, https://www.perlentaucher.de/essay/fundamentalismus-der-aufklaerung-oder-rassismus-der-antirassisten.html

Bruenig, Matt (2013), »The Racial Wealth Gap«, Demos, 5. November, www.demos.org/data-byte/share-all-net-worth-held-race

Bruhn, Jochen/Thomas Ebermann (1991), »Der Golfkrieg, die Linke und der Tod«, Arbeiterkampf 331, 34–36

Bundesministerium des Innern (2011), Anti-Semitismus in Deutschland:

Erscheinungsformen, Bedingungen, Präventionsansätze. Bericht des unabhängigen Expertenkreises Anti-Semitismus, Berlin: Bundesministerium des Innern

Bundesministerium des Innern (2014), »Gesellschaft und Verfassung: Nationale Minderheiten. Dänische Minderheit«, 20. März, www.bmi.bund.de/DE/Themen/Gesellschaft-Verfassung/Nationale-Minderheiten/Nationale-Minderheiten-Deutschland/DaenischeMinderheit/daenischeMinderheit_node.html

Bundeszentrale für politische Bildung (2005), Verfassung der Europäischen Union: Artikel I-2: Die Werte der Union, Bonn: Bundeszentrale für politische Bildung, 34

Bunzl, Matti (2008), »Between anti-Semitism and Islamophobia: Some Thoughts on the New Europe«, American Ethnologist 32/4, 14–25

Bush, George (2001), »Address to a Joint Session of Congress and the American People«, 20. September, http://georgewbush-whitehouse.archives.gov/news/releases/2001/09/20010920-8.html

Byrd, Jodi A. (2011), The Transit of Empire: Indigenous Critiques of Colonialism, Minneapolis: University of Minnesota Press

Caricom Reparations Commission (2013), Press Statement Delivered by Professor Sir Hilary Beckles (Chairman) on behalf of the CARICOM Reparations Commission Press Conference Regional Headquarters, UWI, 10. Dezember, http://caricom.org/media-center/communications/press-releases/caricom-reparations-commission-press-statement-delivered-by-professor-sir-h

Casanova, José (2004), »Der Ort der Religion im säkularen Europa«, eurozine, 19. Juli, www.eurozine.com/articles/2004-07-29-casanova-de.html

Caspari, Lisa (2015), »Muss Deutschland den Nazi-Kredit zurückzahlen?«, Die Zeit, 2. Februar, www.zeit.de/politik/ausland/2015–02/griechenland-reparationsleistungen-kredit-hintergrund/komplettansicht

Césaire, Aimé (1972), Discourse on Colonialism, New York: Monthly Review Press

Chakrabarty, Dipesh (2000), Provincializing Europe: Postcolonial Thought and Historical Difference, Princeton: Princeton University Press

Chandler, Nuham (2006), »The Possible Form of an Interlocution: W. E. B. Du Bois and Max Weber in Correspondence, 1904–1905«, The New Centennial Review 6/3, 193–239. http://dx.doi.org/10.1353/ncr.2007.0015

Chervel, Thierry (2016), »Ausnahmslos Differenz«, Perlentaucher, 13. Januar, https://www.perlentaucher.de/blog/562_ausnahmslos_differenz.html

Childs, Dennis (2015), Slaves of the State: Black Incarceration from the Chain Gang to the Penitentiary, Minneapolis: University of Minnesota Press

Chow, Rey (2002), The Protestant Ethnic and the Spirit of Capitalism, New York: Columbia University Press

Claussen, Philip (2006), Besonderes Kennzeichen: Unversöhnlich. Zur Debatte um die Ausstellung »›Besondere Kennzeichen: Neger‹ – Schwarze im NS-Staat«, Stichproben – Wiener Zeitschrift für kritische Afrikastudien 10, 85–103

Crenshaw, Kimberlé (1991), »Mapping the margins: Intersectionality, identity politics, and violence against women of color«, Stanford law review 43, 1241–1299. http://dx.doi.org/10.2307/1229039

—: (1989), »Demarginalizing the Intersection of Race and Sex: A Black Feminist Critique of Antidiscrimination Doctrine, Feminist Theory and Antiracist Politics«, The University of Chicago Legal Forum 140, 139–167

Cuno, James (2014), »Culture War: The Case Against Repatriating Museum Artifacts«, Foreign Affairs, Nov/Dez, https://www.foreignaffairs.com/articles/africa/culture-war

Dalton, Samantha (2012), »Noor Inayat Khan: The Indian princess who spied for Britain«, BBC, 12. November, www.bbc.com/news/uk-20240693

Davis, Angela (1995), »Interview with Lisa Lowe: Angela Davis: Reflections on Race, Class, and Gender in the USA,« in: Lisa Lowe/David Lloyd, The Politics of Culture in the Shadow of Capital, Durham: Duke University Press, 303–323

Decker, Oliver/Johannes Kiess/Elmar Brähler, Hg., (2016), Die enthemmte Mitte: Autoritäre und rechtsextreme Einstellung in Deutschland, Gießen: Psychosozial-Verlag

Deutscher Bundestag (2015), »Aus dem Zweiten Weltkrieg herrührende mögliche Ansprüche Griechenlands auf Reparationen und Rückzahlung einer Zwangsanleihe«, Drucksache 18/451, 6. Februar, http://dip21.bundestag.de/dip21/btd/18/004/1800451.pdf

Djijaleu, Dominik (2016), »Die Werkstatt der Kulturen – ein Interview mit Geschäftsführerin Philippa Ebéné«, 030 Magazin, 17. Mai, http://berlin030.de/die-werkstatt-der-kulturen-ein-interview-mit-geschaefts fuehrerin-philippa-ebene/

Donadio, Rachel (2016), »Berlin's Museum Tours in Arabic Forge a Bridge to Refugees«, The New York Times, 28. Februar, www.nytimes.com/2016/02/29/arts/design/berlins-museum-tours-in-arabic-forge-a-bridge-to-refugees.html

dpa (1999), »Unterschriftenaktion zur Ausländerpolitik: Union macht gegen Bonn mobil. Stoiber: Doppelte Staatsbürgerschaft gefährlicher als RAF«, in: Süddeutsche Zeitung, 4. Januar, 5

dpa (2011), »Der totgeschwiegene Anschlag in Schwandorf«, Augsburger Allgemeine, 5. Dezember, www.augsburger-allgemeine.de/bayern/Der-totgeschwiegene-Anschlag-in-Schwandorf-id17816096.html

dpa (2015), »De Maizière will Dank und Gehorsam«, die tageszeitung, 2. Oktober 2015, http://taz.de/!5238316/

Eckert, Andreas (2002), »In der Alten Welt Gefangen«, Die Zeit, 26. September, www.zeit.de/2002/40/Gefangen_in_der_Alten_Welt

El-Tayeb, Fatima (2015), Anders Europäisch: Rassismus und Widerstand im vereinten Europa, Münster: Unrast

—: (2012), »›Gays Who Cannot Properly Be Gay.‹ Queer Muslims in the Neoliberal European City,« European Journal of Women's Studies 19/1, 79–95. http://dx.doi.org/10.1177/1350506811426388

—: (2001), Schwarze Deutsche: »Rasse« und nationale Identität 1890–1933, Frankfurt: Campus

Endres, Alexandra (2014), »Der Wassermangel hat die Konflikte in Nahost verschärft«, Zeit Magazin, 3. September, www.zeit.de/wirtschaft/2014-09/wasser-ressource-knappheit/komplettansicht

Enzensberger, Hans Magnus (1991), »Hitlers Wiedergänger«, Der Spiegel, 4. Februar, 26–28 epd (2015), »Der Fall Mohamed erinnert an die NSU-Ermittlungen«, Migazin, 2. November, www.migazin.de/2015/11/02/der-fall-mohamed-nsu-ermittlungen/

epd/mig (2016), »Für jeden dritten Bürger gehört der Islam zu Deutschland«, Migazin, 13. Mai, www.migazin.de/2016/05/13/fuer-jeden-dritten-buerger-gehoert-der-islam-zu-deutschland/

European Network Against Racism (ENAR) (2016), »Black people in Europe report widespread racism in anti-immigration context«, 21. März, www.enar-eu.org/Black-people-in-Europe-report-widespread-racism-in-anti-immigration-context

—: Hg. (2013), Recycling Hatred: Racism(s) in Europe Today. A Dialogue between Academics, Equality Experts and Civil Society Activists, Brussels: European Network Against Racism

Eyferth, Klaus/Ursula Brandt/Wolfgang Hawel (1960), Farbige Kinder in Deutschland und die Aufgaben ihrer Eingliederung, München: Juventa

Fabian, Johannes (1983), Time and the Other: How Anthropology makes its Object, New York: Columbia University Press

Fava, Rosa (2007), »Waren eigentlich auch Muslime im KZ?«, in: Umdenken e.V./Heinrich Böll Stiftung Hamburg e.V. (Hg.), Erinnerungspädagogik in der deutschen Einwanderungsgesellschaft: Dokumentation der Tagung in der KZ-Gedenkstätte Neuengamme, 13–15

Feldmann, Hans-Christian (2010), »Denkmalwert oder Denkmalsturz: Der Palast der Republik in Berlin«, DenkmalDebatten, Oktober, http://denkmaldebatten.de/kontroversen/palast-der-republik/

Feminist Frequency (2011), »The Smurfette Principle (Tropes vs. Women)«, 21. April, https://feministfrequency.com/2011/04/21/tropes-vs-women-3-the-smurfette-principle/

Fioretti, Julia (2014), »European Commission cuts fish quotas for 10 countries for over-fishing«, Reuters, 11. August, www.reuters.com/article/2014/08/11/us-eu-fisheries-quotas-idUSKBN0GB1B120140811

Fischer, Hilke (2015), »TTIP talks – Africa remains left out«, Deutsche Welle, 6. Februar, www.dw.com/en/ttip-talks-africa-remains-left-out/a-18241309

Fischer, Joschka (1991), »Rede auf dem Außerordentlichen Parteitag der Grünen in Bielefeld, 13.5.99«, Transkript, http://staff-www.uni-marburg.de/~naeser/kos-fisc.htm

flo/dpa (2010), »Lob und Empörung: Merkels Multikulti-Absage sorgt für weltweites Aufsehen«, Der Spiegel, 19. Oktober, www.spiegel.de/

politik/deutschland/lob-und-empoerung-merkels-multikulti-absage-sorgt-fuer-weltweites-aufsehen-a-723993.html

Fontevecchia, Agustino (2015), »The Getty Family: A Cautionary Tale of Oil, Adultery, And Death«, Forbes, 23. April, www.forbes.com/sites/afontevecchia/2015/04/23/the-getty-family-a-cautionary-tale-of-oil-adultery-and-death/#

Foroutan, Naika/Coşkun Canan/Sina Arnold et al., Hg., (2014), Deutschland postmigrantisch I: Gesellschaft, Religion, Identität – Erste Ergebnisse, Berlin: Forschungsprojekt »Junge Islambezogene Themen in Deutschland (JUNITED)«, https://www.projekte.hu-berlin.de/de/junited/deutschland-postmigrantisch

Förster, Larissa (2010), »Nichts gewagt, nichts gewonnen: Die Ausstellung ›Anders zur Welt kommen. Das Humboldt-Forum im Schloss. Ein Werkstattblick‹«, Paideuma: Mitteilungen zur Kulturkunde 56, 241–261

Fritz, Philipp (2015), »Projekt ›Multaka‹ in Berlin: Wenn Flüchtlinge die Berliner Museen entdecken«, Berliner Zeitung, 19. Dezember, www.berliner-zeitung.de/kultur/projekt--multaka--in-berlin-wenn-fluecht linge-die-berliner-museen-entdecken-23363630

Garbe, Detlef, Hg., (2014), Konzentrationslager Neuengamme: Geschichte, Nachgeschichte, Erinnerungen, Bremen: Edition Temmen

Gastautor_in (2013), »Hamsterrad der Ignoranz – Wenn Weiße mit sich selber über Rassismus reden«, Mädchenmannschaft, 29. März, http://maedchenmannschaft.net/hamsterrad-der-ignoranz-wenn-weisse-mit-sich-selber-ueber-rassismus-reden/

Gelbin, Cathy S./Kader Konuk/Peggy Piesche, Hg., (1999), AufBrüche: Kulturelle Produktionen von Migrantinnen, Schwarzen und jüdischen Frauen in Deutschland, Königstein/Taunus: U. Helmer

Gerhardt, Christina (2007), »Transnational Germany: Hito Steyerl's Film *Die leere Mitte* and Two Hundred Years of Border Crossings«, Women in German Yearbook: Feminist Studies in German Literature & Culture 23, 205–233

Grosse, Julia (2002), »Der Designer war schuld«, die tageszeitung, 16. November, www.taz.de/1/archiv/?dig=2002/11/16/a0167

Guerrilla Girls (1998), The Guerrilla Girls' Bedside Companion to the History of Western Art, London: Penguin

Ha, Kien Nghi (1999), Ethnizität und Migration, Münster: Westfälisches Dampfboot

Hage, Ghassan (2016), »Terrorism, Brussels, etc... Think Before you Hunt«, Critical Legal Thinking, 24. März, http://criticallegalthinking.com/2016/03/24/terrorism-brussels-think-hunt/

Hagestedt, Lutz (1999) »Der Streitverlauf in Stimmen und Zitaten«, 1. Februar, literaturkritk.de, http://literaturkritik.de/public/rezension.php?rez_id=20

Halberstam, Jack (2005), In a Queer Time and Place: Transgender Bodies, Subcultural Lives, New York: New York University Press

Hall, Stuart (1991), »Europe's Other Self«, Deutsche Übersetzung von Wilhelm Werthern, in: Kölnischer Kunstverein (Hg.), Projekt Migration, Köln 2005, 804–806

Hansen, Georg (1999), »Deutschsein als Schicksal: Ein aktueller Rückblick. Das Reichs- und Staatsangehörigkeitsgesetz von 1912/13«, Frankfurter Rundschau, 10. Februar, 7

Hansen, Peo/Stefan Jonsson (2015), »EU Migration Policy Towards Africa: Demographic Logics and Colonial Legacies«, in: Sandra Ponzanesi/Gianmaria Colpani (Hg.), Postcolonial Transitions in Europe: Contexts, Practices and Politics, London: Rowman & Littlefield, 47–66

Haritaworn, Jin (2010), »Queer Injuries: The Racial Politics of ›Homophobic Hate Crime‹ in Germany«, Social Justice 37/1, 69–89

Hassel, Florian (1989), »Durchhalten bis zur Abschiebung«, Die Zeit, 15. September, www.zeit.de/1989/38/durchhalten-bis-zur-abschiebung

Hay, Mark (2015), »Why France Should Pay Haiti $18+ Billion Immediately«, Modern Notion, 19. Juni, http://modernnotion.com/france-pay-haiti-18-billion-immediately/

Herf, Jeffrey (2009), Nazi Propaganda for the Arab World, New Haven, CT: Yale University Press

Hering, Rainer (2003), Konstruierte Nation: Der Alldeutsche Verband 1890 bis 1939, Hamburg: Christians Verlag

Herold, Kathrin/Yvonne Robel (2012), »Zwischen Boxring und Stolperstein: Johann Trollmann in der gegenwärtigen Erinnerung«, in: KZ-Gedenkstätte Neuengamme (Hg.), Die Verfolgung der Sinti und Roma im Nationalsozialismus, Bremen: Edition Temmen, 144–155

Heuser, Uwe Jean (2014), »Die letzte Bastion: Unsere Konzernchefs sind schuld daran, dass es in Deutschland kaum Frauen an der Spitze gibt«, Die Zeit, 22. November, www.zeit.de/2014/45/frauenquote-management

Hielscher, Monika/Matthias Herder (1991), »Gelem, Gelem – Wir gehen einen langen Weg«, Dokumentarfilm, Deutschland

Hitchens, Christopher (2007), »Defending Islamofascism«, Slate, 2. Oktober, www.slate.com/articles/news_and_politics/fighting_words/2007/10/defending_islamofascism.html

holl. (2005), »48.000 Türkischstämmige mit zwei Pässen«, Frankfurter Allgemeine Zeitung, 7. Februar, 2

Horowitz, Noah (2014), Art of the Deal: Contemporary Art in a Global Financial Market, Princeton: Princeton University Press

Huyssen, Andreas (2000), »Present Pasts: Media, Politics, Amnesia«, Public Culture 12/1, 21–38

Igr/dpa/afp (2012), »Überfall in Berlin: Jüdisches Kolleg rät Studenten vom Kippa-Tragen ab«, Der Spiegel, 30. August, www.spiegel.de/panorama/justiz/ueberfall-in-berlin-juedisches-kolleg-raet-rabbinern-vom-kippa-tragen-ab-a-853054.html

Investitionsbank Berlin (2011), »Karneval der Kulturen: Jeder investierte Euro bringt das Fünffache an Einnahmen«, 9. Juni, www.ibb.de/desktopdefault.aspx/tabid-62/216_read-5273/

Jäckel, Eberhard (1989), »An alle und jeden erinnern?«, Die Zeit, 7. April, www.zeit.de/1989/15/an-alle-und-jeden-erinnern

—: »Sinti, Roma oder Zigeuner?« (2005), Frankfurter Allgemeine Zeitung, 7. Februar, www.faz.net/aktuell/feuilleton/denkmal-streit-sinti-roma-oder-zigeuner-1213650.html

Jacobs, Christian (2012), »Die deutsche Linke wurde längst migrantisiert«, Interview mit Vassilis Tsianos, Jungle World 32, 9. August, http://jungle-world.com/artikel/2012/32/46024.html

Jakob, Christina (2014), »Europas blutige Außengrenze: Die Berliner Menschenfalle«, die tageszeitung, 5. März, www.taz.de/!5047592/

Jansen, Frank et al. (2015), »Todesopfer rechter Gewalt seit 1990: 156 Schicksale«, 30. Juni, www.zeit.de/gesellschaft/zeitgeschehen/todesopfer-rechter-gewalt

Janssen, Michel et al., Hg., (2002), The Collected Papers of Albert Einstein, Volume 7: The Berlin Years: Writings, 1918–1921, Princeton: Princeton University Press

Kappe, Nikolas (2014), »Karneval der Kulturen 2015 findet statt«, Tagesspiegel, 15. Dezember, www.tagesspiegel.de/berlin/zusage-fuer-strassenfest-in-berlin-kreuzberg-karneval-der-kulturen-2015-findet-statt/1114572.html

Kawczynski, Rudko/Werner Hackmann (1989), »Sie haben mich reingelegt«, Der Spiegel, 13. November, www.spiegel.de/spiegel/print/d-13497190.html

Kehaulani, Kauanui (2008), Hawaiian Blood: Colonialism and the Politics of Sovereignty and Indigeneity, Durham: Duke University Press

Kempf, Wilhelm, Hg., (1994), Manipulierte Wirklichkeiten: Medienpsychologische Untersuchungen der bundesdeutschen Berichterstattung im Golfkrieg, Münster: LIT-Verlag

Kiefer, Michael (2012), »Antisemitismus unter muslimischen Jugendlichen – Randphänomen oder Problem?«, Bundeszentrale für politische Bildung, 24. Oktober, www.bpb.de/politik/extremismus/antisemitismus/145728/antisemitismus-unter-muslimischen-jugendlichen-randphaenomen-oder-problem

Kim, Eunsong/Gelare Khoshgozaran (2016), »Politics as Currency and the Souvenirs of War: Reflections on Rijin Sahakian's Statement on the Closing of Sada for Iraqi Art«, Contemptorary, 18. April, http://contemptorary.org/politics-as-currency-and-the-souvenirs-of-war-reflections-on-rijin-sahakians-statement-on-the-closing-of-sada-for-iraqi-art/

Kirsch, Jan-Holger (2003), Nationaler Mythos oder historische Trauer? Der Streit um ein zentrales »Holocaust-Mahnmal« für die Berliner Republik, Köln: Böhlau Verlag

Klärner, Andreas (2000), Aufstand der Ressentiments: Einwanderungsdiskurs, völkischer Nationalismus und die Kampagne der CDU/CSU gegen die doppelte Staatsbürgerschaft, Köln: PapyRossa

Kompisch, Kathrin (2008), Täterinnen: Frauen im Nationalsozialismus, Köln: Böhlau

Kontje, Todd (2004), German Orientalisms, Ann Arbor: The University of Michigan Press. http://dx.doi.org/10.3998/mpub.17564

Kopietz, Andreas/Elmar Schütze (2012), »Warnungen vor wachsendem Judenhass«, Frankfurter Rundschau, 30. August, www.fr-online.de/politik/antisemitismus-warnungen-vor-wachsendem-judenhass,1472596,17012210.html

Kopp, Christian/Marius Krohn (ohne Datum), »Blues in Schwarzweiss: Die Black Community im Widerstand gegen kolonialrassistische Straßennamen in Berlin-Mitte«, www.berlin-postkolonial.de/cms/index.php/orte/78-afrikanisches-viertel

Kravagna, Christian (2008), »Konserven des Kolonialismus: Die Welt im Museum«, transversal, Juni, http://eipcp.net/transversal/0708/kravagna/de

Kundnan, Arun (2015), »Violence comes home: an interview with Arun Kundnan«, open democracy, 22. November, https://www.opendemocracy.net/arun-kundnani-opendemocracy/violence-comes-home-interview-with-arun-kundnani

Küntzel, Matthias (2012), »In the Straightjacket of Anti-Zionism«, Canadian Institute for the Study of Antisemitism, 21. Dezember, http://canisa.org/blog/review-of-gilbert-achcars-the-arabs-and-the-holocaust

Maak, Niklas (2014), »Die Tempel der Isis«, Frankfurter Allgemeine Zeitung, 26. Oktober, www.faz.net/aktuell/feuilleton/kunst/kunstraub-und-terror-die-tempel-der-isis-13229696.html?printPagedArticle=true#pageIndex_2

Mbembe, Achille (2003), »Necropolitics,« Public Culture 15/1, 11–40. http://dx.doi.org/10.1215/08992363-15-1-11

McClintock, Anne/Aamir, Mufti, Hg., (1997), Dangerous Liaisons: Gender, Nation, and Postcolonial Perspectives, Minneapolis: University of Minnesota Press

Mignolo, Walter (2011), The Darker Side of Western Modernity: Global Futures, Decolonial Options, Durham: Duke University Press. http://dx.doi.org/10.1215/9780822394501

Moritz, Tino (2001), »Einsame Zweifler«, die tageszeitung, 6. April, www.taz.de/1/archiv/?dig=2001/04/06/a01

Motte, Jan/Rainer Ohliger/Anne von Oswald, Hg., (1999), 50 Jahre Bundesrepublik – 50 Jahre Einwanderung: Nachkriegsgeschichte als Migrationsgeschichte, Frankfurt a. M.: Campus Verlag

Muñoz, José Esteban (2007), Cruising Utopia: The Then and There of Queer Futurity, New York: NYU Press

Museum für Islamische Kunst (2015), »Multaka: Treffpunkt Museum – Geflüchtete als Guides in Berliner Museen«, www.smb.museum/museen-und-einrichtungen/museum-fuer-islamische-kunst/sammeln-forschen/forschung-kooperation/multaka-treffpunkt-museum-gefluechtete-als-guides-in-berliner-museen.html

mxw/dpa/AFP (2015), »Antisemitismus in Deutschland: Zentralrat der Juden rät vom Tragen der Kippa ab«, Der Spiegel, 26. Februar, www.spiegel.de/politik/deutschland/zentralrat-der-juden-raet-von-der-kippa-in-problemvierteln-ab-a-1020593.html#ref=rss

Nederveen Pieterse, Jan (1992), White on Black: Images of Africa and Blacks in Western Popular Culture, New Haven: Yale University Press

Nelson, Arthur (2016), »EU dropped climate policies after BP threat of oil industry ›exodus‹«, The Guardian, 20. April, www.theguardian.com/environment/2016/apr/20/eu-dropped-climate-policies-after-bp-threat-oil-industry-exodus

Netanjahu, Benjamin (2015), »PM Netanyahus Speech at the 37th Zionist Congress«, 20. Oktober, Prime Minister's Office, Transcription, www.pmo.gov.il/English/MediaCenter/Speeches/Pages/speechcongress201015.aspx

N. N. (1982), »Ausländer: ›Das Volk hat es satt‹«, Der Spiegel, 2. Mai, www.spiegel.de/spiegel/print/d-14348246.html

N. N. (1989), »Zigeuner: Die Erben der Opfer«, Der Spiegel, 13. November, 77–80

N. N. (1991), »Jeder streichelt seinen Bimbo«, Der Spiegel, 30. Dezember, www.spiegel.de/spiegel/print/d-9272170.html

N. N. (2009), »Geschichtsaufarbeitung nach Neuköllner Art«, Der Tagesspiegel, 27. August, www.tagesspiegel.de/berlin/nazi-kollaborateure-geschichtsaufarbeitung-nach-neukoellner-art/1588428.html

N. N. (2013), »Entzug der deutschen Staatsbürgerschaft wider Willen: SVR empfiehlt Aussetzen der Optionspflicht«, Deutsch Türkische Nachrichten, 11. Januar, www.deutsch-tuerkische-nachrichten.de/2013/01/465683/entzug-der-deutschen-staatsbuergerschaft-wider-willen-svr-empfiehlt-aussetzen-der-optionspflicht/

N. N. (2015), »Antiken-Schmuggel: Irak, Syrien, Türkei: So läuft das Geschäft mit der Raubkunst«, Focus, 3. Juni, www.focus.de/wissen/konflikte-antiken-schmuggel-das-geschaeft-mit-der-raubkunst_id_4724996.html

Nordbruch, Götz (2012), »The Arab World and National Socialism«, in: Manfred Sing (Hg.), Rethinking Totalitarianism and its Arab Readings: Proceedings of the Conference »European Totalitarianism in the Mirrors of Contemporary Arab Thought«, Beirut, October 6–8, 2010, Orient Institute Studies, www.perspectivia.net/publikationen/orient-institut-studies/1-2012/nordbruch_arab-world

Novick, Peter (1999), The Holocaust in American Life, New York: Houghton Mifflin Co.

Oehmsen, Heinrich (2013), »Wanderausstellung: Die ›weiße Sicht‹ des Krieges«, Hamburger Abendblatt, 17. April, www.abendblatt.de/kultur-live/article115351192/Wanderausstellung-Die-weisse-Sicht-des-Krieges.html

Oguntoye, Katharina/May Ayim (1986), Farbe bekennen: Afrodeutsche Frauen auf den Spuren ihrer Geschichte, Berlin: Orlanda

Oltermann, Philip (2016), »Berlin museums' refugee guides scheme fosters meeting of minds«, The Guardian, 27. Februar, www.theguardian.com/world/2016/feb/27/berlin-museums-refugee-guides-scheme-fosters-meeting-of-minds

Oltmer, Jochen (2007), »›Verbotswidrige Einwanderung nach Deutschland‹: Osteuropäische Juden im Kaiserreich und in der Weimarer Republik«, ASCHKENAS – Zeitschrift für Geschichte und Kultur der Juden 17, 97–121

Opoku, Kwame (2015), »Looted/Stolen Artifcacts Declared ›Shared Heritage‹«, www.no-humboldt21.de/wp-content/uploads/2015/08/Opoku_SHARED_HERITAGE-4.pdf

Özyürek, Ezra (2016), »Export-Import Theory and the Racialization of Anti-Semitism: Turkish- and Arab-Only Prevention Programs in Germany«, Comparative Studies in Society and History 58/1, 40–65. http://dx.doi.org/10.1017/S0010417515000560

Patridge, Damani (2010), »Holocaust Mahnmal (Memorial): Monumental Memory amidst Contemporary Race«, Comparative Studies in Society and History 52/4, 820–850. http://dx.doi.org/10.1017/S0010417510000472

Penders, Christian (2002), West New Guinea Debacle: Dutch Decolonisation and Indonesia, 1945–1962, Honolulu: University of Hawaii Press

von Pfeil, Joachim Friedrich (1899), Studien und Beobachtungen aus der Südsee, Braunschweig: Friedrich Vieweg Verlag

Pollit, Katha (1991), »Hers; The Smurfette Principle«, The New York Times, 7. April, www.nytimes.com/1991/04/07/magazine/hers-the-smurfette-principle.html

Posener, Alan (2009), »Götz Aly platzt im Faschismus-Streit der Kragen«, Die Welt, 4. September, www.welt.de/kultur/article4455182/Goetz-Aly-platzt-im-Faschismus-Streit-der-Kragen.html

Prenzel, Thomas, Hg., (2012), 20 Jahre Rostock-Lichtenhagen: Kontext, Dimensionen und Folgen der rassistischen Gewalt, Rostocker Informationen zu Politik und Verwaltung 32

Presse- und Informationsamt der Bundesregierung (2012), »Kulturstaatsminister Bernd Neumann eröffnet Ausstellung ›Im Licht von Amarna: 100 Jahre Fund der Nofretete‹«, 5. Dezember, https://www.bundesre

gierung.de/ContentArchiv/DE/Archiv17/Pressemitteilungen/BPA/2012/12/2012-12-05-neumann-ausstellung.html

Pusca, Anca, Hg., (2012), Eastern European Roma in the EU: Mobility, Discrimination, Solutions, New York: International Debate Education Association

Quinan, Christine (2015), »Hidden Memories: October 17, 1961, Charlie Hebdo, and Postcolonial Forgetting«, in: Sandra Ponzanesi/Gianmaria Colpani (Hg.): Postcolonial Transitions in Europe: Contexts, Practices and Politics, London: Rowman & Littlefield International

von Randow, Gero (2006), »Unter Polizeischutz: Ein Einwanderungsland ist entsetzt wegen seiner Probleme: Berlin-Neukölln ist kein Einzelfall. Eine Nachrichtenanalyse«, Die Zeit, 31. März, www.zeit.de/online/2006/14/ruetlischule

Repplinger, Roger (2012), Leg dich, Zigeuner: die Geschichte von Johann Trollmann und Tull Harder, München: Piper Verlag

Rheinisches JournalistInnenbüro/Recherche International e. V., Hg., (2005): »Unsere Opfer zählen nicht«: Die Dritte Welt im Zweiten Weltkrieg, Hamburg/Berlin: Verlag Assoziation A.

Rizvev, Seila (2015), »What Does a Victim Look Like? An Interview with Šejla Kamerić on the Legacy of ›Bosnian Girl‹«, The Balkansist, 7. Juli, http://balkanist.net/what-does-a-victim-look-like-sejla-kameric/

Robinson, Duncan (2015), »Dutch still grapple with the shame of Srebrenica«, The Financial Times, 10. Juli, www.ft.com/intl/cms/s/0/93a5c67a-26d2-11e5-9c4e-a775d2b173ca.html#axzz4ABc69TQe

Roma National Congress (1993), »Fluchtburg Konzentrationslager«, Fluchschrift, 5. Mai, www.fluchschrift.net/archiv/progpog.htm

Roma Union Ffm./Ellen Leidgeb/Nicole Horn (Hg.), (1994), Opre Roma! Erhebt Euch! Eine Einführung in die Geschichte und Situation der Roma, München: AG SPAK Bücher

Romano Jekipe Ano Hamburg (2015), »Romano Jekipe Ano Hamburg erhält Schutzraum vor Abschiebung und fordert weiterhin ein Bleiberecht«, 21. September, http://romas-in-hamburg.blogspot.com/

Rose, Romani (1989), »Ein Mahnmal für alle Opfer«, Die Zeit, 28. April, www.zeit.de/1989/18/ein-mahnmal-fuer-alle-opfer

Rössel, Karl (2009), »Schwerpunkt: Nazikollaborateure in der Dritten Welt«, iz3w, Mai/Juni, 18–40, www.3www2.de/images/stories/Freiburg/iz3w_3 12_Themenschwerpunkt.pdf

—: (2009), »Zensierte Kontinuität«, Jungle World, 1. Oktober, http://jungle-world.com/artikel/2009/40/39501.html

Roth, Joseph (1927), Juden auf Wanderschaft, Berlin: Die Schmiede

Rothberg, Michael (2009), Multidirectional Memory: Remembering the Holocaust in the Age of Decolonization, Cambridge: Stanford University Press

rtr, dpa, spo (2016), »Deutschland exportiert 2016 noch mehr Waffen«, Die Zeit, 5. Juli, www.zeit.de/wirtschaft/2016-07/ruestungsexporte-waffenindustrie-deutschand-ausfuhren-steigerung

Sahakian, Rijin (2015), »On the Closing of Sada for Iraqi Art«, 6. April, www.warscapes.com/blog/closing-sada-iraqi-ar

Samatar, Abdi Ismail/Mark Lindberg/Basil Mahayni (2010), »The Dialectics of Piracy in Somalia: the rich versus the poor«, Third World Quarterly 31/8, 1377–1394

Sander, Lalon (2016), »Klassisch rassistisch«, die tageszeitung, 6. Juni, www.taz.de/!5310135/

Saure, Philip (2016), »Hilfsorganisationen kritisieren EU-Vorschläge zur Migrationsabwehr«, Migazin, 28. Juni, www.migazin.de/2016/06/28/erste-abkommen-jahresende-hilfsorganisationen-eu/

Schellen, Petra (2014), »Israel bietet sich als Feindbild an«, die tageszeitung, 21. Juli, www.taz.de/!5037156/

Schirrmacher, Frank (2008), »Junge Männer auf Feindfahrt«, Frankfurter Allgemeine Zeitung, 15. Januar, www.faz.net/gqzwes 9

Schmid, Bernhard (2006), »Der Nahe Osten als Projektionsfläche«, LabourNet, 19. August, http://labournet.de/krieg/nahost/projektion.html

Schmidt, Michael (2013), »Türken waren Kanzler Kohl fremd«, Zeit online, 2. August, www.zeit.de/politik/deutschland/2013-08/kohl-gastar beiter-gespraechsprotokoll

Schroeder, Robin (2015), »Alles bloß kein Terrorismus«, Migrazin, 17. Dezember, www.migazin.de/2015/12/17/rechtsextremismus-alles-bloss-kein-terrorismus/

Schuster, Peter-Klaus (2005), »Das universale Museum: Europa und die Welt – vom Betenden Knaben über Nofretete zum Humboldt-Forum«, Der Tagesspiegel, 12. August, https://www.berlin.de/aktuell/ausgaben/2005/dezember/ereignisse/artikel.230267.php

Shohat, Ella/Robert Stam (1994), Unthinking Eurocentrism: Multiculturalism and the Media, London: Routledge

Shohat, Gil (2014), »Nahostkonflikt und Holocaust an Schulen: ›Wenn ein Jude kommt, ist was los‹«, die tageszeitung, 14. September, www.taz.de/!5033577/

Shooman, Yasemin (2015), »Zur Debatte über das Verhältnis von Antisemitismus, Rassismus und Islamfeindlichkeit«, in: Katharina Rauschenberger/Werner Konitzer (Hg.), Antisemitismus und andere Feindseligkeiten: Interaktionen von Ressentiments, Frankfurt: Campus, 125–156

Sieg, Katrin (2002), Ethnic Drag: Performing Race, Nation, Sexuality in West Germany, Ann Arbor: The University of Michigan Press

Smith, Paul Chaat (2009), Everything You Know about Indians Is Wrong, Minneapolis: University of Minnesota Press

Somashekhar, Sandhya (2016), »The disturbing reason some African American patients may be undertreated for pain«, The Washington Post, 4. April, https://www.washingtonpost.com/news/to-your-health/wp/2016/04/04/do-blacks-feel-less-pain-than-whites-their-doctors-may-think-so/

Staatliche Museen zu Berlin (2016), »Museeumsinsel – Profil«, www.smb.museum/museen-und-einrichtungen/museumsinsel-berlin/ueber-uns/profil.html

Stavans, Ilam (2014), »Repatriating Spain's Jews«, The New York Times, 1. April, www.nytimes.com/2014/04/02/opinion/repatriating-spains-jews.html?_r=0

Stiftung Preußischer Kulturbesitz (2016), Jahrespressekonferenz der Stiftung Preußischer Kulturbesitz: Anhang: Besucher-, Nutzer- und Bestandszahlen im Jahr 2015, https://www.preussischerkulturbesitz.de/fileadmin/user_upload/documents/presse/pressemitteilungen/2016/160126_JPK_02_Zahlen.pdf

Tagesschau, ARD, 9. November 1989, https://www.tagesschau.de/multimedia/video/video598064.html

Terkessidis, Mark (2010), Interkultur, Berlin: Suhrkamp

Tharoor, Ishaan (2015), »Is it time for France to pay its real debt to Haiti?«, The Washington Post, 13. Mai, https://www.washingtonpost.com/news/worldviews/wp/2015/05/13/does-france-owe-haiti-reparations/

Ther, Philipp (2011), Die dunkle Seite der Nationalstaaten: »Ethnische Säuberungen« im modernen Europa, Göttingen: Vandenhoeck und Ruprecht Verlag

Todorova, Maria (1997), Imagining the Balkans, New York/Oxford: Oxford University Press

Tolmein, Oliver (1998), »Die rassende Reporterin«, in: Ders., Rechts durch die Mitte: Reportagen und Gespräche über die Ordnung der Verhältnisse, Hamburg: Konkret Verlag, 20–25

Trouillot, Michel-Rolph (1995), Silencing the Past: Power and the Production of History, Boston: Beacon Press

Tsch (2015), »Pro Asyl weist Äußerung des Zentralrats der Juden zurück«, Die Zeit, 23. November, www.zeit.de/politik/deutschland/2015-11/deutschland-zentralrat-der-juden-fluechtlingszahlen

Tudor, Alyosxa (2014), from [al'mania] with love: Trans_feministische Positionierungen zu Rassismus und Migratismus, Frankfurt a. M.: Brandes & Apsel

Ulrich, Volker (2005), »Goetz Alys Provokation: Steht ein neuer Historikerstreit ins Haus?«, Die Zeit, 4. Mai, www.zeit.de/2005/19/Goetz_Alys_Provokation

van der Veer, Peter (2006), »Pim Fortuyn, Theo van Gogh, and the Politics of Tolerance in the Netherlands«, Public Culture 18/1, 111–124

Vidal, John (2012), »Is the EU taking its over-fishing habits to west African waters?«, The Guardian, 2. April, www.theguardian.com/environment/2012/apr/02/eu-fishing-west-africa-mauritania;

Vollnhals, Clemens (2006), »Der Totalitarismusbegriff im Wandel«, Aus Politik und Zeitgeschichte 39, 21. September, www.bpb.de/apuz/29513/der-totalitarismusbegriff-im-wandel?p=all21.9.2006

Wagner, Joachim (2007), »›Hitler gefällt mir‹: Viele muslimische Jugendliche in Deutschland denken antisemitisch. Und ihre Gewaltbereitschaft wächst«, Die Zeit, 10. Juni, www.zeit.de/2007/24/Muslim-Antisemitismus

Waldman, Peter/Hugh Pope (2001), »›Crusade‹ Reference Reinforces Fears War on Terrorism Is Against Muslims«, The Wall Street Journal, 21. September, www.wsj.com/articles/SB1001020294332922160

Wehler, Hans-Ulrich (2002), »Das Türkenproblem: Der Westen braucht die Türkei – etwa als Frontstaat gegen den Irak. Aber in die EU darf das muslimische Land niemals«, Die Zeit, 12. September, www.zeit.de/2002/38/200238_tuerkei.contra.xml

Werkstatt der Kulturen (1993), Broschüre, Berlin

Widmann, Arno (2014), »Naika Foroutan: Was heißt postmigrantisch?«, Berliner Zeitung, 12. Dezember, www.berliner-zeitung.de/naika-foroutan-was-heisst-postmigrantisch--487520

Wiedemann, Charlotte (1981), »Angeblich von der Mauer gefallen: Gibt es im Hamburger Polizeihochhaus immer noch eine ›Zigeuner-Kartei‹?«, Die Zeit, 4. Dezember, http://www.zeit.de/1981/50/angeblich-von-der-mauer-gefallen

Wien, Peter (2012), »Arab Fascism – Arabs and Fascism: Empirical and Theoretical Perspectives«, in: Manfred Sing (Hg.), Rethinking Totalitarianism and its Arab Readings: Proceedings of the Conference »European Totalitarianism in the Mirrors of Contemporary Arab Thought«, Beirut, October 6–8, 2010, Orient Institute Studies,www.perspectivia.net/publikationen/orient-institut-studies/1-2012/wien_fascism

Wierth, Alke (2008), »Montags-Interview mit Philippa Ebéné: ›Wir brauchen für Vielfalt eine Quote‹«, die tageszeitung, 20. Oktober, www.taz.de/!5174132/

—: (2009), »Streit um Ausstellung eskaliert«, die tageszeitung, 28. August, www.taz.de/!5157195/

—: (2009) »Erinnerung teilen ist schwer«, die tageszeitung, 3. September, www.taz.de/1/archiv/print-archiv/printressorts/digi-artikel/?ressort=bt&dig=2009%2F09%2F03%2Fa0182&cHash=9ae8dec7e1

Winckel, Ännecke (2002), Antiziganismus: Rassismus gegen Roma und Sinti im vereinigten Deutschland, Münster: Unrast

Wright, Oliver/Jerome Taylor (2011), »Cameron: My War on Multiculturalism«, The Independent, 5. Februar, www.independent.co.uk/news/uk/politics/cameron-my-war-on-multiculturalism-2205074.html

von Wrochem, Oliver (2010), Das KZ Neuengamme und seine Außenlager: Geschichte, Nachgeschichte, Erinnerung, Bildung, Berlin: Metropol

Wünsche, Viviane, et al. (2006), Die nationalsozialistische Verfolgung Hamburger Roma und Sinti, Hamburg: Landeszentrale für politische Bildung

Yücel, Deniz (2005), »Mal eben ausgebürgert«, Jungle World, 2. Februar, http://jungle-world.com/artikel/2005/05/14550.html

van Zanden, Jan (1997), The Economic History of The Netherlands 1914–1995: A Small Open Economy in the ›Long‹ Twentieth Century, London: Routledge

Zantop, Susanne (1997), Colonial Fantasies: Conquest, Family, and Nation in Precolonial Germany, 1770–1870, Durham: Duke University Press

Zekri, Sonja (2016), »Wiedersehen«, Süddeutsche Zeitung, 7. April, www.sueddeutsche.de/kultur/fluechtlinge-wiedersehen-1.2939406

Zentralrat Deutscher Sinti und Roma (2005), »Stellungnahme des Zentralrats Deutscher Sinti und Roma zum Artikel von Eberhard Jäckel ›Denkmal-Streit – Sinti und Roma oder Zigeuner?‹« in der Frankfurter Allgemeinen Zeitung vom 7. Februar 2005«, http://zentralrat.sintiundroma.de/wp-content/uploads/presse/59.pdf

Ziegler, Jean (2008), »Europas Gier ist Afrikas Hunger«, Le Monde Diplomatique, 14. März, www.ag-friedensforschung.de/themen/Armut/europa.html

Zimmerer, Jürgen (2015), »Humboldt-Forum: Das koloniale Vergessen«, Blätter für deutsche und internationale Politik 7, https://www.blaetter.de/archiv/jahrgaenge/2015/juli/humboldt-forum-das-koloniale-vergessen

Zimmerman, Andrew (2001), Anthropology and Antihumanism in Imperial Germany, Chicago: University of Chicago Press